部级领导干部历史文化讲座十周年纪念

（2002—2012）

为政镜鉴

国家图书馆 编

国家图书馆出版社

图书在版编目(CIP)数据

为政镜鉴 / 国家图书馆编. — 北京 ：国家图书馆出版社,2011.12
ISBN 978 -7 -5013 -4712 -4

Ⅰ. ①为… Ⅱ. ①国… Ⅲ. ①领导学 - 中国 Ⅳ. ①C933

中国版本图书馆 CIP 数据核字(2011)第 262641 号

书名 **为政镜鉴**
著者 国家图书馆 编
责任编辑 孙 彦
编辑助理 林 荣
封面设计 九雅工作室

出版 国家图书馆出版社 (100034 北京西城区文津街 7 号)
(原北京图书馆出版社)
发行 010 -66139745 66175620 66126153
66174391(传真) 66126156(门市部)
E-mail btsfxb@ nlc. gov. cn(邮购)
Website www. nlcpress. com → 投稿中心
经销 新华书店
印刷 河北三河弘瀚印务有限公司

开本 850 ×1168 毫米 1/16
印张 23
版次 2011 年 12 月第 1 版 2011 年 12 月第 1 次印刷

书号 ISBN 978 -7 -5013 -4712 -4
定价 68.00 元

编委会

前　言

中华民族拥有五千年的文明史，绵延不绝、生生不息，是当代中国文化进步发展的深厚根基。中国历史为我们留下了极其宝贵的思想文化遗产，其中蕴涵着十分丰富的治国理政的历史经验。领导干部学习中国历史，可以了解中华民族优秀的传统文化和高尚的精神追求，继承中华民族在漫长历史发展进程中形成的优良传统，借鉴历史上治理国家和社会的各种有益经验，从中汲取思想精华，结合新的实践不断发扬光大。

有鉴于此，在由中央国家机关工委、文化部、中国社会科学院主办，国家图书馆承办的“部级领导干部历史文化讲座”举办十周年之际，国家图书馆依托馆藏宏富文献资源，从65种历史文化典籍中，精选了典型事例362条，编辑成《为政镜鉴》，供领导同志日常学习之用。

“为政”是指领导干部处理政务，“镜鉴”的本义是指照镜子，后引申为借鉴。汉代荀悦在《申鉴》中说：“君子有三鉴：世、人、镜鉴。前惟训，人惟贤，镜惟明。”唐代吴兢所撰《贞观政要》中记载着唐太宗的名言：“以铜为镜，可以正衣冠；以古为镜，可以知兴替；以人为镜，可以明得失。”由此可以看出古人对镜鉴的重视。本书中收录的“先国家之急而后私仇也”；“周公诫子无骄士”；“桃李不言，下自成蹊”；“孟母择邻”；“邯郸学步”等历史故事、寓言、神话，对领导干部为政治国及正确对待和处理好国家、社会、民族以至个人的成与败、兴与衰、安与危、正与邪、荣与辱、义与利、廉与贪等方面仍有镜鉴作用。

《为政镜鉴》所收内容汲取了我国先秦到近代各个历史时期的思想精髓。全书分为民族精神、治国理政、为官之道、道德修养和哲理规律五个部分。每部分选取内容切题、长短适宜的事例作为条目，各条目相对独立。编者为每个条目增加了小标题，以题点睛，并标注其原始出处及作者，所收条目以文献或所涉及人物年代先后为序编排。编者在收录条目选择上尽量注重实用性、典型性、代表性、全面性，内容精练、朗朗上口。为助于理解，在必要的地方加以注释，介绍有关背景知识，并在注释之后加上了白话译文。注释、译文尽量采用国学大师或名家的、为大家所公认的版本，编者一般不对这些注释、译文加以改动。在此，一并对这些译文、注释的作者和出版单位表示感谢。

希冀这些先秦诸子在百家争鸣中产生的鸿篇巨制、历代王朝官吏的史传策论、皓首穷经文人雅士的真知灼见、戎马倥偬威武将军的豪言壮语所蕴含着的深刻哲理和智慧光芒，能够不断丰富、提高领导同志们的道德内涵和思想境界，起到“温故而知新”、“彰往而察来”的作用，为治国理政提供重要借鉴。这正是我们编辑《为政镜鉴》的初衷与期待所在。

编　者

2011 年 12 月

目　录

民族精神

治国理政

为官之道

道德修养

哲理规律

民族精神

1. 盘古开天辟地

天地浑沌如鸡子，盘古生其中。万八千岁，天地开辟，阳清为天，阴浊为地。盘古在其中，一日九变，神于天，圣于地。天日高一丈，地日厚一丈，盘古日长一丈。如此万八千岁，天数极高，地数极深，盘古极长。后乃有三皇。

数起于一，立于三，成于五，盛于七，处于九，故天去地九万里。

——（唐）欧阳询《艺文类聚》[①]卷一引《三五历纪》

注释：

①《艺文类聚》：唐高祖李渊下令编修的类书，给事中欧阳询主编。一百卷。采集一千四百多种古籍，分门别类，摘录汇编，保存了不少古代珍贵资料。是唐代四大类书之一。

译文：

上古时候，天和地混混沌沌成一团，像个大鸡蛋，盘古就生长在这当中。经过一万八千年，天地分剖，属于“阳”的清而轻的物事上升成为天，属于“阴”的重而浊的物事下降成为地。盘古在天和地当中，一天变化多次，智慧超过天，能力超过地。天每天增高一丈，地每天加厚一丈，盘古的身子也每天伸长一丈。这样又经过一万八千年，天的高度是极高了，地的深度是极深了，盘古的身量也是极长了。然后才有三皇出现在世间。

数字开始于一，建立于三，成就于五，壮盛于七，终止于九，所以天和地的距离是九万里。

2. 女娲补天

往古之时，四极废，九州裂；天不兼覆，地不周载。火爁炎而不灭，水浩洋而不息；猛兽食颛民，鸷鸟攫老弱。

于是女娲炼五色石以补苍天，断鳌足以立四极，杀黑龙以济冀州，积芦灰以止淫水。

苍天补，四极正；淫水涸，冀州平；狡虫死，颛民生。背方州，抱圆天。

——（西汉）刘安等《淮南子·览冥训》[①]

注释：

①《淮南子》：又名《淮南鸿烈》、《刘安子》，西汉宗室淮南王刘安招致宾客编写。据《汉书·艺文志》记载，《淮南子》为二十一篇，外三十三篇。现只流传内二十一篇。《览冥训》是其中的第六卷，其中着重探讨了事物之间的内在规律，揭示了自然界与人类以及万物之间的相互联系、相互影响、相互制约的关系。

译文：

上古时候，不知道由于什么原因，天穹的四边忽然毁坏了，九州大地也忽然裂开了；使得天不能遍盖万物，地也不能普载万物。这时熊熊的大火燃烧不灭，浩浩的洪水奔流不息；猛兽从山林里奔跑出来，吞噬善良的人民；鸷鸟翱翔在天空中，攫食老者和弱者。

于是女娲熔炼了五色石子去补苍天。斩断大龟的四只足来代替天柱，树立在大地的四方，将天空撑持起来；又杀死兴波作浪的黑龙，以拯救中原的人民；然后把芦苇烧成灰，堆积起来，用以堙塞洪水。

苍天补好了，天的四极端正稳固了，洪水干涸了，中原一带的灾祸平息了，恶禽猛兽被诛灭了，善良的人民渐渐从灾难中获得了新生。他们背负着方方的大地，怀抱着圆圆的青天，无忧无虑，怡然自得。

3. 神农尝百草

古者民茹草饮水，采树木之实，食蠃蛖之肉，时多疾病毒伤之害。于是神农[①]乃始教民播种五谷，相土地之宜、燥湿肥墝高下，尝百草之滋味、水泉之甘苦，令民知所辟就。

当此之时，一日而遇七十毒。

——（西汉）刘安等《淮南子·修务训》

注释：

①神农：别名五谷帝仙。是传说中的农业和医药的发明者，继伏羲以后，神农氏是又一个对中华民族颇多贡献的传奇人物。他发明了农耕技术而号神农氏，因以火德王，又称炎帝，然而关于神农氏是否就是炎帝这个问题，学术界一直存在争议。

译文：

古时候人民吃野草、喝生水，采摘树木的果实，食用蚌蛤肉，经常有疾病、中毒、受伤的侵害。这时，神农便开始教导人民播种五谷，观察土地干燥、潮湿，肥沃、瘦瘠及地势高低所适宜的情况，品尝百草的滋味、泉水的甜苦，使人民知道怎样躲避和趋就。在这个时候，神农一天之中就遭受七十次毒害。

4. 精卫填海

又北二百里，曰发鸠之山，其上多柘木。有鸟焉，其状如乌，文首、白喙、赤足，名曰精卫，其鸣自詨。是炎帝之少女名曰女娃，女娃游于东海，溺而不返，故为精卫，常衔西山之木石，以堙于东海。漳水出焉，东流注于河。

——《山海经·北山经》①

注释：

①《山海经》：先秦古籍，作者不详。全书十八篇，主要记述古代地理、物产、神话、巫术、宗教等，也包括古史、医药、民俗、民族等方面的内容。

译文：

再往北二百里，叫做发鸠山，山上多生柘树。有一种鸟，形状像乌鸦，花脑袋，白嘴壳，红足爪，名字叫精卫，它鸣叫的声音便是自呼其名。原来它是炎帝的小女儿名叫女娃的所变的。女娃去东海游玩，偶不小心，淹死在大海里，所以变做了精卫这种小鸟，常常去衔了西山的小树枝、小石子来投往东海，想要把大海填平。漳水发源在这座山，往东流注入河水。

5. 愚公移山

北山愚公者，年且九十，面山而居。惩山北之塞，出入之迂也，聚室而谋曰："吾与汝毕力平险，指通豫南，达于汉阴，可乎？"杂然相许。

……

河曲智叟笑而止之，曰："甚矣，汝之不惠！以残年余力，曾不能毁山之一毛，其如土石何？"

北山愚公长息曰："汝心之固，固不可彻，曾不若孀妻弱子。虽我之死，有子存焉，子又生孙，孙又生子，子又生子，子又有孙，子子孙孙，无穷匮也。而山不加增，何苦而不平？"河曲智叟亡以应。

——《列子·汤问》①

注释：

①《列子》：道家经典著作。相传战国时列御寇（生卒年不详）撰。《汉书·艺文志》著录《列子》八篇，已佚。今书出于晋人的搜集。多为寓言，往往引喻明浅，说理入玄。

译文：

有个叫北山愚公的人，年纪快九十岁了，他家正面对着两座大山居住。他苦于大山阻挡住了他家的通路，进出都要绕道而行，很不方便，于是集合全家人在一起商议道："我和你们尽最大努力去挖平这两座大山，让我们一直通到豫州的南部，到达汉水以南去，你们说好吗？"大家一致表示赞成。

……

他的老朋友河曲智叟闻知此事，忙跑来笑着劝阻他说："唉，你可真是老糊涂啊！像你这样风烛残年，剩点力气也不多的人，连山的一根毫毛你都动它不了，还说要搬动这么多的泥块和石头——怎么成呢？”

北山愚公听了，不禁长长地叹息说：“我不料你的心竟是这么顽固，顽固到了不能通情达理的程度。我认为你还比不上寡妇孤儿的见识高呢。让我来仔细讲给你听吧：虽然我死了，还有我的儿子在呀，儿子又会有孙子，孙子又会生儿子，儿子又会生儿子，儿子又会有孙子，子子孙孙，无穷无尽，可那山却并不会增高，你说为什么把它平不了呢？”河曲智叟竟被问得无话可答。

6. 后羿射日除害

尧之时，十日并出，焦禾稼，杀草木，而民无所食。猰貐、凿齿、九婴、大风、封豨、修蛇，皆为民害。尧乃使羿诛凿齿于畴华之野，杀九婴于凶水之上，缴大风于青丘之泽，上射十日而下杀猰貐，断修蛇于洞庭，禽封豨于桑林。万民皆喜，置尧以为天子。于是天下广狭、险易、远近，始有道里。

——（西汉）刘安等《淮南子·本经训》

译文：

尧时候，十个太阳一齐出现在天空，把禾苗晒焦了，把草木晒死了，老百姓都饿着肚子，没有东西吃。还有猰貐、凿齿、九婴、大风、封豨、修蛇种种恶禽猛兽，都趁火打劫，出来为害人民。尧便叫羿到畴华之野去杀凿齿怪兽，到凶水去杀九头怪九婴，再到青丘之泽，把那大鹏鸟用带绳的箭射落下来。之后，又去射天上的十个太阳，射下了九个。又去杀猰貐怪兽。杀死猰貐以后，然后又去洞庭湖杀死一条大蟒蛇。最后，到桑林去生擒活捉住了一头大野猪。所有为害世间的恶物都除去了，天下人民都非常欢喜，于是就拥戴尧做了天子。从此以后，大地上不论是宽广还是狭窄，是险峻还是平坦，是远还是近，开始有了道路里程，隔绝闭塞的人民开始互相往来。

7. 大禹治水

禹乃遂与益、后稷奉帝命，命诸侯百姓兴人徒以傅土，行山表木，定高山大川。

禹伤先人父鲧功之不成受诛，乃劳身焦思，居外十三年，过家门不敢入。

——（西汉）司马迁《史记·夏本纪》

译文：

禹就和益、后稷遵照舜的命令，要求各部落氏族发动人们来布治水土，依随山形立树木为标记，规划高山大河。

禹因为父亲鲧治水未成被诛杀而深感内疚，于是就历尽辛劳，费尽思虑，以求消除水患，在外十三年，经过家门口也不进去。

8. 义不食周粟

武王[①]已平殷乱，天下宗周，而伯夷、叔齐耻之，义不食周粟，隐于首阳山，采薇而食之。及饿且死，作歌。其辞曰："登彼西山兮，采其薇矣。以暴易暴兮，不知其非矣。神农、虞、夏忽焉没兮，我安适归矣？于嗟徂兮，命之衰矣！"遂饿死于首阳山。

——（西汉）司马迁《史记·伯夷列传》

注释：

①武王：周武王（？—前1043）。周朝第一代王。姬姓，名发，周文王子。

译文：

武王已平定了殷民的反抗，天下尊奉周朝政令，伯夷、叔齐却认为这是耻辱，便坚持大义不肯吃周朝的粟米，隐居在首阳山上，采摘山上的蕨菜来吃。饿到快死了的时候，他们作了一首歌。歌词是："登上那西山山坡啊，采摘那山坡上的蕨菜吃呀。以暴君代替一个暴君啊，没有人认识到那是不对呀。神农、舜、禹那盛世飞快地消逝了啊，我们又到哪里去寻归宿呀？唉哟哟，我们即将死去了啊，这是我们的命运不济呀！"于是，饿死在首阳山上。

9. 弦高犒师救国

秦穆公[①]使孟萌举兵袭郑，过周以东。郑之贾人弦高、蹇他相与谋曰："师行数千里，数绝诸侯之地，其势必袭郑。凡袭国者，以为无备也。今示以知其情，必不敢进。"乃矫郑伯之命，以十二牛劳之。三率相与谋曰："凡袭人者，以为弗知。今已知之矣，守备必固，进必无功。"乃还师而反。

——（西汉）刘安等《淮南子·人间训》

注释：

①秦穆公（？—前621）：一作秦缪公，春秋时代秦国国君。嬴姓，名任好。在位三十九年（前659—前621）。谥号穆。在部分史料中被认定为春秋五霸之一。

译文：

秦穆公派孟萌领兵偷袭郑国，队伍经过周朝的都城向东开去。郑国的商人弦高、蹇他见了，便在一起商量道："秦军行走数千里，快速穿越诸侯国境，看那势头一定是去偷袭郑国。大凡要偷袭诸侯国的军队，总认为偷袭的对象没有准备。现在我们设法让秦军以为郑国有了防备，他们就必定不敢前去偷袭了。"于是便假借郑穆公的命令，用十二头牛犒赏秦军。秦军的三位主将见状，便商量说："我军偷袭郑国，以为他们还蒙在鼓里。现在看来他们已经知道了我军的意图，防守一定会非常牢固，我们前去一定会无所建树的。”于是挥师返国。

10. 晏子使楚

晏子使楚。以晏子短，楚人为小门于大门之侧而延晏子。晏子不入，曰：“使狗国者从狗门入，今臣使楚，不当从此门入。”傧者更道，从大门入。

见楚王。王曰：“齐无人耶？”晏子对曰：“临淄三百闾，张袂成阴，挥汗成雨，比肩继踵而在，何为无人？”王曰：“然则子何为使乎？”晏子对曰：“齐命使，各有所主。其贤者使使贤主，不肖者使使不肖主。婴最不肖，故直使楚矣。”

——《晏子春秋·内篇·杂下》①

注释：

①《晏子春秋》：记载晏婴言行的书。一说成书于战国时期，也有人认为是原籍为齐的秦代博士所写。该书采用史料和民间传说编纂而成，其中晏婴劝告君主不要贪于逸乐，要爱护百姓、任用贤能和虚心听取不同意见等统治经验，常为后世所取法。

译文：

晏子出使楚国。因为晏子矮，楚国人在大门旁边开了个小门引晏子进去。晏子不进去，说：“出使狗国的，才从狗门进去，现在我出使楚国，不应当从这样的门进去。”楚国接引宾客的人改变了路线，引晏子从大门进去。

晏子见到楚王，楚王说：“齐国没有人了吗？”晏子回答说：“齐国都城临淄有上万户，人多得舒展开袖子就能把天变成阴天，把汗挥洒下来就能形成雨，肩靠着肩，脚挨着脚，怎么能说没有人？”楚王说：“既然这样，那么您为什么当了使臣？”晏子回答说：“齐国派遣使臣，各有自己担负的使命。那些贤德的人，就派他们出使到贤德的君主那里去；不贤德的人，就派他们出使到不贤德的君主那里去。我最不贤德了，所以只有出使楚国了。”

11. 申包胥哭乞秦师

及昭王在随，申包胥[1]如秦乞师，曰：“吴为封豕、长蛇，以荐食上国，虐始于楚。寡君失守社稷，越在草莽，使下臣告急，曰：‘夷德无厌，若邻于君，疆场之患也。逮吴之未定，君其取分焉。若楚之遂亡，君之土也。若以君灵抚之，世以事君。’”秦伯使辞焉，曰：“寡人闻命矣。子姑就馆，将图而告。”对曰：“寡君越在草莽，未获所伏，下臣何敢即安？”立，依于庭墙而哭，日夜不绝声，勺饮不入口七日。秦哀公为之赋《无衣》，九顿首而坐。秦师乃出。

——《左传·定公四年》[2]

注释：

①申包胥：春秋时楚国大夫。②《左传》：旧说与《公羊传》、《穀梁传》同为解释《春秋》的三传之一，实为记载春秋历史的重要史学名著。亦称《左氏春秋》、《春秋左氏传》、《春秋内传》。

译文：

等到（楚）昭王在随国，申包胥去到秦国请求出兵，说：“吴国就是大猪、长蛇，一再吞食上国，为害从楚国开始。寡君失守国家，远在杂草丛林之中，使下臣报告急难，说：‘夷人的本性从来不能满足，如果作为君王的邻国，这是边境的祸患。乘着吴国没有安定下来，君王可以平分楚国。如果楚国就此灭亡，那就是君王的土地了。如果以君王的福佑派兵镇抚楚国，楚国将世世代代事奉君王。’”秦伯派人辞谢申包胥，说：“寡人听到您的命令了，您姑且到馆舍安歇，我们要商量一下再告诉您。”申包胥回答说：“寡君远在杂草丛林之中，还没有得到安身之处，下臣哪敢到安逸的地方去？”靠着院墙站着号哭，日夜哭声不断，七天不喝一勺水。秦哀公为他赋了《无衣》这首诗。申包胥叩头九次然后坐下。秦军于是出动。

12. 卧薪尝胆

吴既赦越，越王句践[①]反国，乃苦身焦思，置胆于坐，坐卧即仰胆，饮食亦尝胆也。曰："女忘会稽之耻邪？"

身自耕作，夫人自织，食不加肉，衣不重采，折节下贤人，厚遇宾客，振贫吊死，与百姓同其劳。

——（西汉）司马迁《史记·越王句践世家》

注释：

①句践（？—前465），一作"勾践"，春秋末期越国的君主。

译文：

吴国赦免越国后，越王句践回国，就勤劳深思，把苦胆放在座位旁，坐着躺着的时候仰头看看苦胆，喝水吃饭时也尝尝苦胆，问自己道："你忘了会稽之耻吗？"

句践亲自耕种，夫人亲自织布，吃素食，穿素衣，虚心向有才德的人求教，优待宾客，救济贫苦百姓，慰问烈士家属，与人民共度艰难。

13. 墨子救宋

公输般[①]为楚设机，将以攻宋。墨子[②]闻之，百舍重茧，往见公输般，谓之曰："吾自宋闻子。吾欲藉子杀王。"

公输般曰："吾义固不杀王！"

墨子曰："闻公为云梯，将以攻宋。宋何罪之有？义不杀王而攻国，是不杀少而杀众。敢问攻宋何义也？"

公输般服焉，请见之王。

墨子见楚王曰："今有人于此，舍其文轩，邻有弊舆，而欲窃之；舍其锦绣，邻有裋褐，而欲窃之；舍其粱肉，邻有糟糠，而欲窃之。此为何若人也？”

王曰：“必为有窃疾矣！”

墨子曰：“荆之地方五千里，宋之地方五百里，此犹文轩之与弊舆也。荆有云梦，犀兕麋鹿盈之，江、汉鱼鳖鼋鼍为天下饶，宋所谓无雉兔鲋鱼者也，此犹粱肉与糟糠也。荆有长松、文梓、楩、楠、豫章，宋无长木，此犹锦绣之与裋褐也。臣以王吏之攻宋，为与此同类也。”

王曰：“善哉！请无攻宋。”

——《战国策·宋策》

注释：

①公输般：又称公输子、公输盘、班输、鲁般。鲁国人，“般”和“班”同音，古时通用，故人们常称他为鲁班。生活在春秋末期到战国初期，是我国古代的一位出色的发明家。②墨子（约前468—前376）：战国时期著名的思想家、政治家，墨家学派的创始人。名翟，鲁人。创立墨家学说，并有《墨子》一书传世。

译文：

公输般为楚国制造军用器械，将要去攻打宋国。墨子听到了，走了几千里路，脚底磨起了老茧，赶去见公输般，对他说道：“我在宋国就听到你的大名，很想仰仗大力把宋王杀掉。”

公输般说：“我是讲道义的，决不杀国君！”

墨子说道：“听说你在制造云梯，将要去攻打宋国。宋国有什么罪呀？你讲道义，不杀国君，却去攻人之国，这是不杀少而杀多呀！请问你攻打宋国是什么道理？”

公输般被说服了，于是邀请他跟楚王相见。

墨子见了楚王，说道：“现在有这么一个人，不坐自己的华丽马车，而想偷邻居的破烂车子；不穿自己的锦绣衣裳，而想偷邻居的粗布短袄；不吃自己的精美膳食，而想偷邻居的糠饼。这是个什么样的人呢？”

楚王说：“那准是犯偷窃病的。”

墨子道："楚国方圆五千里，宋国只有五百里，就像华丽的车子同破车一样。楚国有云梦这样的好地方，犀、兕、麋、鹿之类珍贵动物，到处都是；长江、汉水的鱼、鳖、鼋、鼍一类水产，天下最多，宋国连雉、兔、鲫鱼都不产，这就像精致的饭菜同糠饼一样。楚国森林面积广大，有长松、文梓、楩、楠、豫章等名贵木材，宋国不产任何一种较好的木材，这就像锦绣衣裳同粗布短袄一样。我以为大王的臣下要攻打宋国，跟那些犯'偷窃病'的人正是一类啊。"

楚王说："说得好！我不打宋国了。"

14. 屈原放逐，乃赋《离骚》

屈平疾王听之不聪也；谗谄之蔽明也；邪曲之害公也；方正之不容也，故忧愁幽思而作《离骚》[①]。……《国风》好色而不淫；《小雅》怨诽而不乱：若《离骚》者，可谓兼之矣。上称帝喾，下道齐桓，中述汤、武，以刺世事。明道德之广崇，治乱之条贯，靡不毕见。其文约，其辞微，其志洁，其行廉；其称文小而其指极大，举类迩而见义远。其志洁，故其称物芳；其行廉，故死而不容自疏。濯淖污泥之中，蝉蜕于浊秽，以浮游尘埃之外，不获世之滋垢，皭然泥而不滓者也。推此志也，虽与日月争光可也。

——（西汉）司马迁《史记·屈原贾生列传》

注释：

①《离骚》：《楚辞》篇名。战国楚人屈原的代表作。三百七十多句，二千四百多字，为中国古代最长的抒情诗。

译文：

屈原恨楚怀王不聪明，他认为造谣诬蔑、吹牛拍马蒙蔽了国王的明察，邪气妨害正气，正直的不被宽容，因此忧愁，深入思考，写了诗篇题名《离骚》。……《国风》写喜爱美色，却不一味放纵而没有节制；《小雅》

写怨怅，却不越轨：像《离骚》这一部书，可算得兼而有之了。远的谈到帝喾，近的谈到齐桓公，中间还谈到成汤和周武王，用作比喻来讽刺时事。关于道德的崇高博大，政治的法则规律，没有不彻底说清楚的。他的文字很隐约，他的词句很隐微，他的志趣很高洁，他的品行很端正。他的文字所说的东西很小，但是意义却极大；他举的例子很近，而比譬的道理却很深。他的志趣很高洁，所以写的事物都很芳香；他的品行很端正，所以即使死去也不容许和自己疏远。他在泥沼之中而能自己清濯，像蝉褪了壳一样把身上沾染的浊秽脱掉，浮游在尘土之外，不沾染世上的黑垢，雪白干净，是染也染不黑他的。如果把这个意志加以引申，即使说和日月争光也可以。

15. 蔺相如完璧归赵

赵王得楚和氏璧，秦昭王欲之，请易以十五城。赵王欲勿与，畏秦强；欲与之，恐见欺。以问蔺相如[①]，对曰："秦以城求璧而王不许，曲在我矣。我与之璧而秦不与我城，则曲在秦。均之二策，宁许以负秦。臣愿奉璧而往；使秦城不入，臣请完璧而归之！"赵王遣之。相如至秦，秦王无意偿赵城。相如乃以诈绐秦王，复取璧，遣从者怀之，间行归赵，而以身待命于秦。秦王以为贤而弗诛，礼而归之。赵王以相如为上大夫。

——（北宋）司马光《资治通鉴·周纪四》

注释：

①蔺相如（前329—前259）：战国时赵国上卿。

译文：

赵王得到了楚国的和氏璧，秦昭王打算要它，请求用十五个城邑交换。赵王想不给，怕秦国强大；想给它吧，又怕被欺骗。来问蔺相如，蔺相如回答说："秦国用城邑请求换玉璧而您不答应，我们就理亏了。我们给他玉璧而秦国不给我们城邑，秦国就理亏了。衡量这两个办法，宁可答应秦国，让他担负责任。我愿意敬捧玉璧前往。假使秦国十五个城邑不交入我国，请允许我这样做：我把玉璧完整地带回来。”赵王派遣他了。相如到了秦国，秦王得了玉璧而没有偿付城邑的意思。于是相如用计谋骗秦王，又取玉璧在手。暗派随从人员把玉璧藏在身上，走小道回了赵国，而他自己留在秦国等候秦王的发落。秦王认为他贤能而没有杀他，予以礼待之后，让他回国。赵王用相如为上大夫。

16. 先国家之急而后私仇也

廉颇[①]曰：“我为赵将，有攻城野战之功。蔺相如素贱人，徒以口舌而位居我上，吾羞，不忍为之下！”宣言曰：“我见相如，必辱之！”

相如闻之，不肯与会；每朝，常称病，不欲争列。出而望见，辄引车避匿。其舍人皆以为耻。相如曰：“子视廉将军孰与秦王？”曰：“不若。”相如曰：“夫以秦王之威而相如廷叱之，辱其群臣；相如虽驽，独畏廉将军哉！顾吾念之，强秦所以不敢加兵于赵者，徒以吾两人在也。今两虎共斗，其势不俱生。吾所以为此者，先国家之急而后私仇也！”

廉颇闻之，肉袒负荆至门谢罪，遂为刎颈之交。

——（北宋）司马光《资治通鉴·周纪四》

注释：

①廉颇（前327—前243）：战国末期赵国的名将，与白起、王翦、李牧并称“战国四大名将”。

译文：

廉颇说：“我当赵国将军，有攻城野战的功劳。蔺相如本是个出身卑贱的人，只凭口舌而爵位在我之上，我羞耻，我不能容忍处在他的下面。”公开说："我见了相如，一定要侮辱他！"相如听说了，不肯跟他会面。每次上朝见君，常常称病，不想和廉颇争竞朝列位次的上下。每次出门路上，老远看见廉颇来了，就退车藏避。相如的门客都以为羞耻。相如说："你看廉将军比秦王怎样？"说："不如。"相如说："凭秦王那样的威严，而我在他的朝廷上斥责他，羞辱他的众臣。我即使不才，难道就单怕廉将军吗！不过，我料想强大的秦国不敢对赵国用兵的缘故，就是因为有我们俩人在啊！现在两虎相斗，势不能共存。我这样做的目的，就是把国家的急务放在前头，而把私人间的怨恨放在后头哇！"廉颇听说了，光着上身背着荆条，找蔺相如上门谢罪。于是他们两个人结下了生死的交情。

17. 唐雎不辱使命

秦王使人谓安陵君[①]曰："寡人欲以五百里之地易安陵，安陵君其许寡人？"安陵君曰："大王加惠，以大易小，甚善；虽然，受地于先王，愿终守之，弗敢易！"秦王不说。安陵君因使唐雎[②]使于秦。

秦王谓唐雎曰："寡人以五百里之地易安陵，安陵君不听寡人，何也？且秦灭韩亡魏，而君以五十里之地存者，以君为长者，故不错意也。今吾以十倍之地请广于君，而君逆寡人者，轻寡人与？"

唐雎对曰："否！非若是也。安陵君受地于先王而守之，虽千里不敢易也，岂直五百里哉？"

秦王怫然怒，谓唐雎曰："公尝闻天子之怒乎？"

唐雎对曰："臣未尝闻也。"

秦王曰："天子之怒，伏尸百万，流血千里。"

唐雎曰："大王尝闻布衣之怒乎？"

秦王曰："布衣之怒，亦免冠徒跣，以头抢地耳。"

唐雎曰："此庸夫之怒也，非士之怒也。夫专诸之刺王僚也，彗星袭月；聂政之刺韩傀也，白虹贯日；要离之刺庆忌也，苍鹰击于殿上。此三子者，皆布衣之士也，怀怒未发，休祲降于天，与臣而将四矣。若士必怒，伏尸二人，流血五步，天下缟素，今日是也。”挺剑而起。

秦王色挠，长跪而谢之曰：“先生坐！何至于此！寡人喻矣，夫韩、魏灭亡，而安陵以五十里之地存者，徒以有先生也！”

——《战国策·魏策四》③

注释：

①安陵君：战国时安陵国的国君。安陵是当时一个小国（现在河南省鄢陵县西北），原是魏国的附庸，魏襄王封其弟为安陵君。②唐雎（jū）：战国时代魏国著名策士。③《战国策》：又称《国策》、《国事》、《短长》、《事语》、《长书》及《修书》等。战国时期游说之士的策谋和辞说的汇编。纵横家代表著作，三十三卷。西汉末年，刘向校录宫廷藏书时，发现几种不同写本，为其删除重复，取长补短，合编而成。

译文：

秦王派人去告诉安陵君说，“我愿意用五百里的土地来换安陵，你能答应我么？”安陵君说：“承蒙大王照顾，用大的来换小的，真是好极了！不过，我们的土地是祖先传下来的，我愿意永远保住它，不敢调换。”秦王听了很不高兴。安陵君就派唐雎出使到秦国去。

秦王对唐雎说：“我用五百里的地方来换安陵，安陵君却不听从我！这是什么道理？况且秦国已经灭掉韩国、魏国，安陵君只有五十里地方偏偏能够存在，是因为他是个性情谨厚的人，所以没有把他放在心上。如今我用十倍的土地来扩大安陵君的地盘，他却违抗我，这不是轻视我么？”

唐雎回答说：“不，不是这样。安陵君从祖先那里继承的土地，要永远保住它，即使拿一千里也是不敢调换，何况只是五百里呢！”

秦王听了发起怒来，对唐雎说道：“你可曾听说过天子发怒么？”

唐雎回答说，“我没有听说过。”

秦王说：“天子一发怒，会使百万尸首横地，鲜血流淌千里！”

唐雎说："大王可曾听说过布衣之士发怒么？"

秦王说："布衣之士发起怒来，也不过是扔掉帽子，空手赤脚，用脑袋撞地罢了！"

唐雎说："这是平常人的发怒，不是士人的发怒。从前，专诸替吴公子行刺吴王僚的时候，彗星冲击月亮；聂政为严仲子杀韩傀的时候，白虹穿过太阳；刺客要离刺杀吴王僚的儿子庆忌的时候，苍鹰在殿上扑击。这三位都是布衣之士，他们的满腔怒气还未迸发，上天就降示预兆。现在，加上我，将要变成四个人了。如果布衣之士非要发怒不可，倒在地上的尸体虽只两个，流血不过五步，可是天下的人都要穿上丧服。现在是时候了！"

唐雎说完，拔出宝剑，跃起身来。

秦王吓得变了脸色，耸身长跪，向唐雎道歉，说：

"先生请坐！怎么会弄到这个地步！我明白了：韩魏两国所以灭亡，而安陵只有五十里还能存在，就因为有你先生在啊！"

18．荆轲刺秦王

荆轲[①]至咸阳，因王宠臣蒙嘉卑辞以求见，王大喜，朝服，设九宾而见之。荆轲奉图以进于王，图穷而匕首见，因把王袖而揕之；未至身，王惊起，袖绝。荆轲逐王，王环柱而走。群臣皆愕，卒起不意，尽失其度。而秦法，群臣侍殿上者不得操尺寸之兵，左右以手共搏之，且曰："王负剑！"负剑，王遂拔以击荆轲，断其左股。荆轲废，乃引匕首擿王，中铜柱。自知事不就，骂曰："事所以不成者，以欲生劫之，必得约契以报太子也！"遂体解荆轲以徇。

——（北宋）司马光《资治通鉴·秦纪二》

注释：

①荆轲（？—前227）：战国时期著名刺客。姜姓，战国末期卫国人。

译文：

荆轲到了咸阳，通过秦王宠臣蒙嘉态度谦卑地请求谒见。秦王听说了他们带来的礼物大喜，身穿朝服，在朝廷上设九宾之礼召见。荆轲捧着地图进献秦王，图穷而匕首现，他抓住秦王的衣袖，以匕首行刺；没有刺中，秦王惊起，袖子挣断。荆轲追上去，秦王绕着柱子跑。群臣一时都惊呆了，因事情发生得突然，出乎意料，大家尽失常态，而秦法规定，殿上群臣不得携带武器，于是左右上前徒手和荆轲搏击，有人叫道："大王背上的剑！"于是秦王拔出背后的剑斩断了荆轲的左腿。荆轲无法再继续追击，就把匕首投向秦王，却击中了铜柱。荆轲自知行刺不成，大骂道："之所以没有成功，是因为想活捉秦王，逼他许下有利于燕国的约定，来回报太子！"于是秦人将荆轲分尸示众。

19. 卫青出击匈奴

元光六年，拜为车骑将军，击匈奴，出上谷；公孙贺为轻车将军，出云中；太中大夫公孙敖为骑将军，出代郡；卫尉李广为骁骑将军，出雁门。军各万骑。青①至笼城，斩首虏数百。骑将军敖亡七千骑，卫尉广为虏所得，得脱归，皆当斩，赎为庶人。贺亦无功。唯青赐爵关内侯。是后匈奴仍侵犯边。语在《匈奴传》。

元朔元年春，卫夫人有男，立为皇后。其秋，青复将三万骑出雁门，李息出代郡。青斩首虏数千。明年，青复出云中，西至高阙，遂至于陇西，捕首虏数千，畜百余万，走白羊、楼烦王。遂取河南地为朔方郡。以三千八百户封青为长平侯。

——（东汉）班固《汉书·卫青传》

注释：

①青：卫青（？—前106），西汉名将，河东平阳（今山西临汾）人。西汉时期能征惯战，为汉朝北部疆域的开拓作出过重大贡献的将领，率军与

匈奴作战，屡立战功。

译文：

元光六年（前129），卫青拜为车骑将军，攻打匈奴，从上谷郡出征；公孙贺为轻车将军，从云中郡出兵；太中大夫公孙敖担当骑将军，从代郡出兵；卫尉李广为骁骑将军，从雁门出兵。每路军队各有一万骑兵。卫青进军到笼城，斩杀敌军数百人。骑将军公孙敖损失七千骑兵，卫尉李广为敌军所俘，后逃脱回来，这二人按军法都要斩首，用钱赎罪降为平民。公孙贺也没有战功。唯独卫青赐爵关内侯。后来匈奴仍不断侵犯边境。有关这次出战的详细情况见《匈奴传》中的记载。

元朔元年（前128）春天，卫夫人生了个儿子，被立为皇后。这年秋天，卫青又率三万骑兵出雁门郡，李息出兵代郡。卫青斩敌首数千。第二年，卫青又出兵云中郡，向西到达高阙，进而到达陇西，俘虏敌军数千人、牲畜一百多万，赶跑了匈奴白羊王、楼烦王。汉朝把这次夺取的河南地区立为朔方郡。以三千八百户封卫青为长平侯。

20. 匈奴不灭，无以家为

去病①为人少言不泄，有气敢往。

上尝欲教之吴、孙兵法，对曰："顾方略何如耳，不至学古兵法。"

上为治第，令视之，对曰："匈奴不灭，无以家为也。"由此上益爱重之。

——（东汉）班固《汉书·霍去病传》

注释：

①去病：霍去病（前140—前117），西汉武帝时期杰出的军事家。河东郡平阳县（今山西临汾西南）人。

译文：

霍去病沉默寡言不轻易发表意见，但他有胆气，敢勇往直前。

汉武帝曾想教他学吴起、孙武的兵书，霍去病说："看实际情形考虑用

什么样的策略罢了，不必完全按照古代兵书。”

汉武帝为他建造府第，叫他去看看，霍去病说：“匈奴不消灭，哪里要什么家啊。”从此，武帝就更加喜爱、看重他了。

21. 飞将军李广

广[①]居右北平，匈奴闻之，号曰“汉之飞将军”，避之数岁。……后三岁，广以郎中令将四千骑出右北平，博望侯张骞将万骑与广俱，异道。行可数百里，匈奴左贤王将四万骑围广，广军士皆恐，广乃使其子敢往驰之。敢独与数十骑驰，直贯胡骑，出其左右而还，告广曰：“胡虏易与耳!”军士乃安。广为圜阵外向，胡急击之，矢下如雨。汉兵死者过半，汉矢且尽。广乃令士持满勿发，而广身自以大黄射其裨将，杀数人，胡虏益解。

会日暮，吏士皆无人色，而广意气自如，益治军。军中自是服其勇也。明日，复力战，而博望侯军亦至，匈奴军乃解去。

——（西汉）司马迁《史记·李将军列传》

注释：

①李广（？—前119）：西汉时期的名将，陇西成纪（今甘肃静宁西南）人。

译文：

李广驻守右北平，匈奴听说了，称他是汉朝的“飞将军”，好几年不敢和他交战。……其后三年，李广被提拔为郎中令，统率四千兵马从右北平向匈奴进军，博望侯张骞也统率一万人马和他一同出征。出塞以后，两支人马就分开了。李广的部队前进了大约几百里，匈奴左贤王以四万骑兵包围了上来。下面的将士都吓坏了，李广就叫他的儿子李敢领一支兵去冲锋。李敢只

带了几十个骑兵，直杀入匈奴的重围，从敌人围骑中左右两面突围，安全地回到自己阵地，向李广报告："敌人容易对付。"部队这才镇定下来。李广把部队布成环形阵势，一律面向敌人。匈奴急忙发起攻击，箭像雨点一样落下。汉兵牺牲了大半，箭也快用完了。李广命令将士们只把弓拉满，不要放箭；他亲自张放大黄弩射杀敌人的副将，一连射死了好几个，敌人才渐渐散开去。

战斗继续到天黑，将士一个个脸色苍白，担惊害怕，可是李广的神色气概却依然和平日一样。他更加注意整顿部队，巡视行阵。全军上下从此更加佩服他的勇敢。第二天，继续和敌人战斗，一直坚持到博望侯的援兵到达，匈奴的大军才撤走。

22. 卜式愿输家财半助边

岁余，会浑邪等降，县官费众，仓府空，贫民大徙，皆卬①给县官，无以尽赡。式②复持钱二十万与河南太守，以给徙民。河南上富人助贫民者，上识式姓名，曰："是固前欲输其家财半助边。"乃赐式外繇四百人，式又尽复与官。是时富豪皆争匿财，唯式尤欲助费。上于是以式终长者，乃召拜式为中郎，赐爵左庶长，田十顷，布告天下，尊显以风百姓。

——（东汉）班固《汉书·卜式传》

注释：

①卬：通"仰"。②式：卜式，西汉河南（今河南洛阳）人，以牧羊致富。屡以家财捐助政府，武帝任为中郎，后封关内侯，官至御史大夫，后因反对盐铁专卖，不久被贬为太子太傅。

译文：

过了一年多，正遇上浑邪王等投降汉朝，地方政府花费极大，官仓国库空虚，贫民大量迁移到边地，都依赖地方政府，地方政府没法全部负担。卜式就又拿二十万钱交给河南太守，用来资助移民。河南官府上报富人资助贫民的名单，武帝认出了卜式的姓名，说，“这是坚持他以前想法要捐献家里一半财产资助边防。”于是就赐给卜式驻边士卒四百人，卜式又如数再交给公家。这时候有财有势人家都争着隐瞒财产，只有卜式十分愿意捐助钱财。武帝这时觉得卜式到底是有德行的人，就封他做中郎，赐给左庶长的爵位，十顷良田，通告天下，用推崇表扬卜式来教育百姓。

23. 苏武牧羊

律知武终不可胁，白单于。单于愈益欲降之，乃幽武①，置大窖中，绝不饮食。天雨雪，武卧啮雪，与旃毛并咽之，数日不死。匈奴以为神，乃徙武北海上无人处，使牧羝，羝乳乃得归。别其官属常惠等，各置他所。

武既至海上，廪食不至，掘野鼠去草实而食之。杖汉节牧羊，卧起操持，节旄尽落。

——（东汉）班固《汉书·李广苏建传》

注释：

①武：苏武（？—前60），字子卿，杜陵（今陕西西安东南）人。汉武帝时为郎。天汉元年（前100）奉命以中郎将持节出使匈奴，被扣留。十九年持节不屈，直到始元六年（前81）才被释放回汉朝。

译文：

卫律发现苏武到底是不能以威胁使他屈服的，就报告了单于。单于却越发想要使他投降，于是就把苏武幽禁在大地窖里，断绝饮食。天下雪，苏武躺着嚼雪，和着毡毛一齐咽下肚，过了几天并没有饿死。匈奴人认为他是神，就把他迁移到北海旷无人烟的地方，叫他放牧公羊，说等到公羊生了小羊，才能回国。并把他与下属官员常惠等人分隔开，安置在不同地方。

苏武到了北海以后，官家的口粮不送来，他只得挖掘野鼠所藏的野果来充饥，拄着汉朝的旄节放牧羊群，无论睡眠或起身都拿着汉节，节上的旄都脱落光了。

24. 司马迁忍辱发愤作《史记》

太史公遭李陵之祸，幽于缧绁。乃喟然而叹曰："是余之罪也夫！是余之罪也夫！身毁不用矣。"

退而深惟曰："夫《诗》、《书》隐约者，欲遂其志之思也。昔西伯拘羑里，演《周易》；孔子厄陈蔡，作《春秋》；屈原放逐，著《离骚》；左丘失明，厥有《国语》；孙子膑脚，而论兵法；不韦迁蜀，世传《吕览》；韩非囚秦，《说难》、《孤愤》；《诗》三百篇，大抵圣贤发愤之所为作也。此人皆意有所郁结，不得通其道也，故述往事，思来者。"

于是卒述陶唐以来，至于麟止，自黄帝始。

——（西汉）司马迁《史记·太史公自序》

译文：

太史公遭受到李陵之祸，被囚禁在狱中。于是深深地叹息道："是我的罪过呀！是我的罪过呀！身体毁伤没有用了！"

我退一步深思道："《诗经》、《尚书》，言辞简约含蓄，是想表达作者内心的思想啊！从前周文王被拘禁在羑里时，推演《周易》；孔子在陈、蔡遭受灾难时，写作《春秋》；屈原被流放时，著成《离骚》；左丘双目失明后，才撰成《国语》；孙子受了膑刑，而论述兵法；吕不韦被贬到蜀郡后，世上才流传他的《吕览》；韩非被秦国囚禁，才有《说难》，《孤愤》；《诗经》三百篇，大都是才能出众的人为了发泄愤懑而写作的。这些人都是内心意气郁结，没有地方表达抒发，所以记述往事，希望将来的人有所了解。"

于是，我终于记述了唐尧以来的大事，写到当今皇上捕获麒麟时为止，从黄帝开始写起。

25. 张骞凿空

骞[1]为中郎将，将三百人，马各二匹，牛羊以万数，赍金币帛直数千巨万，多持节副使，道可便遣之旁国。

骞既至乌孙，致赐谕指。未能得其决，语在《西域传》。骞即分遣副使使大宛、康居、月氏、大夏。乌孙发译道送骞，与乌孙使数十人，马数十匹，报谢，因令窥汉，知其广大。

骞还，拜为大行。岁余，骞卒。后岁余，其所遣副使通大夏之属者，皆颇与其人俱来，于是西北国始通于汉矣。

然骞凿空，诸后使往者皆称博望侯，以为质于外国，外国由是信之。其后，乌孙竟与汉结婚。

——（东汉）班固《汉书·张骞传》

注释：

①骞：张骞（？—前114），汉朝卓越的探险家、旅行家与外交家。字子文，汉中郡城固（今陕西省城固县）人。官大行，封博望侯。对丝绸之路的开拓有重大的贡献。

译文：

张骞任中郎将，率领三百人，每人两匹马，牛羊数以万计，携带的金、银、钱币、丝绸价值数千万，配备了多名拿着旌节的副使，道路无阻时就派他们到乌孙周围别的国家去。

张骞到了乌孙国后，送上礼物宣明汉天子的旨意，却没能取得乌孙王的明确答复。那些话记载在《西域传》里。张骞随即分派副使出使大宛、康居、月氏、大夏等国。乌孙王派遣翻译、向导护送张骞，并让乌孙使者几十人，带着几十匹马，随张骞到汉朝回访答谢，吩咐这些使者乘机窥探汉朝，弄清汉有多大。

张骞回国后，朝廷封他做大行令。过了一年多，张骞去世。又过了一年多，张骞当初所派遣的去联络大夏等国的副使，很多都和那个国家的人一起来到汉朝，从此西北各国开始和汉朝交通往来了。

张骞开辟了通西域的道路，后来许多出使到别国的人都自称博望侯，以此向外国表示诚信，外国人也因此信任他们。后来，乌孙竟和汉朝联姻了。

26. 赵充国平罕羌

兵至罕地，令军毋燔聚落、刍牧田中。罕羌闻之，喜曰：“汉果不击我矣！”豪靡忘使人来言：“愿得还复故地。”充国[①]以闻。未报，靡忘来自归。充国赐饮食，遣还谕种人。护军以下皆争之，曰：“此反虏，不可擅遣。”充国曰：“诸君但欲便文自营，非为公家忠计也。”语未卒，玺书报，令靡忘以赎论。

后，罕竟不烦兵而下。

——（东汉）班固《汉书·赵充国传》

注释：

①充国：赵充国（前137—前52），西汉著名将领。字翁孙，原为陇西上邽（今甘肃省天水）人，后移居湟中（今青海西宁）。

译文：

赵充国率领汉军到达罕羌的地方，命令将士不准焚烧村落和在田里割草放牧。罕羌人知道了，高兴地说：“汉朝果然不打我们呀！”罕羌首领靡忘派人来说：“我们希望能够返回原来的地方。”赵充国把这个要求转达宣帝。还没有得到宣帝的答复，靡忘就亲自来投诚。赵充国请他吃喝，送他回去向自己部落的人进行宣传。护军以下的官员都跟赵充国争论，说：“这是叛逆的敌人，不能随便放走他。”赵充国说：“诸位只想有利于上书报功保全自己，并不是忠心为国打算啊。”话没说完，诏书下达了，准许靡忘按立功赎罪论处。

此后，罕羌再也没有用兵就平定了。

27. 昭君出塞

春，正月，匈奴呼韩邪单于来朝，自言愿婿汉氏以自亲。帝以后宫良家子王嫱[1]字昭君赐单于。单于欢喜，上书“愿保塞上谷以西至敦煌，传之无穷。请罢边备塞吏卒，以休天子人民。”天子下有司议，议者皆以为便。

——（北宋）司马光《资治通鉴·汉纪二十一》

注释：

①王嫱：汉元帝时期宫女。字昭君，晋朝时为避司马昭讳，又称“明妃”，西汉南郡秭归（今湖北省兴山县）人。后自愿出嫁匈奴呼韩邪单于。昭君出塞的故事千古流传。

译文：

春，正月，匈奴呼韩邪单于来朝见天子，自称希望能娶得汉女，使自己能成为汉朝的女婿。皇帝就把后宫中一个良家女子王嫱，字昭君，赐给单于。单于很高兴，上书说是“愿意替汉朝防守边塞，使从上谷郡以西，直到敦煌郡四千多里地，都能传世无穷，永远顺从。请求天子可以撤去在边境上戍守的边兵，使人民得到休养生息。”天子便将单于的上书交给官吏们审议，参与计议的人都认为这个建议可以采纳。

28. 班超出使西域

班超[1]欲遂平西域，上疏请兵曰：“臣窃见先帝欲开西域，故北击匈奴，西使外国，鄯善、于寘即时向化，今拘弥、莎车、疏勒、月氏、乌孙、康居复愿归附，欲共并力，破灭龟兹，平通汉道。若得龟兹，则西域未服者百分之一耳。前世议者皆曰：‘取三十六国，号为断匈奴右臂。’今西域诸国，自日之所入，莫不向化，大小欣欣，贡奉不绝，唯焉耆、龟兹独未服从。臣前与官属三十六人奉使绝域，备遭艰厄，自孤守疏勒，于今五载，胡夷情数，臣颇识之，问其城郭小大，皆言倚汉与依天等。以是效之，则葱岭可通，龟兹可伐。今宜拜龟兹侍子白霸为其国王，以步骑数百送之，与诸国连兵，岁月之间，龟兹可禽。以夷狄攻夷狄，计之善者也！臣见莎车、疏勒田地肥广，草牧饶衍，不比敦煌、鄯善间也，兵可不费中国而粮食自足。且姑墨、温宿二王，特为龟兹所置，既非其种，更相厌苦，其势必有降者。若二国来降，则龟兹自破。愿下臣章，参考行事，诚有万分，死复何恨！臣超区区特蒙神灵，窃冀未便僵仆，目见西域平定，陛下举万年之觞，荐勋祖庙，布大喜于天下。”书奏，帝知其功可成，议欲给兵。平陵徐幹上疏，愿奋身佐超，帝以幹为假司马，将弛刑及义从千人就超。先是莎车以为汉兵不出，遂降于龟兹，而疏勒都尉番辰亦叛。会徐幹适至，超遂与幹击番辰，大破之，斩首千余级。欲进攻龟兹，以乌孙兵强，宜因其力，乃上言：“乌孙大国，控弦十万。故武帝妻以公主，至孝宣帝卒得其用。今可遣使招慰，与共合力。”帝纳之。

——（北宋）司马光《资治通鉴·汉纪三十八》

注释：

①班超（32—102）：东汉著名的军事家和外交家。字仲升，汉扶风平陵（今陕西咸阳东北）人。

译文：

班超一心想要平定西域，于是就主动上书请缨道：“我私下里认为先帝想要开拓西域，所以才会向北攻击匈奴，向西面各国派出使者，鄯善、于阗两国当时立即就归附了汉朝。现在又有拘弥、莎车、疏勒、月氏、乌孙及康居等国愿意再度归附汉朝，并准备联合势力一举消灭龟兹，铲平通往汉朝途中的障碍。假如我们攻下龟兹，那么西域地区不归附汉朝的，就只剩下百分之一罢了。前人谈到西域都说：‘争取到三十六国，可以称得上是斩断了匈奴的右臂。’现在西域各国，自太阳落山处向东，没有不向往归顺汉朝的，大国小国全都欣喜雀跃，进贡奉献络绎不绝，只有焉耆和龟兹却拒不归附。我曾经率领三十六位部下出使到遥远的西域，遭受了各种艰难困苦，自从孤守疏勒，到现在已经过去了五年时间。对于蛮夷之地的情况，我还是颇为了解的。无论是询问西域的大国还是小国，肯定会一致回答道：依赖汉朝，就好比是依赖上天。由此足可以证明，葱岭是可以打通的，龟兹也是可以讨伐的。现在应该拥立龟兹派到汉朝做人质的王子白霸做龟兹王，然后用数百步骑兵护送，让他同西域各国联合起来，最多几个月到一年时间便可夺取龟兹。这种利用夷狄去攻打夷狄的计策，是所有计策中最为高明的计策！我看见莎车、疏勒的土地肥沃广袤，水草肥美，牛羊成群，根本不像敦煌、鄯善一带那样荒芜，一旦用兵根本不需要消耗中原的粮草，而完全可以自给自足。况且姑墨、温宿两国的国王都是由龟兹特别设置的，他们与本国人既非同一种族，又相互厌恶对立，受形势所迫，肯定会有人主动投降。假如这两个国家归附汉朝，那么龟兹便会不攻自破。我希望陛下能够将我的奏章交付朝廷讨论，作为一个参考意见。果真能有那么一点可行之处，我就是死了又有什么可遗憾的呢！但微臣班超却特别幸运地承蒙神灵的保佑，但愿不要倒下死去。因为我想亲眼看到西域的归顺，到时陛下高举祝福万年的酒觞，自豪地向祖庙祭告，向天下人宣布这个天大的喜事。”奏章呈报给汉章帝后，汉章帝深知这一事业容易成功。于是便召集群臣进行商议，打算给班超派兵。平陵人徐幹上书皇帝，愿意奋力出征，做班超的随从。于是汉章帝便任命徐幹为副司马。率领免刑囚徒以及志愿从军的义勇之士，总共一千人左右，听候班超调遣前往西域。在此之前，莎车以为汉朝不会再出兵西域，所以就投降了龟兹。而疏勒都尉番辰也叛变了汉朝。适逢徐幹一行赶到，班超便率领他们一同向番辰进攻。结果大败番辰，有一千多人被斩首。班超本来打算一举进攻龟兹，但考虑到乌孙的兵力比较强，应当充分利用乌孙的兵力，因此就上书道：“乌孙本是大国，有十万弓弩手，所以武帝才把公主嫁给乌孙王为妻。后来到了孝宣皇帝时，终于有所成效。现在应当派使者前去安抚慰问，争取到乌孙与我们同心合力。”章帝便采纳了他的建议。

29. 诸葛亮七擒孟获

亮[1]至南中，所在战捷。闻孟获者，为夷、汉所服，募生致之。

既得，使观于营陈之间，问曰：“此军何如?”获对曰：“向者不知虚实，故败。今蒙赐观看营陈，若只如此，即定易胜耳。”亮笑，纵使更战，七纵七禽，而亮犹遣获。

获止不去，曰：“公，天威也，南人不复反矣。”

——（西晋）陈寿《三国志·蜀书·诸葛亮传》

注释：

①亮：诸葛亮（181—234），三国时期蜀汉丞相，杰出的政治家。字孔明，号卧龙（也作伏龙），琅琊阳都（今山东临沂沂南）人。

译文：

诸葛亮在南中，所到之处每战必胜。听说有个叫孟获的，受到当地少数民族和汉族人民的敬服，诸葛亮就谋求活捉他来。

诸葛亮俘获孟获后，让他在军营中观看一番，问道：“这样的军队怎么样?”孟获回答说：“过去不了解你军虚实，所以吃了败仗。今天承蒙您让我观看了阵势，如果仅仅如此，那一定是很容易战胜的。”诸葛亮听了大笑，放了他，让他再战。放了七次，又擒获了七次，而诸葛亮还要放孟获回去。

孟获止步不肯离去，说：“您真是具有神威啊，我们南边人再也不反蜀了。”

30. 当共戮力王室，克复神州

过江人士，每至暇日，相要出新亭饮宴。

周顗中坐而叹曰："风景不殊，举目有江河之异。"皆相视流涕。

唯导[1]愀然变色曰："当共戮力王室，克复神州，何至作楚囚相对泣邪！"众收泪而谢之。

——（唐）房玄龄等《晋书·王导传》

注释：

①导：王导（276—339），东晋初年的大臣。字茂弘，琅琊临沂（今山东临沂）人。在东晋历仕晋元帝、晋明帝和晋成帝三代，是东晋政权的奠基者之一。

译文：

过江避乱的北方人士，每到休假日，就相邀外出到新亭饮宴。

周顗在饮宴中间长叹一声道："风景依旧，放眼一看就觉得河山变样了。"大家互相看着，都流泪哭泣起来。

只有王导脸上露出怒色，说："我们应当为晋室尽力，努力收复中原，怎么可以像楚囚那样相对而哭呢！"大家认为王导说得对，都停止哭泣并表示歉意。

31. 晋祚存亡，在此一行

简文帝疾笃，温上疏荐安宜受顾命。

及帝崩，温入赴山陵，止新亭，大陈兵卫，将移晋室。呼安[1]及王坦之，欲于坐害之。

坦之甚惧，问计于安。安神色不变，曰："晋祚存亡，在此一行。"

既见温，坦之流汗沾衣，倒执手版。安从容就席，坐定，谓温曰："安闻诸侯有道，守在四邻，明公何须壁后置人邪？"温笑曰："正自不能不尔耳。"遂笑语移日。

坦之与安初齐名，至是方知坦之之劣。

——（唐）房玄龄等《晋书·谢安传》

注释：

①安：谢安（320—385），东晋名士、宰相。字安石，浙江绍兴人，祖籍陈郡阳夏（今河南太康）。

译文：

简文帝病得很重，桓温上书举荐谢安作为领受皇帝临终遗言的大臣。

等到简文帝一死，桓温就进京祭奠，停驻在城外新亭，使大军列阵戒备，想要取代晋王朝。招谢安及王坦之前来，想要在座席之间害死他们。

坦之心里十分恐惧，向谢安请教对策。谢安神色跟平时一样，对他说："晋朝江山是存是亡，就看我们这一趟了。"

见到桓温之后，王坦之惶恐得汗流浃背，手版都拿颠倒了。谢安却从容不迫地入席，坐定后，对桓温说："我听说讲道义的诸侯，为天子镇守四方疆界，您又何必在板壁后面埋伏武士呢？"桓温尴尬地笑着说："我只是不得不这样罢了。"于是说说笑笑谈了好半天。

王坦之和谢安起初一样有名望，到这时候人们才知道坦之不行。

32. 孤则易折，众则难摧

阿柴[①]有子二十人。疾病，召诸子弟谓之曰："先公车骑，以大业之故，舍其子拾虔而授孤，孤敢私于纬代而忘先君之志乎！我死，汝曹当奉慕璝为主。"纬代者，阿柴之长子；慕璝者，阿柴之母弟、叔父乌纥提之子也。

阿柴又命诸子各献一箭，取一箭授其弟慕利延使折之。慕利延折之。又取十九箭使折之，慕利延不能折。阿柴乃谕之曰："汝曹知之乎？孤则易折，众则难摧。汝曹当戮力一心，然后可以保国宁家。"言终而卒。

——（北宋）司马光《资治通鉴·宋纪二》

注释：

①阿柴：吐谷浑的首领。吐谷浑，古族名，原是鲜卑的一支，游牧于今辽宁省锦县西北。西晋末，首领吐谷浑率所部西迁至今甘肃、青海间。传至孙叶延，始以吐谷浑为姓氏。南北朝时，先后属宋、齐、北魏。

译文：

阿柴有二十个儿子。他病重时，把子弟们召集来，跟他们说："先王车骑将军，为了国家大业的缘故，抛开他的儿子拾虔而将王位传授给我，我岂敢偏爱纬代而忘掉先王的大志呢！我死后，你们应当拥戴慕璝为国主。"纬代是阿柴的长子，慕璝是阿柴的同母弟弟、叔父乌纥提的儿子。

阿柴又叫他的儿子们每人献出一枝箭，阿柴拿一枝箭给他的弟弟慕利延，让他撅。慕利延把箭撅断了。又取十九枝箭让他一起撅，慕利延撅不断。阿柴就教导他们说："你们知道吗？孤单的容易折断，众多的难以摧毁。你们应当同心合力，这样才可以保国保家。"说罢他就死了。

33. 和亲之策

贞观十六年，太宗[①]谓侍臣曰："北狄世为寇乱，今延陀倔强，须早为之所。朕熟思之，惟有二策：选徒十万，击而虏之，涤除凶丑，百年无患，此一策也。若遂其来请，与之为婚媾，朕为苍生父母，苟可利之，岂惜一女！北狄风俗，多由内政，亦既生子，则我外孙，不侵中国，断可知矣。以此而言，边境足得三十年来无事。举此二策，何者为先？"司空房玄龄对曰："遭隋室大乱之后，户口大半未复，兵凶战危，圣人所慎，和亲之策，实天下幸甚。"

——（唐）吴兢[②]《贞观政要·征伐》[③]

注释：

①太宗：即唐太宗李世民，唐高祖李渊的次子。626—649 年在位。在

任期间社会安定，经济复苏，史称贞观之治。②吴兢（670—749）：唐代史学家。汴洲浚仪（今河南开封）人。贯知经史。武后长安年间被召入史馆，撰修国史。③《贞观政要》：十卷四十篇，分类记载了唐太宗同大臣魏徵、房玄龄、杜如晦等人的问答、大臣的争议和劝谏的奏疏及诤议等。

译文：

贞观十六年（642），唐太宗对身边的大臣说："北方外族世代侵扰捣乱，现在薛延陀倔强不服，必须趁早对他们进行处置。我反复考虑了这个问题，只有两条对策：选派十万役徒，击破他们进而控制他们，清除凶恶，百年之内将平安无事，这是一条计策。如果答应他们的请求，与他们通婚，结成姻亲，我是百姓的父母，假如能够有利于百姓，难道舍不得一个女儿！北方外族的风俗，多是由妻室主政，又生了儿子，就是我的外孙，不会侵扰中国，绝对可以肯定。从这点来说，边境至少三十年内无事。提出这两条计策，哪一条较好?"司空房玄龄回答说："遭受隋代的大混乱之后，户口大半没有恢复，刀兵凶恶，战争危险，是圣人所当慎重对待的事。和亲的政策，实在是天下的大幸事!"

34. 玄奘西游

僧玄奘[①]，姓陈氏，洛州偃师人。大业末出家，博涉经论。尝谓翻译者多有讹谬，故就西域，广求异本以参验之。贞观初，随商人往游西域。玄奘既辩博出群，所在必为讲释论难，蕃人远近咸尊伏之。在西域十七年，经百余国，悉解其国之语，仍采其山川谣俗，土地所有，撰《西域记》十二卷。

贞观十九年，归至京师。太宗见之，大悦，与之谈论。于是诏将梵本六百五十七部于弘福寺翻译，仍敕右仆射房玄龄、太子左庶子许敬宗，广召硕学沙门五十余人，相助整比。

——（后晋）刘昫等《旧唐书·僧玄奘传》

注释：

①玄奘（602—644）：唐代高僧。俗姓陈，名祎，世称唐三藏，洛州偃师（今河南偃师）人。是我国著名译经家、法相宗之创始人。他曾于印度游学，回国后译出经论七十五部一千三百三十五卷。

译文：

僧人玄奘，俗姓陈，洛州偃师人。隋大业末年出家，博览佛学典籍。他曾经指出汉译佛经有不少谬误，所以要到西域去，广泛搜求不同版本来参照校勘。唐贞观初年，他跟着商人前往西域。因玄奘的口才学问超群，每到一地都要为众讲释佛经答辩诘难，当地的远近人们都尊崇信服他，他在西域十七年，经历一百多国，完全懂得那些国家的语言，于是就采集那里的山川风貌、谣谚民俗、地理出产，写成《西域记》十二卷。

贞观十九年，玄奘回到京师。唐太宗会见他，十分高兴，亲自跟他谈论。于是太宗诏命玄奘把六百五十七部梵文佛经在弘福寺进行翻译，又令右仆射房玄龄、太子左庶子许敬宗，从各地召集博学沙门五十多人，协助玄奘工作。

35. 松赞干布和文成公主

固请昏，许之。遣大论薛禄东赞[①]献黄金五千两，它宝称是，以为聘。

十五年，妻以宗女文成公主[②]，诏江夏王道宗持节护送，筑馆河源王之国。弄赞[③]率兵次柏海亲迎。见道宗，执婿礼恭甚，见中国服饰之美，缩缩愧沮。

归国，自以其先未有昏帝女者，乃为公主筑一城，以夸后世，遂立宫室以居。公主恶国人赭面，弄赞下令国中禁之。自褫毡罽，袭纨绡，为华风。遣诸豪子弟入国学，习《诗》、《书》。又请儒者典书疏。

——（北宋）欧阳修、宋祁等《新唐书·吐蕃传上》[④]

注释：

①薛禄东赞（？—667）：亦作禄东赞，葜禄东赞，藏籍称噶尔·东赞域松，或噶东赞宇松。唐代吐蕃王朝大论。其家族执掌吐蕃军政大权达五十年。②文成公主（？—680）：唐太宗养女。唐贞观年间，吐蕃赞普松赞干布派遣大论薛禄东赞为使者赴长安请婚，唐太宗以文成公主嫁松赞干布。文成公主入藏后，对汉藏两族人民友好交往、和睦相处作出过重大贡献。③弄赞：松赞干布（约617—650），是吐蕃王朝的建立者和开国皇帝。

译文：

松赞干布再三请求联姻，唐太宗答应了。松赞干布派遣大相薛禄东赞献上黄金五千两，以及相当的其他珍宝，作为聘礼。

贞观十五年，唐太宗把宗室女文成公主嫁给松赞干布，诏令江夏王李道宗持节护送公主往吐蕃，在河源建立供公主暂住的行馆。松赞干布带领人马驻扎在柏海亲自迎接。他与李道宗相见，恭恭敬敬行了女婿之礼，看到唐朝人服饰美丽优雅，敬佩欣赏自愧不如。

回到吐蕃以后，松赞干布认为自己的祖辈从未有过以皇帝女儿为妻的荣幸，就专门为文成公主筑一城郭，来夸示后代，于是让公主居住在新建的宫室里。文成公主不喜欢吐蕃人赭面习俗，松赞干布就下令禁止赭面。他脱下自己原先的装束，穿上唐朝赠送的服装，接受了唐朝的文化风尚。松赞干布派遣贵族子弟到唐朝学习，接受《诗经》、《尚书》等文化传统教育。他又请唐朝学者进藏掌管处理公事文件等工作。

36. 郭子仪单骑见回纥

子仪[①]将出，左右谏：“戎狄野心不可信。”子仪曰：“虏众数十万，今力不敌，吾将示以至诚。”左右请以骑五百从，又不听。即传呼曰：“令公来！”虏皆持满待。子仪以数十骑出，免胄见其大酋曰：“诸君同艰难久矣，何忽亡忠谊而至是邪？”回纥舍兵下马拜曰：“果吾父也。”子仪即召与饮，遗锦彩结欢，誓好如初。

——（北宋）欧阳修、宋祁等《新唐书·郭子仪传》

注释：

①子仪：郭子仪（697—781），唐代中期杰出的军事统帅。华州郑县（今陕西华县）人。

译文：

郭子仪准备到回纥营去，他身边的将领劝谏道："回纥包藏祸心不可轻信。"子仪说："回纥将士有几十万，现在打起来我们不是他们对手，我要向他们表示友好的真心诚意。"左右请求派五百骑兵随从保护，也不肯。郭子仪当即命令将士们高声传话："令公来了！"回纥剑拔弩张严阵以待。子仪带着几十名骑兵出营，摘下头盔会见回纥首领说："诸位长期以来同我们共患难，为什么突然忘却忠谊到这种地步啊？"回纥将士丢掉兵器下马拜迎说："果然是我们的令公啊。"子仪当即请回纥首领一起饮酒，送给他们锦帛彩缎表示友好，双方誓言要像过去一样和睦相处。

37. 丁谓恩信结蛮酋

以丁谓[①]为夔州路转运副使。

初，王均叛，朝廷调施、黔、高、溪州蛮子弟以扞贼，既而熟山川道路，反入为寇，攻州县，掠民男女入溪洞，久不能定。诏以谓为转运使，委之经制。至则命罢兵，自入溪洞，每渡水，则减从吏卒，比至巢，自从者不过三二人。蛮人服其恩信，皆大喜，其首领田彦伊以下遂出迎谒，以牛酒劳谓。谓留，与之饮食，欢甚，喻以祸福，且言赦不杀，彦伊等感泣，愿世奉贡。谓要与俱至夔州，每渡水，亦使之减所从蛮人，如谓入时。及馆，谓与之锦袍、银帛有差，盛具燕之，蛮酋皆大悦。比数日，请归，不许，而遇之益厚。间使人谓之曰："公欲得所掠汉民男女，若等诚能自请归之，公必喜，遣若去矣。"蛮酋乃请归所掠汉民男女，谓与之约，每归一人，与绢一匹，于是凡得万余人。及归，又自临送之，蛮酋皆感泣辞诀，乃作誓刻石柱，立境上。

——（清）毕沅[②]《续资治通鉴·宋纪二十三》[③]

注释：

①丁谓（966—1037）：字谓之，后更字公言。北宋苏州长洲（今江苏苏州）人。淳化进士。官至宰相，封晋国公。②毕沅（1730—1797）：清学者、文学家。字纕蘅，一字秋帆，自号灵岩山人，江南镇洋（今江苏太仓）人。乾隆进士。③《续资治通鉴》：是一部按《资治通鉴》体例叙述宋、辽、金、元历史的编年体通史。原名《宋元编年》，主编毕沅延请史学家在徐乾学《资治通鉴后编》基础上共同纂修。二百二十卷。

译文：

用丁谓做夔州路的转运副使。

在这之前，王均叛乱，朝廷调集施、黔、高、溪四个州的少数民族子弟抵御叛军，接着是这些蛮兵因为熟悉了山川道路，反而深入内地成为强盗，攻打州县，将民间的男女掠进溪州的蛮洞，使这一代地方长久不得安宁。皇帝诏令用丁谓做转运使，委派他前来经划管制。丁谓来到就命令休兵，亲自进入溪州蛮洞，一路上每渡过一道水，他就减掉一部分跟从的兵卒，等到了溪蛮的巢穴，跟从他的人也不过三两个人罢了。蛮人佩服他的恩信，都很高兴。他们的首领田彦伊以下全都出洞迎接拜见，用酒肉犒劳丁谓。丁谓住了下来，跟他们一同吃喝，欢乐非常，并用他们未来的祸福开导他们，而且声明赦免他们，不杀他们，彦伊等人听了都感动得流下了泪，表示愿意世世代代向朝廷纳贡。丁谓邀请他们都到夔州，每渡一道水，也让他们减掉一些跟从的蛮人，就像丁谓深入溪洞时一样。等到了宾馆，丁谓把锦袍、银两和布帛，按照不同的等级赐予他们，备办丰盛的酒席宴请他们，蛮人的头目们皆大欢喜。接连住了好几天，蛮人请求回归，丁谓不答应，招待他们更加优厚。抽空派人对蛮人说："丁公想要求得到被你们所掠去的汉民男女，你们如果真能自动请求放还那些人，丁公一定高兴，打发你们回家去。"蛮人的首领于是就请求归还他们所掠去的汉民男女，丁谓跟他们约定，他们每放回一个汉民，就给他们一匹绢，于是，丁谓共得了一万多人。等这些蛮人回归时，丁谓又亲自到场送他们，蛮人的头领们都感动得流下了眼泪，就像诀别一样，就写下了誓言雕刻在石柱上，将石柱立于溪蛮之境。

38. 抗金名臣李纲

……未几，复决意南狩。纲[1]趋朝，则禁卫擐甲，乘舆已驾矣。纲急呼禁卫曰："尔等愿守宗社乎，愿从幸乎?"皆曰："愿死守。"纲入见曰："陛下已许臣留，复戒行何也？今六军父母妻子皆在都城，愿以死守，万一中道散归，陛下孰与为卫？敌兵已逼，知乘舆未远，以健马疾追，何以御之?"上感悟，遂命辍行。纲传旨语左右曰："敢复言去者，斩!"禁卫皆拜伏呼万岁，六军闻之，无不感泣流涕。

命纲为亲征行营使，以便宜从事。纲治守战之具，不数日而毕。敌兵攻城，纲身督战，募壮士缒城而下，斩酋长十余人，杀其众数千人。金人知有备，又闻上已内禅，乃退。

——（元）脱脱等《宋史·李纲传》

注释：

①纲：李纲（1083—1140），宋代大臣。字泊纪，邵武（今属福建）人。政和进士。北宋末年，历任太常少卿、尚书右丞、宰相、湖光宣抚使、江西安抚制置大使等职。

译文：

……不久，钦宗又决定南逃。李纲闻讯急忙赶到皇宫，只见禁卫军整装待发，已给皇帝的乘舆套上了马。李纲赶紧对禁卫军大声说道："你们愿意守卫京都呢，还是愿意跟着皇帝逃跑?"将士们齐声回答："愿意死守。"李纲进宫见钦宗说："陛下已经答应我留守京城，却又命令起程离京是什么原因呢？眼下六军的父母妻儿全都在京城里，愿意与京城共存亡，万一他们中途离开您返回京城，谁来保卫陛下呢？敌军已逼近京都，如得知陛下车驾离京不远的话，派骁骑迅速追赶上来，您拿什么来抵抗他们呢？”钦宗恍然大悟，就下令停止出发。李纲向大臣们传达了皇帝命令：“谁敢再说逃离京城的，杀！”禁卫军都跪拜高呼万岁，六军将士听到了这一消息，无不感动得流下眼泪。

钦宗任命李纲为亲征行营使，允许他见机行事。李纲就积极准备防守和进攻的各种军械设施，没有几天工夫全都完成。敌兵前来攻城时，李纲亲自督战，召集勇士用绳索系住身体吊到城下，斩杀了敌将十多人，消灭了敌兵好几千人。金兵知道开封已有了准备，又得知钦宗已经即位，就退兵了。

39. 宗泽临终三呼“过河”

泽①……忧愤成疾，疽发于背。诸将入问疾，泽矍然曰：“吾以二帝蒙尘，积愤至此。汝等能歼敌，则我死无恨。”众皆流涕曰：“敢不尽力！”诸将出，泽叹曰：“‘出师未捷身先死，长使英雄泪满襟。’”翌日，风雨昼晦。泽无一语及家事，但连呼“过河”者三而薨。都人号恸。

——（元）脱脱等《宋史·宗泽传》

注释：

①泽：宗泽（1060—1128），北宋末、南宋初杰出军事家和政治家。字汝霖，婺州义乌（今属浙江）人。

译文：

宗泽……忧愤成疾，背上又生毒疮。众位将领进帐探望病情，宗泽激动地说：“我因徽、钦二帝被掠受辱，万分忧愤，才病到这地步。如果你们能歼灭敌人，我就是死了也无遗憾。”众将都感动得泪水涟涟，说：“怎么敢不竭尽全力杀敌！”众将领出了帐门，宗泽叹了口气道：“出师未捷身先死，长使英雄泪满襟。”第二天，风雨交加，天色昏暗。临终时，宗泽没有一句话谈到家事，只是连呼三声：“过河！过河！过河！”然后才咽气。都城的老百姓听到噩耗，都号啕痛哭起来。

40. 徐徽言忠贞不屈

金人忌徽言①，欲速拔晋宁以除其患，围之三月，屡破却之。久之，城中矢石皆尽，士困饿不能兴，会监门官石赟夜启关纳金人，城遂破。徽言闻兵入，即纵火自焚其家，而率亲兵力战。比晓，左右略尽，徽言为金所执。金人识其忠，使之拜，不拜；临之以兵，不动；命降将折可求谕之降，指可求大骂；与之酒，徽言以杯掷其面曰："我尚饮汝酒乎！"嫚骂不已。金人怒，持刀拉徽言，徽言骂不绝声而死。

——（清）毕沅《续资治通鉴·宋纪一百三》

注释：

①徽言：徐徽言（1093—1129），宋代抗金名将。字彦猷。浙江西安（今衢州）人。

译文：

金兵最忌怕徐徽言，一心急于要攻下晋宁，去掉这个心头大患。金兵把晋宁军驻扎的忠州城围困了三个月，徐徽言多次把他们打退了。相持了很久，城里箭、石等武器都用尽了，士兵们疲惫饥饿得不能动弹。正在这时，监门官石赟晚上偷偷地打开城门引进金兵，忠州城就被打破了。徐徽言听说金兵进了城，立即放一把火把自己的家烧了，随后就率领他亲信的士兵奋力作战。战到天明，身边的将士几乎死光，徐徽言也被金兵捉住了。金兵知道他是个忠臣，强令他跪拜，他不跪拜；用刀威逼他，他一动也不动；金人命降将折可求去劝他投降，他指着折可求大骂；折可求给他端上酒，他抓起杯子就向折可求的脸打去，并说道："我还会喝你的酒吗！"接着就嫚骂不止。金兵大怒，操起刀子刺杀徐徽言。徐徽言骂不绝声而死。

41. 文臣不爱钱，武臣不惜死

飞[①]至孝，母留河北，遣人求访，迎归。母有痼疾，药饵必亲。母卒，水浆不入口者三日。家无姬侍。吴玠[②]素服飞，愿与交驩，饰名姝遗之。飞曰："主上宵旰，岂大将安乐时？"却不受，玠益敬服……帝初为飞营第，飞辞曰："敌未灭，何以家为？"或问天下何时太平，飞曰："文臣不爱钱，武臣不惜死，天下太平矣。"

——（元）脱脱等《宋史·岳飞传》

注释：

①飞：岳飞（1103—1142），南宋杰出的抗金名将。也是中国历史上杰出的民族英雄之一。字鹏举，相州汤阴（今属河南）人。②吴玠（1093—1139）：南宋初年抗金名将。字晋卿，德胜军陇干（今宁夏隆德化）人。

译文：

岳飞对母亲十分孝顺。母亲留居河北，他派人寻访，终于迎接回来。母亲患了重病，他定要亲自侍奉汤药。母亲去世，他一连三日水浆不沾。家中不纳妾蓄姬。吴玠素来就敬佩岳飞，想与他交好，便把出名的美女打扮得漂漂亮亮送给他。岳飞说："主上宵衣旰食，为国操劳，现在难道是大将贪图安乐的时候吗？"竟推辞不受。自此，吴玠更加敬佩他。……高宗原先想为岳飞造一座住宅，岳飞说："敌人还没消灭，要家干什么？"有人问他，天下什么时候才能够太平，岳飞说："文臣不爱钱，武臣不怕死，天下就太平了。"

42. 辛弃疾以忠义归宋

绍兴三十二年，京[①]令弃疾[②]奉表归宋，高宗[③]劳师建康，召见，嘉纳之，授承务郎、天平节度掌书记，并以节使印告召京。会张安国、邵进已杀京降金，弃疾还至海州，与众谋曰："我缘主帅来归朝，不期事变，何以复命？"乃约统制王世隆及忠义人马全福等径趋金营，安国方与金将酣饮，即众中缚之以归，金将追之不及。献俘行在，斩安国于市，仍授前官，改差江阴佥判。弃疾时年二十三。

——（元）脱脱等《宋史·辛弃疾传》

注释：

①京：耿京（？—1162），南宋抗金义军首领。济南府（今山东济南）人。②弃疾：辛弃疾（1140—1207），南宋爱国词人。初字坦夫，后改字幼安，别号稼轩居士，齐州历城（今山东济南）人。③高宗：宋高宗赵构（1107—1187），为宋徽宗第九子，靖康二年（1127），北宋亡。高宗即位于南京（今河南商丘），又建行都于临安（今杭州），史称南宋。

译文：

绍兴三十二年，耿京命令辛弃疾奉表归附宋朝，宋高宗在建康慰劳部队。召见他，并且给予赞扬，授印他为承务郎、天平节度掌书记，并以使节印召唤耿京。正赶上张安国、邵进杀了耿京，投降金兵，辛弃疾从建康回到海州，跟大家商量说："我因为主帅的缘故才得以回到朝廷，没想到事情发生了变化，怎样去回复这个命令呢？"就邀约了统制官王世隆和忠义人马全福等径直奔向金营，张安国正跟金将开怀畅饮，辛弃疾就在众人之中绑起张安国回归，金将追他，没有追上。俘虏被献到了皇帝的住所，在市内斩了张安国，仍授任辛弃疾从前的官职，改派江阴佥判。这年辛弃疾才二十三岁。

43. 人生自古谁无死，留取丹心照汗青

天祥[①]至潮阳，见弘范[②]，左右命之拜，不拜，弘范遂以客礼见之，与俱入厓山，使为书招张世杰。天祥曰："吾不能扞父母，乃教人叛父母，可乎？"索之固，乃书所过零丁洋诗与之。其末有云："人生自古谁无死，留取丹心照

汗青。”

——（元）脱脱等《宋史·文天祥传》

注释：

①天祥：文天祥（1236—1283），南宋名臣、文学家。初名云孙，字天祥，以字行，改字履善，又字宋瑞，号文山，吉州吉水（今江西吉安）人。南宋时期坚持抗元斗争的著名代表人物。②弘范：张弘范（1238—1280），元朝大将。字仲畴，涿州定兴（今属河北）人。为元军灭宋的主将之一。

译文：

文天祥被押解到潮阳，见到张弘范，左右命令他跪拜，他不拜。张弘范就用客礼跟他相见，同他一道进入厓山，并要他写信招降张世杰。文天祥说：“我自己不能护卫父母，反而教别人背叛父母，行吗？”张弘范硬逼着他写，他便写下了《过零丁洋》一诗给张弘范。诗的末两句是：“人生自古谁无死，留取丹心照汗青。”

44. 谢枋得全节

福建行省参政魏天祐，执宋谢枋得[①]至燕。

初，天祐见时方求才，欲以荐枋得为功，遣其友赵孟迦诱枋得入城，与之言，坐而不对，且有嫚辞。天祐不能堪，乃曰：“封疆之臣，当死封疆。安仁之败何不死？”枋得曰：“程婴、公孙杵臼，二人皆忠于赵，一存孤，一死节，一死于十五年之前，一死于十五年之后。汉亡十四年，龚胜乃饿死。司马子长云：‘死有重于泰山，有轻于鸿毛。’参政岂足知此！”天祐怒，逼之北行。枋得以死自誓，自离嘉兴，即不食，二十余日不死，乃复食。既渡采石，惟少茹蔬果，积数月，困殆。是月朔日至燕，问太后辇所及瀛国公所在，再拜恸哭。已而疾甚，迁悯忠寺，见壁间曹娥碑，泣曰：

"小女子犹尔，吾岂不汝若哉！"留梦炎使医持药杂米饮造之，枋得怒，掷之于地。不食五日死。

——（清）毕沅《续资治通鉴·元纪七》

注释：

①谢枋得（1226—1289）：南宋末年著名的文学家与爱国诗人。字君直，号叠山，信州弋阳（今江西弋阳）人。

译文：

福建行省参政魏天祐，将谢枋得逮到燕京。

当初，魏天祐见元朝正在访求人才，想用推荐谢枋得作为自己的功劳，就派他的朋友赵孟迺引诱谢枋得入城，跟谢枋得讲话，谢枋得坐而不答，而且有一些轻蔑的言辞。魏天祐不能忍受，就说："封疆之臣，应当死于封疆。安仁那场战争的失败你怎么不死！"谢枋得说："程婴和公孙杵臼这两个人，都忠于赵国，一个为赵国保存了孤儿，一个死于气节，一个死于十五年前，一个死于十五年后。西汉亡后的十四年里，龚胜才饿死。司马迁曾说：'死，有的比泰山还重，有的比鸿毛还轻。'参政你难道也配知道这些事吗！"魏天祐非常愤怒，逼他向北走。谢枋得下决心要寻死，自从离了嘉兴，就不吃饭，二十多天没有死，就恢复了吃东西。从采石渡过长江，只是稍稍地吃些蔬菜和水果，滞留了好几个月。这个月的初一到达燕京，打听到太后的住所和瀛国公住所，叩拜痛哭了一场。不久病重，迁居到悯忠寺，看见墙间的曹娥碑，哭道："小女子还能够这样，我难道就不能像你吗！"留梦炎派医生端着掺了米的汤药来到他的面前，谢枋得愤怒起来，扔到了地上，接连五天没有吃饭，就死了。

45. 赵良弼不辱君命

初，赵良弼[①]使至日本，其太宰府来索国书，良弼曰："必见汝国王，始授之。"越数日，复来求书，且以兵胁良弼，良弼终不与。后又声言："大将军以兵十万来求书。"

良弼曰："不见汝国王，宁持我首去，不可得也！"日本知不可屈，乃遣人送良弼至对马岛。及是始还，具以日本君臣、爵号、州郡名号、风俗土宜来上。元主曰："卿可谓不辱君命矣！"

——（清）毕沅《续资治通鉴·宋纪一百八十》

注释：

①赵良弼（1217—1286）：元女真人，字辅之。元太宗时儒士考选，历任赵州教授、邢州安抚司判官、京兆宣抚司郎中、参议元帅府事兼江淮安抚使等职，两次出使日本。

译文：

当初，赵良弼出使到日本，日本太宰府派人前来索取国书，赵良弼说："一定要见到你们的国王，才能交出国书。"又过了几天，太宰府又来取书，而且用兵器威胁赵良弼，赵良弼始终没交给他们。后来他们又声称："大将军要用十万大军前来取书。"赵良弼说；"不见到你们的国王，宁肯拿了我的脑袋去，也不让你们拿到国书！"日本知道他不能被屈服，就派人送赵良弼到对马岛。到这时才回来，详细将日本的君臣、爵号、州郡名号、民情风俗土特产品等报告上去。元主说："你可以称得上是不辱君命啦！"

46. 赛典赤安抚西南部族

萝槃甸叛，往征之，有忧色。从者问故，赛典赤[①]曰："吾非忧出征也，忧汝曹冒锋镝，不幸以无辜而死；又忧汝曹劫虏平民，使不聊生，及民叛，则又从而征之耳。"师次萝槃城，三日不降，诸将请攻之，赛典赤不可，遣使以理谕之。萝槃主曰："谨奉命。"越三日又不降，诸将奋勇请进兵，赛典赤又不可。俄而将卒有乘城进攻者，赛典赤大怒，遽鸣金止之，召万户叱责之曰："天子命我安抚云南，未尝命以杀戮也。无主将命而擅攻，于军法当诛。”命左右缚之，诸将叩首，请俟城下之日从事。萝槃主闻之曰：“平章宽仁如此，吾拒命不详。”乃举国出降，将卒亦释不诛。由是西南诸夷翕然款附。

——（明）宋濂等《元史·赛典赤赡思丁传》

注释：

①赛典赤（1211—1279）：元朝大臣。全名赛典赤·赡思丁乌马儿。历任元朝丰、净、云内三州（今大同市西北，呼和浩特市一带）都达鲁花赤、燕京路断事官、燕京路总管、燕京路宣抚使、中书平章政事等职。

译文：

萝槃甸部叛乱，赛典赤率军前往征讨，面有愁容。随从将士问他什么缘故，赛典赤说：“我不是担忧出征能否取胜，而是忧虑你们冒着利矛飞箭的危险，不幸遭到无辜的牺牲；还担心你们抢掠平民财物，使他们没有办法生活，逼得他们反叛了，却又转而去征讨。”军队屯驻在萝槃城下，过了三天萝槃甸部还没投降，将领们请求进攻，赛典赤不同意，派使者去说明利害。萝槃首领说：“一定遵命。”过了三天仍然不投降，将领们摩拳擦掌请求出兵，赛典赤还是不答应。不多久便有将士登城攻打，赛典赤大怒，立即鸣金收兵，把万户叫来责骂道：“皇上命我来安抚云南，并没有叫我来杀戮啊。没有我主帅的命令你们就擅自进攻，按照军法应当斩首。”吩咐左右将他绑了起来，将领们磕头，请求等攻下城以后再执行。萝槃首领知道了这一情形后说：“平章如此宽大仁厚，我再抗拒没有好处。”于是带领所有部属出城投降。赛典赤把原先违命的将士也都释放不杀。从此西南各少数民族诚心归服。

47. 郑和七下西洋

郑和，云南人，世所谓三保太监者也。初事燕王于藩邸，从起兵有功，累擢太监。

成祖疑惠帝亡海外，欲踪迹之，且欲耀兵异域，示中国富强。永乐三年六月命和及其侪王景弘等通使西洋。将士卒二万七千八百余人，多赍金币。造大舶，修四十四丈、广十八丈者六十二。自苏州刘家河泛海至福建，复自福建五虎门扬帆，首达占城，以次遍历诸番国，宣天子诏，因给赐其君长，不服则以武慑之。五年九月，和等还，诸国使者随和朝见。和献所俘旧港酋长。帝大悦，爵赏有差。旧港者，故三佛齐国也，其酋陈祖义，剽掠商旅。和使使招谕，祖义诈降，而潜谋邀劫。和大败其众，禽祖义，献俘，戮于都市。……

和经事三朝，先后七奉使，所历……凡三十余国。所取无名宝物，不可胜计，而中国耗废亦不赀。自宣德以还，远方时有至者，要不如永乐时，而和亦老且死。自和后，凡将命海表者，莫不盛称和以夸外番，故俗传三保太监下西洋，为明初盛事云。

——（清）张廷玉等《明史·郑和传》

译文：

郑和，云南人，他就是世人所称的三保太监。起初，他在燕王府侍奉燕王朱棣，跟随燕王起兵靖难，立有战功，提拔为太监。

成祖怀疑建文帝逃亡到海外，想找到他的下落，而且想要向外国显示中国的富强。永乐三年（1405）六月，成祖命郑和与他的同事王景弘等人出使西洋。率领士卒二万七千八百余人，携带大量金币。修造了长四十四丈，宽十八丈的大船六十二条。自苏州刘家河出航，从海道至福建，再从福建五虎门起航，首先到达占城国，后来以次遍历各国，宣布天子的诏令，并对其君主进行赏赐，有不归服的，便用武力威胁。永乐五年（1407）九月，郑和等人回朝，各国使臣随郑和来朝见皇帝。郑和献上他俘获的旧港酋长。皇帝非常满意，分别给予封爵和奖赏。所谓旧港，即原来的三佛齐国，它的酋长陈祖义，劫掠商人和旅客。郑和派使者去招抚，陈祖义伪降，而阴谋劫掠郑和一行。郑和大败敌人，俘虏了陈祖义，举行献俘仪式后，将陈祖义斩首。……

郑和经历了三朝，先后七次出使，所经历……共三十多国。获得不知名的宝物不可胜计，但中国的耗费也为数可观。自宣德以后，远方的外国也经常有来归服的，但不如永乐时那样多，同时郑和也年老去世了。从郑和以后，凡是奉命出使海外的人，没有不盛称郑和之举向外国夸耀的，因此世上传说三保太监下西洋，是明初的盛事。

48. 以社稷安危为己任

郕王①方摄朝，廷臣请族诛王振②。而振党马顺者，辄叱言官。于是给事中王竑廷击顺，众随之。朝班大乱，卫卒声汹汹。王惧欲起，谦③排众直前，掖王止，且启王宣谕曰："顺等罪当死，勿论。"众乃定。谦袍袖为之尽裂。

退出左掖门，吏部尚书王直执谦手叹曰："国家正赖公耳。今日虽百王直何能为！"当是时，上下皆倚重谦，谦亦毅然以社稷安危为己任。

——（清）张廷玉等《明史·于谦传》

注释：

①郕王：即明代宗朱祁钰（1428—1457），他是宣宗朱瞻基次子，英宗朱祁镇之弟，封郕王。②王振（？—1449）：山西蔚州（今河北蔚县）人。明英宗朝宦官。因深得明英宗宠信，在任期间招权纳贿、陷害忠良、为所欲为，正统十四年（1449）挟帝亲征，招致土木之败。③于谦（1398—1457）：明政治家、诗人。字廷益，浙江钱塘（今杭州）人。永乐十九年（1421）进士。历任御史、兵部右侍郎、左侍郎、兵部尚书等职。

译文：

郕王刚坐朝堂，朝廷大臣请求将王振灭族。可是王振的党羽马顺，当即责骂谏官。这时给事中王竑当庭打马顺，大臣们跟着王竑蜂拥而上。朝堂顿时大乱，卫兵喊声鼎沸。郕王吓得要起身退朝，于谦排开众人直往前奔，拉住郕王不让他走，又劝谏郕王使他宣示臣下说："马顺等人罪当处死，不必争论了。"人们这才安定下来。于谦的袍袖在当时混乱中都被扯破了。

于谦退到左掖门外，吏部尚书王直握着于谦的手赞叹说："国家正需要依靠您啊。今天的事即使有一百个王直又能起什么作用呢！"在这多事之秋，朝廷内外都倚重于谦，于谦也毅然把国家的安危作为自己的责任。

49. 戚家军名闻天下

继光① 至浙时，见卫所军不习战，而金华、义乌俗称慓悍，请招募三千人，教以击刺法，长短兵迭用，由是继光一军特精。又以南方多薮泽，不利驰逐，乃因地形制阵法，审步伐便利，一切战舰、火器、兵械精求而更置之。"戚家军"名闻天下。

四十年（1561），倭大掠桃渚、圻头。继光急趋宁海，扼桃渚，败之龙山，追至雁门岭。贼遁去，乘虚袭台州。继光手歼其魁，蹙余贼瓜陵江尽死。而圻头倭复趋台州，继光邀击之仙居，道无脱者。先后九战皆捷，俘馘一千有奇，焚溺死者无算。

——（清）张廷玉等《明史·戚继光传》

注释：

①继光：戚继光（1528—1587），明朝杰出的军事家、抗倭名将。字元敬，号南塘，晚年改号孟诸，山东登州（今山东蓬莱）人。

译文：

戚继光到浙江时，发现卫所军队长期不作军事训练，而金华、义乌地区乡团民兵被人称为矫捷勇猛，他获准从那里招募了三千人，教给他们击刺法，长短兵器交替使用，因此戚继光的这支军队特别精锐。戚继光又考虑到江南地方多湖泽，不利于车马奔驰追逐，于是就根据当地地形制定军事阵势，找出便于兵力展开的方法，对于所有的战舰、火器、兵械加以精选重新置备。从此“戚家军”的威名播扬天下。

嘉靖四十年（1561），倭寇大肆劫掠桃渚、圻头。戚继光迅即率军奔赴宁海，控制住桃渚，在龙山镇击败倭寇，一直追击到雁门岭。倭寇逃跑后，乘虚袭击台州。戚继光亲手杀了入侵倭寇的首领，迫使残余倭寇全部溺死在瓜陵江中。再说入侵圻头的倭寇又直奔台州，于是继光在仙居伏兵拦击，使敌人没有一个能在中途逃脱的。戚继光先后打了九仗全部获胜，俘虏击毙敌军一千多名，被烧死溺死的倭寇更是无法计算。

50. 袁崇焕宁远大捷

我大清知经略易与，六年正月举大军西渡辽河。二十三日抵宁远。

崇焕[①]闻，即偕大将桂，副将左辅、朱梅，参将大寿，守备何可刚等，集将士誓死守。崇焕更刺血为书，激以忠义，为之下拜，将士咸请效死。乃尽焚城外民居，携守具入城，清野以待。令同知程维楧诘奸，通判启倧具守卒食，辟道上行人。檄前屯守将赵率教、山海守将杨麒，将士逃至者悉斩，人心始定。

明日，大军进攻，戴楯穴城，矢石不能退。崇焕令闽卒罗立，发西洋巨炮，伤城外军。明日，再攻，复被却，围遂解，而启倧亦以然炮死。

——（清）张廷玉等《明史·袁崇焕传》

注释：

①崇焕：袁崇焕（1584—1630），明朝末年杰出军事将领。字元素，一字自如，广东东莞（一说广西藤县）人。

译文：

后金知道蓟辽经略高第容易对付，就在天启六年（1626）正月出动十万人马向西渡过辽河。正月二十三日抵达宁远城下。

袁崇焕得知后金来攻宁远的消息，立即会同总兵官满桂，副总兵官左辅、朱梅，参将祖大寿，以及守备何可刚等，召集全体将士宣誓死守。袁崇焕当场写了血书，激励将士们为忠义而战，并给他们行了大礼，将士们个个摩拳擦掌表示愿意献出生命。于是焚毁了城外所有的民房，带着守城器具进入城中，坚壁清野以待来犯之敌。崇焕命令同知程维楧负责查办奸细，通判启悰备办守城士卒的饮食，疏散路上行人。传令前屯守将赵率教、山海守将杨麒，把凡是临阵逃到那里的士卒全部斩首，就这样人心安定下来了。

第二天，后金大军进攻宁远，他们顶着盾牌在城墙下挖洞，城上发射的箭矢石块无法击退他们。袁崇焕命令福建籍士兵罗立，发射了西洋大炮，使城外敌军遭到重大伤亡。又过了一天，后金军队再次攻城，又再次被打退，于是解了宁远之围，可是启悰也不幸死于炮火。

51．史可法慷慨就义

顺治二年乙酉四月，江都围急，督相史忠烈公[①]知事不可为，集诸将而语之曰：“吾誓与城为殉，然仓皇中不可落于敌人之手以死，谁为我临期成此大节者？”副将军史德威慨然任之。忠烈喜曰：“吾尚未有子，汝当以同姓为吾后，吾上书太夫人，谱汝诸孙中。”二十五日，城陷。忠烈拔刀自裁，诸将果争前抱持之，忠烈大呼德威，德威流涕不能执刃，遂为诸将所拥而行。至小东门，大兵如林而至。马副使鸣騄，任太守民育，及诸将刘都督肇基等皆死。忠烈乃瞠目曰：“我史阁部也。”被执至南门，和硕豫亲王以先生呼之，劝之降，忠烈大骂而死。

——（清）全祖望《鲒埼亭集·外编·梅花岭记》[②]

注释：

①史忠烈公：史可法（1602—1645），南明著名抗清将领。字宪之，号道邻，顺天大兴（今属北京）籍，河南祥符（今河南开封）人。②《鲒埼亭集》：文章别集。清全祖望作。全祖望故乡浙江鄞县有鲒埼亭，故名。共九十八卷，包括《文集》三十八卷、《经史问答》十卷、《外编》五十卷。

译文：

顺治二年的四月，扬州城被入侵的清兵围困，情况十分危急。在扬州督战的史可法知道大势已无法挽回，就召集各将领开会，对他们说："我发誓跟府城一道殉难！但是在混乱中不能落到敌人手里去死，你们谁在紧要关头，能够为我完成以身殉国的大节？"副将军史德威激动地表示愿意承担。忠烈公高兴地说："我还没有儿子，你正好和我同姓，就做我的后代吧。我要写信告诉母亲，把你当她的孙子辈写在家谱里。"二十五日，扬州城被攻破。忠烈公抽出刀来自杀，将军们果然抢着上前抱住夺刀。忠烈公大声呼喊德威，可是德威悲痛流泪，不能举起刀来。于是忠烈公就被将军们簇拥着，往外撤退。走到小东门，清兵密密麻麻地杀上来。副使马鸣騄、太守任民育、都督刘肇基和其他一些将领，都战死了。忠烈公自己怒睁着眼喊道："我就是史阁部！"就这样他被押送到南门，清统兵头子和硕豫亲王用"先生"尊称他，劝他投降。忠烈公大骂侵略者，壮烈牺牲。

52. 郑成功收复台湾

成功[①]自江南败还，知进取不易；桂王入缅甸，声援绝，势日蹙，乃规取台湾。台湾，福建海中岛，荷兰红毛人居之。芝龙与颜思齐为盗时，尝屯于此。荷兰筑城二：曰赤嵌、曰王城，其海口曰鹿耳门。荷兰人恃鹿耳门水浅不可渡，不为备。成功师至，水骤长丈余，舟大小衔尾径进，红毛人弃赤嵌走保王城。成功使谓之曰："土地我故有，当还我；珍宝恣尔载归。"围七阅月，红毛存者仅百数十，城下，皆遣归国。

——赵尔巽等《清史稿·郑成功传》

注释：

①成功：郑成功（1624—1662），明末清初杰出的爱国军事将领，民族英雄。原名森，字大木，福建南安人。

译文：

成功自从在江南战败回厦门后，自知进取不容易；这时，桂王去了缅甸，成功没有了声援，形势一天不如一天，于是计划收复台湾。台湾，是福建外海中的岛屿，荷兰人侵占了它。郑芝龙同颜思齐当海盗时，曾经在那地方屯驻过。荷兰人在上面筑了两座城：一座叫赤嵌，一座叫王城，它的港口叫鹿耳门。荷兰人仗恃鹿耳门的水浅，船不能进去，不防备。成功的军队到时，水猛然上涨一丈多，大小战船一艘接一艘地直接进了港口，荷兰人放弃了赤嵌城，跑去保卫王城。成功派人对他们说："这里的土地，本来是我国的，你们应当还给我们；珍宝任你们拿走。"成功把王城围了共七个月，荷兰人只有一百几十人活下来，城被攻下后，成功把这些荷兰人全部遣送回国。

53. 林则徐虎门销烟

十八年，鸿胪寺卿黄爵滋请禁鸦片烟，下中外大臣议。则徐[①]请用重典，言："此祸不除，十年之后，不唯无可筹之饷，且无可用之兵。"宣宗深韪之，命入觐，召对十九次。授钦差大臣，赴广东查办。十九年春，至。总督邓廷桢已严申禁令，捕拿烟犯，洋商查顿先避回国。则徐知水师提督关天培忠勇可用，令整兵严备，檄谕英国领事义律查缴烟土，驱逐趸船，呈出烟土二万余箱，亲莅虎门验收，焚于海滨，四十余日始尽。请定洋商夹带鸦片罪名，依化外有犯之例，人即正法，货物入官，责具甘结。他国皆听命，独义律枝梧未从。

——赵尔巽等《清史稿·林则徐传》

注释：

①则徐：林则徐（1785—1850），清末政治家。字少穆，福建侯官（今福建福州）人。他是维新运动的重要先驱者之一，也是清代“开眼看世界的第一人”。

译文：

道光十八年（1838），鸿胪寺卿黄爵滋奏请禁止鸦片烟，发下中外大臣核议。则徐奏请用重法，他说：“此害不除，十年以后，不仅没有可以筹集的饷银，而且没有可以使用的兵。”宣宗深以为然，命则徐觐见，共召对十九次。授他为钦差大臣，前往广东查办，十九年春季，来到广州。总督邓廷桢已经严申禁令，捕拿烟犯，洋商查顿事先已逃回本国。则徐知水师提督关天培忠勇可用，令其整顿兵丁严加防备。行文晓谕英国领事义律查缴烟土，驱逐货船，交出烟土二万多箱，则徐亲至虎门验收，在海滨焚烧，四十多日才烧尽。请制定洋商夹带鸦片罪名的条例，依照外国人犯法之例，人立即处决，货物入官，责令呈具甘结。其他国家都听命，独有义律抗拒不从。

54. 关天培临死投印

公①既自度众寡不敌而援绝，乃决自为计，任靖远台，昼夜督战。已而夷大艅奄至，公率游击麦廷章奋勇登台，大呼督厉士卒，士卒呼声撼山，海水沸扬，杳冥昼晦，自卯至未，所杀伤过当，而身亦受数十创，血淋漓衣甲尽湿，事急，呼其仆孙长庆使去，长庆哭曰：“奴随主数十年矣，今有急，义不使主死而己独全。”手持公衣不可开。公怒，拔刀槊之曰：“吾上负皇上，下负老母，死犹晚，汝不去，今斩汝矣。”投之印，长庆号而走，比及山半回顾，公陨绝于地。

——（清）鲁一同《通甫类稿·关忠节公家传》②

注释：

①公：关天培（1780—1841），清末著名军事将领。字仲因，号滋圃，江苏山阳（今江苏淮安）人。②《通甫类稿》：近代散文集。四卷。其文涉及时事之作较多，具有阳刚之美，颇为时人所称道。鲁一同（1805—1863）：近代诗文家。字通甫，一字兰岑，江苏山阳（今淮安）人。

译文：

关天培自己已估计到寡不敌众，而且援兵断绝，于是决心做孤军作战的打算，坐镇靖远炮台，日夜督战。不久大批英舰从海面驶来，关天培率领游击麦廷章奋勇登上炮台，大声呼喊，督促和鼓励士兵，士兵们呐喊声震动了山谷，海水翻腾，浪涛高涌，天日无光，从上午六七点钟激战到下午两三点钟，杀伤的敌人超过了自己部下的伤亡数，而关天培身上也受了几十处伤，鲜血淋漓，湿透战袍，情况紧急，立即呼叫他的仆人孙长庆，要他逃生出去。长庆哭着说："我跟随你已几十年了，现在情况紧急，从大义出发，我不能让你死去而自己独自活下来。"双手抓着关天培的衣服紧紧不放。关天培发怒，拔出刀来指着长庆说："我上辜负了皇帝的期望，下对不起老母的养育之恩，现在死尚且晚了，你不走，今天就杀了你。"说完，丢给他官印，长庆大声哭着离去，等走到半山回头看，关天培已战死在地上了。

55. 葛云飞定海殉职

公[①]青布帕首麻袍，著铁齿靴，日偕士卒往来霪潦中，士心殊奋，夷屡战且却，杀伤甚众，持数日不能下。戊戌，天大雾，夷始全队逼土城，公倚睥睨，闻风飒海水声，微辨贼舻将近城，炮击沉之。夷分道攻晓峰、竹山，晓峰无炮，夷众夺间道下，攻破竹山门，背薄土城，公手掇四千斤炮，回击之，血流成渠，贼殊死进，公所部二百余，卒持刀械步斗，夷酋安突得执大绿旗麾兵进，遇，公骂曰："逆贼终污吾刀。"斩之。刀折，复拔所佩刀二，冲贼队中，至竹山门，方仰登，贼刀劈公面，去其半，血淋漓，径登，贼虢进间，而有炮背击公，洞胸穴如碗，前后枪铳雨集，中伤数十卒……徐保者，定海义勇，夜迹公尸，走竹山门，雨霁月微明，见公半面，宛然立崖石下，两手握刀不释，左一目，犹睒睒如生。

——（清）王拯《龙壁山房文集》②卷七

注释：

①公：葛云飞（1789—1841），鸦片战争定海保卫战中的主要爱国将领。字雨田，又字鹏起，浙江山阴（今绍兴）人。道光武进士。②《龙壁山房文集》：近代散文集，八卷。清王拯（1815—1876）撰。王拯原名锡振，字定甫，广西马平（今柳州）人。道光进士，授户部主事，历官大理寺少卿、太常寺卿、通政使等职。

译文：

葛云飞身穿麻布袍，青布包头，脚穿有铁齿的靴子，天天与士兵一起奔忙在久雨造成的积水之中，士气异常振作，英军屡次进攻都被击退，而且死伤很多，相持几天攻不下。一天，浓雾弥漫，英军全线进逼土城，葛云飞靠着城墙，细听风吹帆声和海水拍击声，仔细辨别出敌舰将要靠近，用大炮把它击沉。英军分兵进攻晓峰、竹山，晓峰守军没有炮，英军夺取小路冲下，攻破竹山门，从北面逼近土城。葛云飞双手开动四千斤大炮巡回轰击，英军血流成河，但还是拼死进攻。葛云飞所率领的两百多名士兵，最后不得不持刀枪、器械进行肉搏。英军头目安突得举着大绿旗指挥士兵冲锋，与葛云飞相遇，葛云飞骂道："逆贼到底弄脏了我的刀。"说罢，砍死了安突得。刀砍断了，又拔出两把佩刀，冲进英军当中，到了竹山门，正要攀登上去，英军刀劈葛云飞面部，削去了半边，鲜血淋漓，葛云飞还是直冲了上去。正当英军吓得慌乱四散的时候，炮弹片从背后把他击中了，他的胸部被打穿像碗口大的一个洞。英军的子弹又从前面、后面像雨点一样密集射来，他身上受伤数十处阵亡了……有一个叫徐保的定海义勇，夜里到竹山门寻找葛云飞的尸体，雨已收，月微明，只见葛云飞只有半边脸站立（实为靠着）在崖石下面，两手紧握战刀不放，左眼睁开，还像活人的眼睛一样闪闪发亮。

56. 冯子材奋身陷敌

法起谅山之众，扑镇南关。子材[1]誓众曰：“法再入关，吾有何面目见粤人，必死拒之！”士气皆奋。法攻长墙急，炮极猛烈；子材使诸统将屹立，遇退后者皆刃之；自开壁，率两子直犯敌军。诸军以子材年七十，奋身陷敌，皆感奋殊死战。……毙法兵极众。鏖战两日，法军大败，溃遁。

——（清）罗惇曧《中法兵事本末》[2]

注释：

①子材：冯子材（1818—1903），清末著名军事将领。字南干，号萃亭（或作翠亭），广东钦州（今广西钦县）人。②《中法兵事本末》：清罗惇曧（1880—1924）撰。该文记述中法战争始末，对马尾之役及其失败叙议尤为详尽。罗惇曧：近代诗人兼戏曲作家。字东，号瘿庵，晚号瘿公，广东顺德人。

译文：

法军调动了谅山的驻军，向镇南关进犯。冯子材对部众发誓说：“法军再攻入关，我还有什么脸面回去见广东父老，一定要死战抗击法军！”部下士气都振奋起来。法军攻打防御墙更加紧急，炮火十分猛烈。冯子材命令各位将领坚守不动，遇到有后退的就杀死他。自己冲出壁垒，率领两个儿子杀向敌军。各路将士看到冯子材已七十高龄还奋身冲入敌营，都很感动，与敌军殊死作战。……这一仗，击毙法军很多。激战了两天，法军大败，溃散逃跑了。

57. 邓世昌壮烈殉国

世昌[1]乘致远，最猛鸷，与日舰吉野浪速相当。吉野，日舰之中坚也。战既酣，致远弹将罄，世昌誓死敌。将士知大势败，阵稍乱，世昌大呼曰："今日有死而已！然虽死而海军声威弗替，是即所以报国也！"众乃定。世昌遂鼓轮怒驶，欲猛触吉野与同尽，中其鱼雷，锅船裂沉。世昌身环气圈不没，汝昌及他将见之，令驰救。拒弗上，缩臂出圈，死之。

——赵尔巽等《清史稿·邓世昌传》

注释：

①世昌：邓世昌（1849—1894），清末著名海军将领。原名永昌，字正卿，广东番禺（今属广州）人。

译文：

世昌乘致远舰，最勇猛，同日舰吉野号的速度不相上下。吉野舰是日军的主力。战斗正激烈，致远炮弹快打光了，世昌拼死抵抗。将士看出败局已定，阵势有些混乱，世昌大声疾呼说："今天只有一死！然而就是战死了，海军的声威也不能丢，我们就是要用这样的行动来报答国家啊！"大家于是镇定下来。世昌开足马力疾驶，想要猛撞吉野，与它同归于尽，但被它的鱼雷击中，锅炉和船身爆裂沉没。世昌套着救生圈没有下沉，丁汝昌与其他将领发现了，下令赶快救护，世昌不肯上船，把手臂从救生圈内退了出来，牺牲了。

58. 刘永福死守台湾

二十年，中日衅起，命守台湾，增募兵，仍号黑旗。景崧署巡抚，徙其军驻台南。及台北陷，景崧走，台民以总统印绶上永福[①]，永福不受，仍称帮办。日舰驶入安平口，击沉之。攻新竹，相持月余，兵疲粮绝，永福使如厦门告急，并电缘海督抚乞助饷，无应者。而台南土寇为内奸，引日军深入，破新化，陷云林，掇苗栗，轰嘉义，孤城危棘，永福犹死守。日台湾总督华山资纪贻书永福劝其去，峻拒之。日军乃大攻城，城陷，永福亡匿德国商船，日军大搜不获。

——赵尔巽等《清史稿·刘永福传》

注释：

①永福：刘永福（1837—1917），清末反击法日侵略的爱国军事将领。原名建业，又名义，字渊亭，广东钦州（今属广西）人。

译文：

光绪二十年（1894），中日发生争端，朝廷命令刘永福守卫台湾，增加招募士兵，仍以黑旗为号。唐景崧出任巡抚，调遣他的部队驻守台南。等台北失陷，景崧逃跑，台湾民众把总统印绶献给永福。永福不接受，仍然自称帮办。日舰驶入安平口，被击沉。日军进攻新竹，相持一个多月，士兵疲惫，粮食断绝，永福派人去厦门告急，并电告沿海总督、巡抚请求资助兵饷，没人响应。而台南土匪充当内奸，勾引日军长驱直入，攻新化，陷云林，取苗栗，轰嘉义，孤城危急。永福仍然死守。日军台湾总督华山资纪致函永福劝他撤走，被严词拒绝。日军于是大举攻城，城陷，永福逃脱隐藏在德国商轮上，日军大肆搜捕，还是没有抓到他。

59. 徐骧为国捐躯

方彰化之陷，徐骧[①]走台南，永福慰之，命入卑南募兵。得七百人，皆矫健有力者，趣赴前敌，驻斗六溪底。十五日，日军大队猛攻树仔脚，诸军开壁出，互杀伤，徐骧复从间道夹击，乃退据北斗，以是不能越溪而南。十三日，日军大举，以击三发之营。徐骧、精华援之，相战数日，弹丸尽，退于他里雾。日军复迫之，徐骧方食，趣诸军出。回顾曰："今得弹丸千，犹足以持一日夜，顾安所得者！"奋刃而前，左右数十人从之，欲伏险以击，中弹踣，跃起而呼曰："丈夫为国死，可无憾。"诸皆伤莫能兴。

——连横《台湾通史·独立纪》②

注释：

①徐骧（1858—1895）：清末台湾抗日义军首领。台湾苗栗人。②《台湾通史》：第一部由台湾人撰写的纪传体台湾通史，记事起于隋大业元年（605），终于清光绪二十一年（1895）日本侵占台湾。连横（1878—1936）：历史学家，诗人。字武公，号雅堂，又号剑花，台湾台南人。

译文：

正当彰化为日本军队攻陷，徐骧来到台南，刘永福倍加安慰他，要他到卑南招募新兵。他聚集了七百人，都是身巧体健而有力气的，迅速奔赴前线，驻扎在斗六溪。十五日这天，日本军队猛攻树仔脚，驻防军队打开营垒迎敌，敌我双方都有伤亡。徐骧又从小路配合出击，于是退守北斗村，使日本军队不能通过斗六溪往台南窜犯。十三日，日本军队发动大规模进犯，攻打清将肖三发所守的营寨，徐骧和简精华率部来援，战斗打了几天，弹药用完了，只得退扎他里雾。可是日本军队继续逼近，徐骧正在进餐，赶忙带领各军出击。他对部属说：“今天如果能有千颗子弹，就可以坚持一天一夜了，只是从哪里去得到呢！”说着，他挥舞着刀带头前冲，周围几十个人跟他一起向前，刚想埋伏在险要的地带打击敌人，不幸身中枪弹跌倒，他挺起身子跳起来叫道：“大丈夫为国牺牲，没有什么值得遗憾的！”其余的人也都负伤不能起来了。

治国理政

1. 尧慎重选才

尧[①]曰："嗟！四岳，朕在位七十载，汝能庸命，践朕位？"岳应曰："鄙德忝帝位。"尧曰："悉举贵戚及疏远隐匿者。"众皆言于尧曰："有矜在民间，曰虞舜。"尧曰："然，朕闻之。其何如？"岳曰："盲者子。父顽，母嚚，弟傲，能和以孝，烝烝治，不至奸。"尧曰："吾其试哉。"于是尧妻之二女，观其德于二女。舜饬下二女于妫汭，如妇礼。尧善之，乃使舜慎和五典，五典能从。乃遍入百官，百官时序。宾于四门，四门穆穆，诸侯远方宾客皆敬。尧使舜入山林川泽，暴风雷雨，舜行不迷。尧以为圣，召舜曰："女谋事至而言可绩，三年矣。女登帝位。"舜让于德不怿。正月上日，舜受终于文祖。

——（西汉）司马迁《史记·五帝本纪》

注释：

①尧：儒家推崇的古帝。名放勋，号陶唐，传说中的陶唐部落长，炎黄部落联盟首领。

译文：

尧为选拔继承人而费尽心力，他向四方之官说："唉！我在位已经七十年了，你们谁能顺应天命，来接替我的帝位呢？"官员们回答说："我们德行浅薄，恐怕玷辱了帝王的职位。"尧说："既然这样，那就请你们推举有名望的贵族以及僻远隐居的人。"大家对尧说："民间有个单身汉，名叫虞舜。"尧说："对，我听说过，他究竟怎么样呢？"大家回答说："他是个盲人的儿子。父亲不讲道德，后母爱说坏话，弟弟骄纵凶狠，但是舜能够用孝顺之道跟他们和睦相处，使他们不做坏事。"尧说："那就让我考验一下他吧！"在这种情况下，尧把两个女儿嫁给舜，通过她们来观察舜的品德。舜让二女住在沩水（今山西永济南，源出历山，西流入河）北岸，教导她们遵守做媳妇的礼节。尧很赞赏舜的这种做法，于是尧又让舜担任司徒，慎重地推行五教（即父义、母慈、兄友、弟恭、子孝），结果百姓们都遵从五教。尧又让舜担任众官的职事，结果各种职事都干得井井有条。尧让他到四门主持接待宾客的事，四门的人在舜的教导下对客人庄重和睦，来朝贡的诸侯和远方客人因此也敬重舜。尧又让舜进入密林大泽办事，恰好遇上狂风暴雨，但舜勇敢镇定，从未误事。经过这一系列考验，尧认为舜无所不通，于是召见舜并告诉他说："你考虑事情周到细致，而且做事很有成绩，已经三年了，你登上帝位吧。"舜说自己道德修行还不够，并以此推让。正月初一，舜在文祖庙接受了尧的禅让。

2. 舜治国奉行教化为上

当舜之时，有苗氏不服。其所以不服者，大山在其南，殿山在其北，左洞庭之波，右彭蠡之川，用此险也，所以不服。禹欲伐之，舜不许，曰："谕教犹未竭也。"究谕教焉，而有苗氏请服。

——（西汉）刘向《说苑·君道》

译文：

虞舜在位时，部族有苗氏不肯归服。他们之所以不归服，是由于他们北有泰山，南面有衡山，左有洞庭湖波涛，右有澎蠡大泽，他们倚仗这些天险，所以不肯归服。大禹想要讨伐他们，舜不允许，他说："宣示教化还没有尽到全力。"最终，由于宣示了教化，所以有苗氏请求归服。

3. 商汤网开三面

汤出，见野张网四面，祝曰："自天下四方皆入吾网。"汤曰："嘻，尽之矣！"乃去其三面，祝曰："欲左，左；欲右，右。不用命，乃入吾网。”诸侯闻之曰：“汤德至矣，及禽兽。”

——（西汉）司马迁《史记·殷本纪》

译文：

商汤外出，看到野外有人四面张网而祷告说：“从天上地下四方来的都进入我的网。”汤听了以后说：“噫，那不是要一网打尽了吗！”于是要那人撤去三面，祷告说：“想要往左的就向左跑，想要往右的就向右走，不听命令又无主张的，就到我的网里来好了。”诸侯听了这事以后说：“汤的仁德达到了极点，以至于把恩惠都扩散到了禽兽身上。”

4. 敬慎恭己，德治天下

虞人与芮人质其成于文王。入文王之境，则见其人民之让为士大夫；入其国，则见其士大夫让为公卿。二国者相谓曰：“其人民让为士大夫，其士大夫让为公卿，然则此其君亦让以天下而不居矣。”二国者，未见文王之身，而让其所争，以为闲田而反。孔子曰：“大哉文王之道乎！其不可加矣！不动而变，无为而成，敬慎恭己而虞、芮自平。故《书》曰：‘惟文王之敬忌。’此之谓也。”

——（西汉）刘向[①]《说苑·君道》[②]

注释：

①刘向（约前77—前6）：西汉经学家、目录学家、文学家。原名更生，字子政，沛县（今属江苏）人。②《说苑》：历史故事集。西汉刘向编，原二十卷，后仅存五卷，经宋曾巩搜辑，复为二十卷。

译文：

春秋时期，虞国和芮国为疆域的归属发生争执，各派代表到周文王那儿请求公正的评判。他们进入周文王的辖境，就见到那里的人们相互谦让作士大夫；进入周朝国都，见到那里的士大夫相互谦让做公卿。两国代表大为感动，赞叹说："这里的人们谦让作士大夫，士大夫谦让做公卿，既然这样，则他们的国君也会谦让天下而不敢擅居皇位了。"两国的代表没有前往亲见周文王，而是相互推让两国所争疆土。这样只好将争执的土地当作空闲的土地处置，然后各自回国。孔子赞道："伟大呀！文王的治国之道，真是伟大到了无以复加的地步了！他不行动就改变了事情的局面，无所行为就获取功效，他只自己谨慎敬德、律己修身，就可使虞、芮两国的争端自然平息。因此《尚书》上说：'人们都敬畏周文王。'就是这种情形。"

5. 周武王善待殷民

武王克殷，召太公①而问曰："将奈其士众何？"太公对曰："臣闻爱其人者，兼屋上之乌；憎其人者，恶其余胥。咸刘厥敌，使靡有余，何如？"王曰："不可。"太公出。邵公②入，王曰："为之奈何？"邵公对曰："有罪者杀之，无罪者活之，何如？"王曰："不可。"邵公出。周公③入，王曰："为之奈何？"周公曰："使各居其宅，田其田，无变旧新，唯仁是亲。百姓有过，在予一人。"武王曰："广大乎平天下矣！凡所以贵士君子者，以其仁而有德也。"

——（西汉）刘向《说苑·贵德》

注释：

①太公：姜太公，西周时齐国始祖。姜姓，名望，一说字子牙。西周初为"师"（武官名），也称师尚父。②邵公，周初政治家。一作邵公、召伯，文王庶子，因采邑在召（今陕西岐山西南），故称召公。③周公：西周初年杰出的政治家、思想家。姓姬，名旦，周武王之弟；因采邑在周（今陕西岐山北），称为周公，或称周公旦。

译文：

周武王灭掉了殷朝，召见姜太公，问他说："殷朝的这些士人和百姓应该怎样处治呢?”太公回答说:“我听说喜爱一个人,同时会喜爱他房上的乌鸦;如果憎恨一个人,同时也厌恶他的篱笆。应该将殷朝的这些士人和百姓全部杀掉,不剩一个,怎么样?”武王说:“不行。”太公出去,邵公进来,武王说:“你看应该怎么办?”邵公回答说:“把有罪的杀掉,没有罪的就让他活着,怎么样?”武王说:“不行。”邵公出去,周公进来,武王说;“你看该怎么办呢?”周公说:“让他们各自居住自己的宅第,各自耕种自己的田地,不要因为旧朝新臣而有所改变,只要实行仁爱,就要亲近每一个人。百姓如有过错,都在我一个人身上。”武王说:“多么宽广的胸怀呀,足可以平定天下了!”凡是尊重士人君子的人,都是因为他们仁爱而有德政。

6. 德政不兴,夜不能寐

武王征九牧之君,登豳之阜以望商邑。武王至于周,自夜不寐。周公旦即王所,曰:“曷为不寐?”王曰:“告女:维天不飨殷,自发未生于今六十年,麋鹿在牧,蜚鸿满野。天不享殷,乃今有成。维天建殷,其登名民三百六十夫,不显亦不宾灭,以至今。我未定天保,何暇寐!”

——(西汉)司马迁《史记·周本纪》

译文:

周武王既取代商朝而成为九州共主,登上豳城(今陕西旬邑一带)的高岗,向东遥望商的都城。他回到周都镐京(今陕西长安西南沣河东岸),夜不能寐。周公旦来到王的居室,问:“为什么晚上不睡觉?”武王说:“告诉你吧,从我出生前算起,到如今六十年来,民不聊生,田地荒芜不堪,野兽麋鹿活动到了城郊,害虫漫山遍野。这是上天不保佑殷,才使我周人今日成就王业。上天建殷之初,曾进用贤良名士三百六十人,他们政绩平平,但也没有使殷立即灭亡而一直延续至今。我还不一定能得到上天保佑,使王业永固,又哪里有时间睡觉呢?”

7. 治国之道在于爱民

武王问于太公曰："治国之道若何？"太公对曰："治国之道，爱民而已。"

曰："爱民若何？"曰："利之而勿害，成之勿败，生之勿杀，与之勿夺，乐之勿苦，喜之勿怒，此治国之道，使民之义也，爱之而已矣。民失其所务，则害之也；农失其时，则败之也；有罪者重其罚，则杀之也；重赋敛者，则夺之也；多徭役以罢民力，则苦之也；劳而扰之，则怒之也。故善为国者遇民，如父母之爱子，兄之爱弟，闻其饥寒为之哀，见其劳苦为之悲。"

——（西汉）刘向《说苑·政理》

译文：

周武王问姜太公说："治理国家的办法是怎样的？"姜太公回答说："治理国家的方法，不过是爱民罢了。"

周武王又问："怎样做才算是爱民呢？"姜太公回答说："所作所为对人民要有利而不要有害，帮助他们成功而不要他们失败，使他们能生活下去而不要去杀害他们，给他们财物而不要剥夺他们的财物，使他们欢乐而不要使他们痛苦，使他们高兴而不要使他们发怒，这就是治理国家的方法。驾驭人民的道理，就是爱他们罢了。老百姓失去了耕种这一本职工作，就是加害于他们；农民错过了农耕和收获的季节，就是让他们失败；对有罪的人加重惩罚，就是杀害他们；加重赋税搜刮，就是夺取他们的财物；徭役繁多使百姓疲惫，就是使他们受苦；骚扰人民，就会引起百姓的愤怒。所以善于治理国家的人，对待百姓就像父母对待子女一样，就像兄长爱护弟弟一样，听说他们吃不饱穿不暖，就可怜他们；看到他们受苦受累，就为他们悲伤。"

8. 周公诫子无骄士

昔成王封周公，周公辞不受，乃封周公子伯禽于鲁。将辞去，周公戒之曰："去矣，子其无以鲁国骄士矣！我，文王之子也，武王之弟也，今王之叔父也，又相天子，吾于天下亦不轻矣。然尝一沐三握发，一食而三吐哺，犹恐失天下之士。吾闻之曰：德行广大而守以恭者荣，土地博裕而守以俭者安，禄位尊盛而守以卑者贵，人众兵强而守以畏者胜，聪明睿智而守以愚者益，博闻多记而守以浅者广。此六守者，皆谦德也。夫贵为天子，富有四海，不谦者先天下亡其身，桀、纣是也，可不慎乎？故《易》曰：'有一道，大足以守天下，中足以守国家，小足以守其身，谦之谓也。''夫天道毁满而益谦，地道变满而流谦，鬼神害满而福谦，人道恶满而好谦。'是以衣成则缺衽，宫成则缺隅，屋成则加错，示不成者，天道然也。《易》曰：'谦，亨，君子有终，吉。'《诗》曰：'汤降不迟，圣敬日跻。'其戒之哉，子其无以鲁国骄士矣！"

——（西汉）刘向《说苑·敬慎》

译文：

当初周成王要分封周公，周公推辞不接受，于是就把周公的儿子伯禽封到鲁国去，伯禽将要离去时，周公告诫他说："去吧！你千万不要依仗自己是鲁国的君主就对士人傲慢无礼。我是文王的儿子，武王的弟弟，成王的叔父；又辅佐天子，我对天下人来说，地位已够崇高了。可是我曾经洗一次头而多次握发见客，吃一顿饭而几次把口中的食物吐出去会客，这样的小心紧张，还恐怕失去天下的士人。我听说：'品德好而又能持守恭谨的，一定获得光荣；土地广大富庶，而又能持守节俭的人，一定获得安定；名位很高，而又对人持守谦卑的人，将更加显贵；人口很多，兵力强大，而还能持守几分畏惧的人，一定能打胜仗；有智慧、有才干，还处处持守几分愚笨的人，一定能获得更多的益处；多听多记，还持守几分浅薄的人，他的知识一定更广博。’以上所说的‘六守’，都是谦虚的表现。一个人贵为天子，拥有天下的一切，如不谦虚，他自己将比天下先灭亡，桀、纣就是例子，难道能不谨慎吗？所以《易经》上说：‘有一种道理，大的方面，可以守住天下，其次可以守住国家，最小也可保住自己，这就是谦虚啊。’‘天道对于太圆满的，要毁损一些，而对不足的，却给予帮助；地道把太盈满的水流向空虚处，让高的低一点，低的高一点；鬼神对太圆满的降给灾害，对谦退的降给福祉；人类对骄傲自满的，都厌恶，对谦虚自持的，都喜欢他。’因此衣服做成缺一块衣襟，宫舍修成缺一个方角，房屋修成还要使它表面粗糙，故意表示不圆满，是天道要这样的啊！《易经》上说：‘能够谦虚，万事皆通，只有君子能保持长久。’《诗经》上说：‘商汤降生并不迟。由于圣明恭慎，他天天在进于圣明之域。’你要以此来警戒自己，千万不要依仗鲁国傲慢地对待士人啊！”

9. 鲍叔牙劝主常思困隘

桓公[①]与管仲[②]、鲍叔[③]、宁戚[④]饮酒。桓公谓鲍叔：“姑为寡人祝乎？”鲍叔奉酒而起曰：“祝吾君无忘其出而在莒也；使管仲无忘其束缚而从鲁也；使宁子无忘其饭牛于车下也。”桓公避席再拜曰：“寡人与二大夫，皆无忘夫子之言，齐之社稷，必不废矣。”此言常思困隘之时，必不骄矣。

——（西汉）刘向《新序·杂事第四》[⑤]

注释：

①桓公：齐桓公（？—前643），春秋时齐国国君，五霸之首。姜姓，名小白。襄公弟。前685—前643年在位。②管仲（？—前645）：春秋时代著名的政治家、思想家。名夷吾，字仲，谥敬，故又称管敬仲，齐国颍上

（在今安徽颍县）人。③鲍叔牙：春秋齐桓公时为卿相。亦称鲍叔或鲍子。他辅成霸业，以知人著称。④宁戚：春秋时齐国大夫。⑤《新序》：西汉著名学者刘向编撰的一部以讽谏为政治目的的历史故事类编，是现存刘向所编撰的最早的一部作品。

译文：

齐桓公有一次与管仲、鲍叔牙、宁戚三位大臣一起饮酒。桓公对鲍叔牙说："暂且为我说些祝贺的话吧！"鲍叔牙双手捧着酒杯，站起来说道："我祝贺我国的国君不要忘记出奔在莒国的时候，祝贺管仲不要忘记在鲁国被捆绑的时候，祝贺宁戚不要忘记在车下喂牛的时候。"桓公离开席位，对鲍叔牙拜了又拜，说："我和二位大夫，都不要忘记鲍先生的话，齐国也就不会有危险了。"这就是说，经常回想过去的困难和不顺利情况，就必然不会骄傲了。

10. 邾文公以利民定迁都

邾文公[①]卜迁于绎。史曰："利于民而不利于君。"邾子曰："苟利于民，孤之利也。天生民而树之君，以利之也。民既利矣，孤必与焉。"左右曰："命可长也，君何弗为？"邾子曰："命在养民，死之短长，时也。民苟利矣，迁也。吉莫如之！"遂迁于绎。五月，邾文公卒。君子曰："知命。"

——《左传·文公十三年》

注释：

①邾文公：春秋时邾国国君。

译文：

邾文公为了迁都到绎（鲁国邹县之北）这个地方，先进行占卜。史官说："迁都绎对百姓有利而对国君不利。"邾文公说："如果对百姓有利，也就是我的利益。上天生育百姓并为他们设置君主，就是用来给他们谋利益的。百姓既然得了利益，我一定也在其中。”左右官员说：“寿命是可以延长的，君王为什么不去做？”邾文公又说：“活着就是为了抚养百姓。而死的早晚，是命运决定的。百姓如果有利，就迁都吧！没有比这更吉利的了！”于是就迁都到绎地。这年五月，邾文公去世。君子说：“邾文公能知天命。”

11．温饱而知他人饥寒

景公[①]之时，雨雪三日而不霁。公被狐白之裘，坐于堂侧阶。晏子入见，立有间。公曰：“怪哉！雨雪三日而天不寒。”晏子对曰：“天不寒乎？”公笑。晏子曰：“婴闻古之贤君，饱而知人之饥，温而知人之寒，逸而知人之劳，今君不知也。”公曰：“善，寡人闻命矣。”乃令出裘发粟，以与饥寒者。

——《晏子春秋·内篇·谏上》

注释：

①景公：即齐景公，春秋末期齐国君。名杵臼。前547—前490年在位。

译文：

齐景公执政时，下了三天大雪而不停。景公穿白色狐皮大衣，坐在堂侧的台阶上。晏子觐见，站了一会儿。景公说：“真是奇怪！下了三天雪而天气并不冷。”晏子回答说：“天气真的不冷吗？”景公笑。晏子说：“我听说，古代的贤明君王，吃饱了还能知道别人的饥饿，穿暖了还能知道别人的寒冷，安逸还能知道别人的辛劳。而现在君王却是不知道这些了。”景公听了以后，说：“好！我已经听懂你的意思了。”于是下令，拿出皮衣和粮食，发给那些饥寒的人们。

12．下不安而上不可居

魏文侯[①]出游，见路人反裘而负刍。文侯曰：“胡为反裘而负刍?”对曰:“臣爱其毛。”文侯曰:“若不知其里尽而毛无所恃耶?”明年东阳上计,钱布十倍,大夫毕贺。文侯曰:“此非所以贺我也。譬无异夫路人反裘而负刍也,将爱其毛,不知其里尽,毛无所恃也。今吾田地不加广,士民不加众,而钱十倍,必取之士大夫也。吾闻之,下不安者,上不可居也,此非所以贺我也。”

——(西汉)刘向《新序·杂事第二》

注释:

①魏文侯(?—前 396):战国时魏国国君。姬姓,魏氏,名斯,或名都,谥文侯。前 445—前 396 年在位。

译文:

战国时期,魏文侯外出游玩,看见一个行人把皮袄毛朝里、皮朝外反穿着,身背一捆柴。文侯感到很奇怪,问行人说:“你为什么反穿着皮袄背柴呢?”那个人回答说:“因为我爱惜皮袄的毛。”文侯说:“难道你不知道皮磨掉了,毛就没有什么地方可以依附的道理吗?”

第二年,东阳地区向魏文侯交纳本年度的赋税收入,核算结果,东阳钱币布帛的数额是往年的十倍,大夫们都向文侯祝贺。文侯表现得异乎寻常地冷静,说:“这件事是不应该向我祝贺的,这跟路上行人反穿皮袄背柴没有什么两样,爱惜皮袄的毛,却不知道皮磨掉了,毛也就没有什么地方可以依附了。现在国家的田地并没有扩大,士民也没有增加,而钱帛收入却是往年的十倍,必定是士大夫和各级官员从老百姓那里加倍取来的。我听说过,下面的百姓不安定,高高在上的君王也是不能安居的。所以,这件事是不应该向我祝贺的。”

13. 商鞅[①]立木为信行新法

令既具,未布,恐民之不信,已乃立三丈之木于国都市南门,募民有能徙置北门者,予十金。民怪之,莫敢徙。复曰："能徙者，予五十金。"有一人徙之，辄予五十金，以明不欺。卒下令。

——（西汉）司马迁《史记·商君列传》

注释：

①商鞅（约前390—前338）：战国中期秦国政治改革家，前期法家的主要代表人物。姓公孙，名鞅，卫国人，故又称卫鞅，后被封于商，故又称商鞅。

译文：

（商鞅在秦国变法，）已制定新法令，还没有公布，就怕在民众中产生不了信任。于是，在国都市场的南门树立一根三丈长的木材，要在民众中招募一个人将它搬放到北门去，并且完成这趟运输的人，给予十金的赏赐。民众听了，觉得诧异，没有人敢上前去搬。商鞅又说："谁将这木材搬放到北门去，赏给五十金。"果真有一个人来搬，商鞅当真就赏给他五十金，以示自己重信用，不欺罔。之后，商鞅就乘势发布新法令。

14. 赵武灵王胡服骑射振国威

周赧王八年赵武灵王[①]北略中山之地，至房子，遂至代。北至无穷，西至河，登黄华之上，与肥义谋胡服骑射以教百姓，曰："愚者所笑，贤者察焉。虽驱世以笑我，胡地、中山，吾必有之。"遂胡服。

国人皆不欲，公子成[②]称疾不朝，王使人请之曰："家听于亲，国听于君。今寡人作教易服而公叔不服，吾恐天下议己也。制国有常，利民为本；从政有经，令行为上。明德先论于贱，而从政先信于贵，故愿慕公叔之义以成胡服之功也。"公子成再拜稽首曰："臣闻中国者，圣贤之所教也，礼乐之所用也，远方之所观赴也，蛮夷之所则效也。今王舍此而袭远方之服，变古之道，逆人之心，臣愿王孰图之也！”使者以报，王自往请之，曰：“吾国东有齐、中山，北有燕、东胡，西有楼烦、秦、韩之边。今无骑射之备，则何以守之哉？先时中山负齐之强兵，侵暴吾地，系累吾民，引水围鄗；微社稷之神灵，则鄗几于不守也。先君丑之，故寡人变服骑射，欲以备四境之难，报中山之怨，而叔顺中国之俗，恶变服之名，以忘鄗事之丑，非寡人之所望也。”公子成听命，乃赐胡服，明日服而朝。于是始出胡服令，而招骑射焉。

——（北宋）司马光《资治通鉴·周纪三》

注释：

①赵武灵王（约前340—前295）：名雍。战国时赵国国君，公元前325—前299年在位。②公子成：战国时赵人。赵武灵王的叔叔。

译文：

东周赧王八年（前307），赵武灵王向北攻占了中山国的土地，到达房子（今河北赵县一带），接着又到了代（今河北蔚县一带）。北到无穷（今河北张家口市北），西至黄河，登上了黄华山顶。他和大臣肥义筹划改穿胡人（西北少数民族）的服装，便于骑马射箭，以此来教练百姓。他说：“愚人讥笑的事，聪明人看得很清楚。即使世上的人都讥笑我，那也不在话下，胡人和中山国的土地，我一定要占有它。”于是首先穿上了胡人的服装。

赵国人都不愿改装。公子成诈称有病，不肯上朝。武灵王派人去请他，对他说：“在家听从父母，在国听从君主。现在我让百姓改变服装，叔父却不肯穿，恐怕天下人就要非议我了。治理国家有常规，那就是以有利于民众为根本；管理政务有原则，那就是以政令能够实施为上策。看德行的普及，首先就看地位低下的人是否有了优良品德，而政令能不能实施，首先就看地位高的人能不能带头倡导。因此我想借助叔父的威望，来成就改穿胡服的功业。”公子成拜了又拜，叩头说：“我听说中国是圣贤所教诲的地方，是礼乐风行的地方，是远处国家参观、向往的地方，是各少数民族学习的榜样。

现在大王放弃这些而去改穿胡人的服装，改变古人的常法，违背人民的心愿，我希望大王仔细想想这个问题。”

使者回报，武灵王就亲自前去对公子成说：“我国东有齐国、中山国，北有燕国、东胡，西边是楼烦、秦国、韩国的边境。如果没有骑马射箭的武备，那么用什么去守卫国土呢？过去中山国依仗齐国的强兵，侵略蹂躏我们的国土，劫掠我们的人民，拦截河水围困鄗城（今河北高邑县东），如果不是国家神灵的佑护，那么鄗城几乎就守不住了。先君为这件事感到耻辱，所以我改变服装，学习胡人骑马射箭的本领，要用它防备国境上随时可能发生的危难，以报中山国之仇。可是叔父顺从中原的旧风俗，厌烦改变服装的名声，却忘记了鄗城的耻辱，这不是我所希望的。”公子成听从了王命，武灵王就赐给他胡服。第二天，公子成就穿着胡服上朝了。这时，武灵王才开始发布改穿胡服的命令，招收了骑马射箭的兵士。

15. 千金买骨招贤才

燕易王[①]时，国大乱，齐闵王兴师伐燕，屠燕国，载其宝器而归。易王死，及燕国复，太子立为燕王，是为燕昭王[②]。昭王贤，即位卑身厚币，以招贤者。谓郭隗曰：“齐因孤国之乱，而袭破燕。孤极知燕小力少，不足以报，然得贤士与共国，以雪先王之丑，孤之愿也。先生视可者得身事之。”隗曰：“臣闻古人之君，有以千金求千里马者，三年不能得。涓人言于君曰：‘请求之。’君遣之，三月，得千里马，马已死，买其骨五百金，反以报君。君大怒曰：‘所求者生马，安用死马捐五百金。’涓人对曰：‘死马且市之五百金，况生马乎？天下必以王为能市马，马今至矣。’于是不期年，千里马至者二。今王诚欲必致士，请从隗始。隗且见事，况贤于隗者乎？岂远千里马哉？”于是昭王为隗筑宫而师之。乐毅自魏往，邹衍自齐往，剧辛自赵往，士争走燕。燕王吊死问孤，与百姓同甘苦二十八年，燕国殷富，士卒乐轶轻战。于是遂以乐毅为上将军，与秦楚三晋合谋以伐齐。乐毅之策，得贤之功也。

——（西汉）刘向《新序·杂事第三》

注释：

①燕易王（？—前321）：战国时燕国国君。公元前332—前321年在位。②燕昭王（前335—前279）：战国时燕国国君。姬氏，名平。前311—前279年在位。

译文：

燕易王的时候，国家大乱，齐闵王趁机发兵攻打燕国，屠杀燕国居民，并收载燕国的珍宝器物而还。易王死后，燕国又复兴，立太子为燕王，这就是燕昭王。昭王很贤明，即王位后便卑躬屈节，用极厚重的礼物，去招致贤人。他对郭隗说："齐国乘我国内大乱时，袭破燕国，我很清楚燕国弱小力薄，不能报仇；但是如能得到贤人，和他们共同治理国家，以洗雪先王的羞耻，这是我的愿望。先生你看谁可以让我将亲身尊奉他。"郭隗答道："我听说古时有一国君，出千金去买千里马，经过三年，没有买到。有一位掌管清洁的人对国君说：'请让我去找寻。'国君便派他出去，经过了三个月，果然得到了千里马，但是马已经死了，所以只用五百金买了个马的尸骨，回来复命。国君大怒道：'我所要的是活马，何必要花五百金去买那个没有用的死马呢？'掌管清洁的人答道：'死马尚且要用五百金去收买，何况是活马呢？天下的人一定认为大王能够买马，千里马立刻就要来了。'果然，不到一年，千里马来了二匹。现在大王如果真的想要招致贤人，就先从我郭隗起。我尚且能受大王的尊重，何况那些比我更贤能的人呢？难道以千里为远而不来吗？"于是燕昭王便为郭隗修了一座宫室，拜他为师。后来乐毅从魏国往燕，邹衍从齐国往燕，剧辛从赵国往燕，士人都争赴燕国。燕王亲自吊问安慰死丧无依的百姓，和人民同苦共乐，二十八年后，燕国富足，兵士安乐，情愿出战。因此，派乐毅为上将军，和秦、楚、韩、赵、魏合谋共同讨伐齐国。乐毅的计策，就是燕昭王得到贤士的功效。

16. 汉高祖从谏得天下

沛公[1]入秦宫，宫室、帷帐、狗马、重宝、妇女以千数，意欲留居之。樊哙[2]谏沛公出舍，沛公不听。良[3]曰："夫秦为无道，故沛公得至此。夫为天下除残贼，宜缟素为资。今始入秦，即安其乐，此所谓'助桀为虐'。且'忠言逆耳利于行，毒药苦口利于病'，愿沛公听樊哙言。"沛公乃还军霸上。

——（西汉）司马迁《史记·留侯世家》

注释：

①沛公：汉高祖刘邦（前256—前195）。西汉王朝创建者，庙号高祖。又称高皇帝。字季，沛县（今属江苏）人。前202—前195年在位。②樊哙（？—前189）：汉初开国功臣。沛（今属江苏）人。③良：张良（？—前180）：秦末汉初著名军事家。字子房，韩国城父（今安徽亳县东南）人。

译文：

沛公刘邦打了胜仗，顺利进入秦朝的宫殿，看到豪华的宫室、漂亮的帷帐、名贵的狗马、贵重的财宝以及成群的美女，不禁心醉神往，就想留下来居住在宫里。樊哙看到这种情形，劝刘邦出去居住，刘邦不听。张良恳切地说道："正是由于秦朝无道，沛公今日才能来到这里，为天下铲除凶残的民贼，应该以崇尚朴素为本。今天刚刚进入秦朝的宫殿，就像秦朝那样安于享受，这样做就等于是'助桀为虐'。有一句话说得好，'忠言逆耳利于行，良药苦口利于病'，希望沛公听取樊哙的一番真诚劝告。"刘邦听从，率领军队回到霸上安营扎寨。

17. 立制明法，规摹弘远

初顺民心作三章之约。天下既定，命萧何[1]次律令，韩信申军法，张苍定章程，叔孙通制礼仪，陆贾造《新语》。又与功臣剖符作誓，丹书铁契，金匮石室，藏之宗庙。虽日不暇给，规摹弘远矣。

——（东汉）班固《汉书·高帝纪下》

注释：

①萧何（？—前193）：汉初大臣。沛县（今属江苏）人。

译文：

刘邦在夺取关中后，首先废除秦朝的苛法，顺应民心，和民众“约法三章”，赢得了他们的支持。汉朝建立后，天下刚定，又命令萧何制定律令，韩信申明军法，张苍制定章程，叔孙通制定礼仪制度，让陆贾著《新语》总结亡秦教训，为汉朝立国寻求理论依据。又与大臣剖符发誓，调整与功臣的关系，并把所发的誓言和许诺，用红笔写下用刀刻在木（竹）简上，装入铁匣子，藏在宗庙内。汉高祖虽然事情繁多，日理万机，其规划设计十分远大，不是只顾眼前，而是着眼长远。

18. 宰相之职责

朝而问右丞相勃[①]曰：“天下一岁决狱几何？”勃谢不知。问：“天下一岁钱谷出入几何？”勃又谢不知。汗出沾背，愧不能对。于是，上亦问左丞相平[②]。平曰：“有主者。”上曰：“主者为谁乎？”平曰：“陛下即问决狱，责廷尉；问钱谷，责治粟内史。”上曰：“苟各有主者，而君所主者何事也？”平谢曰：“……宰相者，上佐天子，理阴阳，顺四时，下育万物之宜，外镇抚四夷诸侯，内亲附百姓，使卿大夫各得任其职焉。”上称善。

——（西汉）司马迁《史记·陈丞相世家》

注释：

①勃：周勃（？—前169），秦末汉初名将。沛县（今属江苏）人。②陈平（？—前178）：汉惠帝、文帝时丞相。阳武牖乡（今河南原阳东南）人。

译文：

汉文帝上朝时，询问右丞相周勃说："天下一年决断了多少起狱案？"周勃辞谢不知。皇上又问周勃："天下一年钱谷收支多少？"周勃又辞谢不知，一时汗流浃背，愧不能对。随即，文帝又问左丞相陈平。陈平缓缓而答："这些问题都是有专门负责的。"皇上问："都是谁负责？"陈平说："陛下欲知断案之事，可责问廷尉；欲知钱谷支出情况，可责问治粟内史。他们都是职能管理部门。"皇上又说："是啊，他们都各有主者，而你们主理什么事情呢？"陈平称谢说："……当宰相的人，其职责是上辅佐天子，理顺四季阴阳的规则，下使万物生长得宜，外镇抚四方诸侯，处理好各种关系，内爱护百姓，使万民安居乐业，公卿百官各司其职，忠于职守。丞相做到这些，就算尽职了。"汉文帝听后，十分赞许。

19. 汉文帝废除收帑诸相坐律令

十二月，上①曰："法者，治之正也，所以禁暴而率善人也。今犯法已论，而使毋罪之父母妻子同产坐之，及为收帑，朕甚不取。其议之。"有司皆曰："民不能自治，故为法以禁之。相坐坐收，所以累其心，使重犯法，所从来远矣。如故便。"上曰："朕闻法正则民悫，罪当则民从。且夫牧民而导之善者，吏也。其既不能导，又以不正之法罪之，是反害于民为暴者也。何以禁之？朕未见其便。其孰计之。"有司皆曰："陛下加大惠，德甚盛，非臣等所及也。请奉诏书，除收帑诸相坐律令。"

——（西汉）司马迁《史记·孝文本纪》

注释：

①上：指汉文帝（前202—前157），即刘恒，高帝刘邦庶子。公元前179—前157年在位。在位期间，执行“与民休息”的政策，削弱诸侯王势力，后世将其与汉景帝统治时期并举，称为“文景之治”。

译文：

汉文帝元年（前179）十二月，文帝说：“法令是治理国家的主要手段，是用来禁绝暴虐和使人向善的。现在是如果触犯法律已经判罪，还要让犯人无罪的父母妻子儿女和财产一起牵连，将犯人的妻儿没为官府奴婢，我非常不赞成。你们要议一议。”主管的官员说：“百姓不能自己管好自己，所以制定了法令来拘禁他们。相牵连将妻儿没入官府，是用来捆绑百姓的思想，使他们不轻易犯法，这条法令的来源很久远了。保持原样好一些。”文帝说：“我听说法律公正，百姓就忠厚；判罪准确，百姓就服从。而且管理百姓并引导他们向善的是官吏。官吏不能引导百姓，又拿不公正的刑罚加罪于百姓，这是反而危害百姓而施行残暴的人。用什么禁止老百姓？我没有看见它有什么便利之处。你们仔细商议。”主管的官员都说：“陛下施加大恩惠，功德很多，不是我们比得上的。请陛下下达诏书，废除将妻儿没入官府等相牵连的法令条文。”

20. 励精为治，政平讼理

及至孝宣[①]，繇仄陋而登至尊，兴于闾阎，知民事之艰难。自霍光薨后始躬万机，厉精为治，五日一听事，自丞相已下各奉职而进。及拜刺史守相，辄亲见问，观其所繇，退而考察所行以质其言，有名实不相应，必知其所以然，常称曰：“庶民所以安其田里而亡叹息愁恨之心者，政平讼理也，与我共此者，其唯良二千石乎！”以为太守，吏民之本也，数变易则下不安，民知其将久，不可欺罔，乃服从其教化。故二千石有治理效，辄又玺书勉厉，增秩赐金，或爵至关内侯，公卿缺则选诸所表以次用之。是故汉世良吏，于是为盛，称中兴焉。

——（东汉）班固《汉书·循吏传》

注释：

①宣：汉宣帝（前92—前49），西汉皇帝。原名刘病已，后改名刘询，字次卿，武帝曾孙。公元前73—前49年在位。

译文：

汉宣帝刘询出身寒微，自幼育于祖母之家，在乡野长大，深知百姓疾苦。自大将军霍光死后开始亲政，他励精图治，勤于朝政，满朝文武也都恪尽职守。他重视官吏的选拔，每次任命刺史、太守、丞相等要职，总是亲自召见，当面考察，观其所由，听其所言。发现名实不符者，必定查明原因。他常说："只有政治清明才能让百姓安居乐业而无叹息愁恨之心，而能做到这一点的，只有贤良的太守。"他认为太守是官民的根本，经常变易则民心不安，只有久居其位，百姓才能服其教化，不敢欺罔。所以他对太守政绩卓著者总是下诏书予以褒奖勉励，加官赐金，有的还晋爵至关内侯，公卿有缺也从中依次选拔。因此汉宣帝亲政期间，贤臣良吏辈出，（狱平刑缓，徭轻赋薄，吏称其职，民安其业，）号称中兴。

21. 汉光武帝仁政恤民

初，光武[①]长于民间，颇达情伪，见稼穑艰难，百姓病害，至天下已定，务用安静，解王莽之繁密，还汉世之轻法。身衣大练，色无重彩，耳不听郑卫之音，手不持珠玉之玩，宫房无私爱，左右无偏恩。建武十三年，异国有献名马者，日行千里，又进宝剑，贾兼百金，诏以马驾鼓车，剑赐骑士，损上林池籞之官，废骋望弋猎之事。其以手迹赐方国者，皆一扎十行，细书成文。勤约之风，行于上下。数引公卿郎将，列于禁坐。广求民瘼，观纳风谣。故能内外匪懈，百姓宽息。

——（南朝宋）范晔[2]《后汉书·循吏列传》[3]

注释：

①光武：汉光武帝（前6—57），即刘秀。东汉王朝的建立者。字文叔，南阳蔡阳（今湖北枣阳西南）人。公元25—57年在位。②范晔（398—445），南朝宋代著名史学家、文学家。字蔚宗，顺阳（今河南淅川）人。③《后汉书》：纪传体东汉史。一百二十卷。本纪十卷、列传九十卷，南朝宋范晔撰。志三十卷，晋司马彪撰。

译文：

起初，光武帝生长于民间，了解民间的真实情况，看到春种秋收的艰难困苦，老百姓的病痛灾难，所以在天下平定之后，全力使老百姓们安宁清静，废除王莽繁琐细密的法规，恢复汉代原有的轻法。他身穿粗布衣，颜色无重彩，耳不听奢靡的音乐，手不拿珠玉等珍玩，对后宫姬妾没有私爱，对左右亲信没有偏恩。建武十三年（37），外国进献一匹名马，一天能跑千里，又进献一把宝剑，售价达百金以上，光武帝下诏让马去拉鼓车，把剑赐给骑士。还削减管理上林苑的官员，废除游观射猎等事。光武帝亲笔写给四方诸侯国的书信，都是一块木简上写十行文字，用小字细书而成。勤俭节约的风气，风行于全国上下。又多次把公卿郎将召到宫中，研究国家大事。广泛询问百姓疾苦，通过采集歌谣，以知政教之得失。因此才使宫廷内外都兢兢业业，毫不松懈，百姓们得以安居乐业。

22. 汉光武帝诏减刑罚

建武二年三月乙未，大赦天下，诏曰：“顷狱多冤人，用刑深刻，朕甚愍之。孔子云：‘刑罚不中，则民无所措手足。’其与中二千石、诸大夫、博士、议郎议省刑法。”五月丙子，诏曰：“久旱伤麦，秋种未下，朕甚忧之。将残吏未胜，狱多冤结，元元愁恨，感动天气乎？其令中都官、三辅、郡、国出系囚，罪非犯殊死，一切勿案，见徒免为庶人。务进柔良，退贪酷，各正厥事焉。”

——（南朝宋）范晔《后汉书·光武帝纪上》

译文：

建武二年（26）三月，汉光武帝刘秀下诏大赦天下，诏书说：“过去狱中有很多冤屈的罪犯，用刑严酷，我十分怜悯他们。孔子说：‘刑罚不恰当，则百姓会不知所措。’请与郡守、诸大夫、博士、议郎讨论减轻刑法。”建武五年（29）五月，下诏说：“久旱不雨，麦收受到损失，秋播还未下种，朕为此非常忧心，这难道是酷吏很多、狱中有不少冤案、百姓愁恨所影响天气的变化吗？命令中都官、三辅地区、各郡、各国释放囚徒，除非犯有杀头罪，全都不治罪，凡为官奴身份的人免为庶人。用刑一定要轻柔，不要严酷贪毒，认真办好正事。”

23. 诚于纳谏，严于责己

诏曰：“朕①以无德，奉承大业，而下贻人怨，上动三光。日食之变，其灾尤大，春秋图谶所为至谴。永思厥咎，在予一人。群司勉修职事，极言无讳。”于是在位者皆上封事，各言得失。帝览章，深自引咎，乃以所上班示百官。诏曰：“群僚所言，皆朕之过。人冤不能理，吏黠不能禁；而轻用人力，缮修宫宇，出入无节，喜怒过差……永览前戒，竦然兢惧。徒恐薄德，久而致怠耳。”

——（南朝宋）范晔《后汉书·显宗孝明帝纪》

注释：

①朕：即汉明帝（28—75），即刘庄。光武帝第四子，公元58—75年在位。

译文：

汉明帝刘庄下诏说：“我无才无德却继承了祖宗开创的帝业，从而对下引起了老百姓的怨恨，对上触动了天光。日食的变化，它所兆示的灾难尤其重大，春秋以来流传的占卜方法认为这种天相变化是对人间所作所为的极大谴责。我长时间地思考了错在什么地方，发现罪过全在于我一人。现召集各位勤勉地修正治政之策，大家尽可畅所欲言，话说过头了也没关系。”于是，到场的各位官员都上奏一些事情，各人说了自己的看法，分析了对治政的利害得失。汉明帝看过这些奏章后，深深地自责，把所上的奏章交给百官传阅。诏书说：“各位官员所说的事情，就是我的过错。有人蒙冤不能昭雪，官员横征暴敛不能禁止；并且随便动用劳力，维修宫宇，进出用度不省俭，喜怒哀乐有时失之偏颇……我将永远记住前车之鉴，并引以为戒，兢兢业业地治理国家。只是担心自己功德太薄，时间长了会有所怠倦，希望各位时时进谏。”

24. 治世御众，诚在面从

夫治世御众，建立辅弼，诚在面从，《诗》称“听用我谋，庶无大悔”，斯实君臣恳恳之求也。吾充重任，每惧失中，频年以来，不闻嘉谋，岂吾开延不勤之咎邪？自今以后，诸掾属治中、别驾，常以月旦各言其失，吾将览焉。

——（三国魏）曹操[①]《曹操集·求言令》

注释：

①曹操（155—220）：三国时政治家、军事家。字孟德，小字阿瞒，沛国谯（今安徽亳县）人。早年曾任汉洛阳北部尉、顿丘令、济南相等。汉献帝时，官至丞相、大将军，封魏王。子曹丕代汉称帝，追尊为太祖武帝。

译文：

（曹操为了广开言路，发动部下向他提意见和革除当面顺从的恶习，专门颁布了一则令文，说：）治理国家，管理百姓，设置谋臣，应该力戒当面顺从，而背后讲不满的话。《诗经》上讲道：“如果听从我的主张，大概不会有大的悔恨。”这正是君和臣共同的诚恳要求。我担当重任以来，经常害怕犯错，多年以来听不到好的意见，难道是我开门请谏不勤的过失吗？从今以后，丞相府的官员，冀州牧的属官，都要经常在月初指出我的过失，我会一一浏览它们的。

25. 刘备雅量

刘先主①之得蜀也，于涪置酒大会，谓庞统②曰：“今日可谓乐矣！”统曰：“伐人之国而以为欢，非仁者之兵也。”先主醉怒曰：“昔武王伐纣，前歌后舞，非仁者耶？卿言不当，宜速起出！”统退，先主寻悔，请还，统复故位。先主曰：“向者之论，阿谁为失？”统曰：“君臣俱失。”先主大笑，宴乐如初。

——（元）陈世隆《北轩笔记》

注释：

①刘先主：刘备（161—223），三国时蜀汉的建立者，著名政治家、谋略家。字玄德，郡县（今河北）人，东汉远支皇族。221—223 年在位。②庞统（179—214）：三国时期刘备的军谋家。字士元，襄阳人。初与诸葛亮齐名，号称“凤雏”。

译文：

刘备得了四川，在涪陵设酒大宴群臣。刘备对庞统说：“今日可说快乐极了！”庞统说：“讨伐别人的国家，却以此为乐，不是仁者之师！”刘备已醉，怒道：“往昔周武王讨伐商纣，前后载歌载舞，不是仁者之师么？卿家出言不当，应赶快给我离席出去！”庞统退出，刘备不久又后悔了，请庞统回来。庞统回到原来的座位后，先主问道：“刚才的议论，谁有失误？”庞统答道：“君臣都有失误。”刘备大笑，君臣宴乐如初。

26. 诸葛亮斩马谡严军纪

初，越巂太守马谡①，才器过人，好论军计，诸葛亮深加器异；汉昭烈临终，谓亮曰："马谡言过其实，不可大用，君其察之！"亮犹谓不然，以谡为参军，每引见谈论，自昼达夜。及出军祁山，亮不用旧将魏延、吴懿等为先锋，而以谡督诸军在前，与张郃战于街亭。谡违亮节度，举措烦扰，舍水上山，不下据城。张郃绝其汲道，击，大破之，士卒离散。亮进无所据，乃拔西县千余家还汉中。收谡下狱，杀之。亮自临祭，为之流涕，抚其遗孤，恩若平生。蒋琬②谓亮曰："昔楚杀得臣．文公喜可知也，天下未定而戮智计之士，岂不惜乎！"亮流涕曰："孙武所以能制胜于天下者，用法明也；是以扬干乱法，魏绛戮其仆。四海分裂，兵交方始，若复废法，何用讨贼邪！"

——（北宋）司马光《资治通鉴·魏纪三》

注释：

①马谡（190—228）：蜀汉将领。字幼常，襄阳宜城（今湖北宜城南）人。蜀汉大臣马良之弟。②蒋琬（？—246）：蜀汉大臣。字公琰，零陵湘乡（今属湖南）人。

译文：

起初，蜀越嶲太守马谡，才气和抱负都超过常人，喜欢议论军事谋略，诸葛亮对他深为器重，昭烈帝刘备临终之时对诸葛亮说："马谡言语浮夸，超过实际才能，不可委任大事，你要对他多加考察。"诸葛亮还是不这样认为，让马谡任参军，与他一起谈论军事，从白天直到黑夜。等到诸葛亮出兵祁山时，他不用旧将魏延、吴懿等为先锋，而是让马谡统领各军在前，同张郃在街亭交战。马谡违背诸葛亮的指挥调度，军事行动混乱无章。他放弃水源上山驻扎，不在山下据守城邑。张郃切断马谡取水的道路，发动进攻并大败马谡，蜀军溃散。诸葛亮前进没有据点，于是只好攻取西县的一千多户人家回到汉中。诸葛亮把马谡关进监狱，杀了他。他亲自吊丧，为马谡痛哭流涕，安抚马谡的子女，如同平素一样恩待他们。蒋琬对诸葛亮说："古时候，楚国杀了领兵的重臣，晋文公喜形于色。现在天下没有平定，而你杀了智谋之士，难道不惋惜吗？”诸葛亮流着泪说：“孙武能够制敌而取胜于天下的原因，就是用法严明；所以晋悼公的弟弟扬干犯法，魏绛就杀了为他驾车的人。现在天下分裂，交战刚刚开始，如果又废弃军法，怎么能够打败敌人呢？”

27. 孙权从谏罢酒

权[①]于武昌，临钓台，饮酒大醉。权使人以水洒群臣曰：“今日酣饮，惟醉墮台中，乃当止耳。”昭[②]正色不言，出外车中坐。权遣人呼昭还，谓曰：“为共作乐耳，公何为怒乎？”昭对曰：“昔纣为糟丘酒池长夜之饮，当时亦以为乐，不以为恶也。”权默然，有惭色，遂罢酒。

——（西晋）陈寿《三国志·吴书·张昭传》

注释：

①权：孙权（182—252），即三国吴大帝。字仲谋，吴郡富春（今浙江富阳）人。孙坚次子，孙策之弟。②昭：张昭（156—236），吴国大臣。字子布，彭城（今江苏徐州）人。

译文：

三国时孙权在鄂州，一次，面临钓台，饮酒大醉。他令人用水泼洒群臣说：“今天各位要痛痛快快地喝酒，只有醉得倒在台上，才可以罢休。”张昭听到此话，神色严峻，一言不发，起身走到外面，坐回车里。孙权派人喊他回去，并对他说：“今日一醉方休，只是为了共同取乐，您为什么要生气呢？”张昭回答说：“从前殷纣王积糟成丘，以酒为池，长夜痛饮，不亦乐乎，当时他也认为是乐事，并不认为是坏事啊！”孙权闻言沉默不语，面露惭愧之色，于是，就结束了酒宴。

28. 固都在德不在险

群臣白帝[①]更峻京邑城隍，以从《周易》设险之义，又陈萧何壮丽之说。帝曰："古人有言，在德不在险。屈丐蒸土筑城，而朕灭之，岂在城也？今天下未平，方须民力，土功之事，朕所未为，萧何之对，非雅言也。"

——（北齐）魏收《魏书·世祖太武帝纪下》

注释：

①帝：北魏太武帝（408—452），名拓跋焘，鲜卑族拓跋部人。423—452年在位。

译文：

北魏时，有一次群臣都向太武帝拓跋焘建议重修城墙和护城壕，使它们更加险峻，以顺乎《周易》所说的设置险固城池的意思，并拿出萧何的城池要宏伟壮观的说法来论证。太武帝深不以为然，回答说："古人有过名言：固守城池在于仁德而不在于险峻。屈丐倒是大兴土木，修筑城池，可我还是将他灭亡了，这岂是险峻的城池阻挡得住的？当今天下干戈未息，政局未平，正是需要爱惜民力的时候，大兴土木工程，是我所没有做过的事，萧何的答对，也并非高论。"

29. 隋文帝[①]求贤若渴

上曰："朕夙夜庶几，求贤若渴，冀与公共治天下，以致太平。今之所请，深乖本望，纵令筋骨衰谢，犹屈公卧治一隅。"于是出拜荆总管。时天下惟置四大总管，并、扬、益三州，并亲王临统，唯荆州委于世康[②]，时论以为美。世康为政简静，百姓爱悦，合境无讼。

——（唐）魏徵[③]等《隋书·韦世康传》[④]

注释：

①隋文帝（541—604）：即杨坚，隋朝开国皇帝，政治家、军事家。弘农郡华阴（今陕西华阴）人。北周柱国大将军、隋国公杨忠之子。②世康：

韦世康（531—597），京兆杜陵人，出身于名门望族。是一位勤政爱民的官吏，很有名望。③魏徵（580—643）：唐代名臣。字玄成，馆陶（今属河北）人。为人正直，敢言直谏。太宗朝任谏议大夫，先后陈谏二百余次，深得唐太宗信任，将其比为镜子。④《隋书》：二十四史之一，纪传体断代史。唐魏徵等撰。八十五卷，包括帝纪五卷、列传五十卷、志三十卷。记载了隋朝三十八年的历史。

译文：

（隋文帝时，大臣韦世康请求辞职还乡，）文帝语重心长地对他说："我日夜忧国，求贤若渴，希望能与你共同治理天下，以使国富民强，达到太平盛世。如今你请求辞职，让我很失望，即使你年事已高，身体衰弱，还是委屈你为国家着想，去治理一方百姓吧。"于是文帝任命韦世康为荆州总管。当时天下只设置了四大总管，并州、扬州、益州，都是由亲王任职，唯有荆州委任于韦世康，被当时人们传为美谈。韦世康不负厚望，他为官清廉，处政勤谨有方，老百姓十分欢喜，以至荆州境内没有诉讼事件。

30. 隋文帝勤政爱民

上性严重，有威容，外质木而内明敏，有大略。初，得政之始，群情不附，诸子幼弱，内有六王之谋，外致三方之乱。握强兵、居重镇者，皆周之旧臣。上推以赤心，各展其用。不逾期月，克定三边；未及十年，平一四海。薄赋敛，轻刑罚，内修制度，外抚戎夷。每旦听朝，日昃忘倦。居处服玩，务存节俭。令行禁止，上下化之。开皇、仁寿之间，丈夫不衣绫绮，而无金玉之饰，常服率多布帛，装带不过以铜铁骨角而已。虽啬于财，至于赏赐有功，亦无所爱吝。乘舆四出，路逢上表者，则驻马亲自临问。或潜遣行人采听风俗，吏治得失，人间疾苦，无不留意。尝遇关中饥，遣左右视百姓所食。有得豆屑杂糠而奏之者，上流涕以示群臣，深自咎责，为之彻膳不御酒肉者殆将一期。及东拜太山，关中户口就食洛阳者，道路相属。上敕斥侯，不得辄有驱逼，男女参厕于仗卫之间。逢扶老携幼者，辄引马避之，慰勉而去。至艰险之处，见负担者，遽令左右扶助之。其有将士战没，必加优赏，仍令使者就家劳问。自强不息，朝夕孜孜。人庶殷繁，帑藏充实。

——（唐）魏徵等《隋书·高祖纪》

译文：

隋文帝杨坚生性严肃稳重，仪表威严，看上去很质朴，心灵却十分明智，谋略深远。建国之初，众人并不归附他，几个儿子也还幼弱，内有北周诸王谋抗，外起三方军阀叛乱。北周旧臣把持着主要的军队，占据着军事要地。隋文帝对他们赤诚相待，让他们充分施展各自的才干。不满一月，就平息了三方叛乱；不满十年，就一统天下。隋文帝治国，缩减赋税，适当放宽刑罚，使百姓休养生息，对内修善国家制度，对外安抚少数民族。每天，他清早临朝理政，直到黄昏，不知疲倦。宫中服饰珍玩，厉行节约。全国上下，令行禁止。开皇、仁寿年间，男子一般不着绮绫锦缎，不用金玉之类的装饰品，人们的衣服多用普通布帛缝制，用以装饰佩带的也不过是些铜铁骨角而已。隋文帝对财政开支很吝啬，但奖赏有功人员却颇慷慨。他经常四出巡视，路上碰到诉状陈情的事，就下马亲自过问，还经常暗中遣派随从了解民风，对官吏治理的得失和人民的苦乐，无不萦怀。有一次关中发生饥荒，他立刻派随从去察看百姓吃什么，有个随从将百姓所吃的豆屑杂糠拿给他看，他流着眼泪给大臣传观，深深自咎自责，为此，他几乎有一年的时间饮食不沾酒肉。他东行祭拜泰山，一路上看见关中去洛阳谋生的百姓络绎不绝，便吩咐开道卫兵，不要用粗鲁的态度驱赶他们。这样，路上的男男女女竟可在仪仗卫队之间穿行。遇到扶老携幼的民众，他立即引马避让，并安慰鼓励一番方才离去。行至道路艰险处，见有人挑着担子，就立刻令身边的人上去助一臂之力。遇有官兵阵亡，一定要嘉奖，还要派使者前往慰问其家眷。隋文帝就是这样自强不息，孜孜不倦地治理国家。所以后来百姓殷实富足了，国库也充实了。

31. 唐高祖论功行赏

李渊[①]克霍邑，行赏时，军吏疑奴应募，不得与良人同。渊曰：“矢石之间，不辨贵贱，论功之际，何有等差？宜并从本勋授。”引见霍邑吏民，劳赏如西河，选其壮丁，使从军关中。军士欲归者，并授五品散官，遣归。或谏以官太滥，渊曰：“隋氏吝惜勋赏，致失人心，奈何效之？且收众以官，不胜于用兵乎？”

——（明）冯梦龙[②]《智囊全集·上智部·见大》[③]

注释：

①李渊（556—635）：唐高祖，唐朝开国皇帝。祖籍陇西成纪（今甘肃秦安），一说陇西狄道（今甘肃临洮）。②冯梦龙（1574—1646）：明代文学家。字犹龙、子犹，别号龙子犹、墨憨斋主人等，长洲（今江苏苏州）人。③《智囊全集》：分上智、明智、察智、胆智、术智、捷智、语智、兵智、闺智、杂智十部共计二十八个小类，收录上起先秦，下迄明代的历代智慧故事一千二百余则。

译文：

唐高祖李渊攻克了霍邑，在论功行赏的时候，军中官吏认为奴仆应当征募，不能与良家子弟同样对待。李渊说：“箭矢弹丸之中，没有贵贱之分，论功行赏之时又有什么等级差别呢？应当一律按照军功授勋。”他又在西河会见霍邑的官吏和老百姓，犒劳赏赐他们，选拔壮丁，补充他的军队。关中军官士兵想回家的，他都授予他们五品散官，送他们回家。有人进言劝谏，说他官给得太滥了。李渊说：“隋炀帝舍不得封官行赏，以致失去人心，我为什么要仿效他呢？况且用官职收买人心，不是比用兵力去征服他们强吗？”

32. 唐太宗以顺民之欲自节

贞观四年，太宗谓侍臣说：“崇饰宫宇，游赏池台，帝王之所欲，百姓之所不欲。帝王所欲者放逸，百姓所不欲者劳弊。孔子云：‘有一言可以终身行之者，其恕乎！己所不欲，勿施于人。’劳弊之事，诚不可施于百姓。朕尊为帝王，富有四海，每事由己，诚能自节，若百姓不欲，必能顺其情也。”魏徵曰：“陛下本怜百姓，每节己以顺人，臣闻：‘以欲从人者昌，以人乐己者亡。’隋炀帝志在无厌，惟好奢侈，有司每有供奉营造，小不称意，则有峻罚严刑。上之所好，下必有甚，竞为无限，遂至灭亡。此非书籍所传，亦陛下目所亲见。为其无道，故天命陛下代之，陛下若以为足，今日不啻足矣。若以为不足，更万倍过此亦不足。”太宗曰：“公所奏对甚善！非公，朕安得闻此言？”

——（唐）吴兢《贞观政要·俭约》

译文：

贞观四年（630），唐太宗与左右大臣一起讨论为政治国的事。太宗对侍臣说：“把宫殿庙宇修饰得富丽堂皇，一年四季经常游览池台榭亭，是每一个当帝王的心愿和欲望。但老百姓眼中的帝王不是这个样子，他们不希望帝王有这种欲望。帝王所想的是放逸奢侈，百姓之所以不喜欢这样，是因为纵欲过度必然劳民伤财。孔子有一句话说得好：‘有一个字是值得终生奉行的，那就是恕字。自己所不喜欢的事，不要强加于人。’劳民伤财的事情，实在不能加在老百姓的头上，我李世民身为帝王，拥有天下四海的财富，每件事情要由我来决定。如果我真正做到节制自己的欲望，百姓不喜欢的事不去做，那么一定能顺应民心，得到人民的拥护。”魏徵说：“陛下一向怜恤百姓，常常克制自己的欲望，让人民喜欢。我听说：‘把自己的欲望放在百姓欲望之后的帝王，必定能够兴旺强盛；不顾百姓的欢乐，一味追求自己的享乐，这样的帝王一定灭亡。’隋炀帝贪得无厌，嗜好享乐，纵欲奢侈，有关部门每有供奉营造，只要稍微有一点不称心如意，就施加严刑重罚。当帝王的贪得无厌，臣下跟着效法，有过之而无不及，相互攀比，隋朝终于灭亡。这段历史不仅记录在史书上，也是陛下亲眼所见，亲耳所闻。正因为隋朝君臣为政无道，所以天命陛下代替隋氏。陛下如果就此满足，那也说得过去了；如果还认为所作所为有不足的地方，那么再好上一万倍也可以说还有不足。”太宗回答说：“你说得太好了！要不是你，我从哪里听得到这样的话呢？”

33. 唐太宗泣斩侯君集

侯君集[①]被收，贺兰楚石复诣阙告其事，上引君集谓曰：“朕不欲令刀笔吏辱公，故自鞫公耳。”君集初不承。引楚石具陈始末，又以所与承乾往来启示之，君集辞穷，乃服。上谓侍臣曰：“君集有功，欲乞其生，可乎？”群臣以为不可。上乃谓君集曰：“与公长诀矣。”因泣下。君集亦自投于地，遂斩之于市。

——（北宋）司马光《资治通鉴·唐纪十三》

注释：

①侯君集（？—643）：唐初大将。豳州三水（今陕西旬邑）人。初从李世民出战有功，累迁至左虞侯、车骑将军。太宗即位后，历任右卫大将军、兵部尚书等职。后与太子承乾谋反，被杀。

译文：

侯君集被关进监狱，贺兰楚石又到皇宫告发他的罪行，唐太宗李世民对侯君集说：“我不愿那些文官小吏污辱您，所以亲自来讯问您。”侯君集起初不承认。唐太宗便把楚石告状的全部材料和经过告诉他，并把侯君集与太子李承乾往来的谋反信函给他看，在事实面前，侯君集无话可说，认罪。太宗李世民对左右大臣说：“侯君集有功劳，我想让他活下来，可以吗？”众大臣认为不行，唐太宗对侯君集说：“与您诀别了。”因而掉下了眼泪。侯君集也以头撞地，随后在集市斩首示众。

34. 唐太宗开怀纳谏

贞观十五年，太宗问魏徵曰：“比来朝臣都不论事，何也？”对曰：“陛下虚心采纳，诚宜有言。然古人云：‘未信而谏，则谓之谤己；信而不谏，谓之尸禄。’但人之材器，各有不同，懦弱之人，怀忠直而不能言；疏远之人，恐不信而不得言；怀禄之人，虑不便身而不敢言。所以相与缄默，俯仰过日。”太宗曰：“诚如卿言。朕每思之，臣欲进谏，辄惧死亡之祸，夫与赴鼎镬、冒白刃，亦何异哉？故忠贞之臣，非不欲竭诚，乃是极难。所以禹拜昌言，岂不为此也！朕今开怀抱，纳谏诤。卿等无劳怖惧，遂不极言。”

——（唐）吴兢《贞观政要·求谏》

译文：

唐贞观十五年（641），唐太宗李世民问魏徵说：“近段时间以来朝中大臣都不议论政事，这是为什么啊？”魏徵回答说：“陛下虚心采纳大臣意见，确实应该有说的。然而古人说：‘不信任的人来进谏，就有可能被认为是毁谤自己；受信任的人不规谏，就叫做居位受禄而不尽职。’但是，人的才能器度各不相同。懦弱的人，怀着一颗忠直之心，却不能说出来；被君主疏远的人，担心不受信任而不敢畅所欲言；心中只想着俸禄的人，忧虑的是不利于自身，因而也不敢说。所以，在这种情况下，人们互相保持沉默，随波逐流，苟且度日。”唐太宗说：“你分析得非常有理。我也经常思考这件事，臣下虽想进谏，动不动就害怕招致杀身之祸，这与那赴鼎镬被烹杀、冒利剑遭砍杀有什么不同啊！所以忠心的臣子，不是不想竭诚进谏，而是因为竭尽忠诚实在太难了。所以大禹拜谢进善言的人，难道不是为这个目的吗？现在我敞开胸怀，采纳直言规劝，你们各位大臣不要因过分畏惧担心，就不敢极力进言。”

35. 唐太宗劝导功臣戒骄

婞直，颇以功自负，又廷质大臣得失，与宰相不平。出为襄州都督，累迁同州刺史。尝侍宴庆善宫，有班其上者，敬德[①]曰："尔何功，坐我上?"任城王道宗解喻之，敬德勃然，击道宗目几眇。太宗不怿，罢，召让曰："朕观汉史，尝怪高祖时功臣少全者。今视卿所为，乃知韩、彭夷戮，非高祖过。国之大事，惟赏与罚，横恩不可数得，勉自修饬，悔可及乎!"敬德顿首谢。

——(北宋)欧阳修[②]、宋祁等《新唐书·尉迟敬德传》

注释:

①敬德:尉迟敬德(585—658),唐初大将。名恭,以字行,朔州善阳(今山西朔县)人。②欧阳修(1007—1072):北宋文学家、史学家。字永叔,号醉翁、六一居士,吉州永丰(今属江西)人。谥文忠世称欧阳文忠公。诗、词、散文俱佳,尤以散文成就最高,为"唐宋八大家"之一、北宋古文运动领袖。

译文:

(尉迟敬德)生性倔强固执,又很爱居功自傲。他不只一次地在大庭广众之中质问一些大臣的功过得失,与宰相也一争长短。皇帝委派他出任襄州都督,后又迁升为同州刺史。曾有一次在庆善宫参加太宗的宴会,有人坐在他的上首,敬德直问道:"你有什么功劳,竟坐在我的上首?"任城王李道宗劝解他,敬德更勃然大怒,险些打瞎了他的眼睛。太宗见此情状很不高兴,停止了宴会,招敬德批评道:"我在阅读汉史时,十分奇怪为何高祖时的功臣很少有保全住自己的。今天我看到你的所作所为,才知道韩信、彭越被杀,并不是高祖的过错。治理国家的大事就在于赏善罚恶。一个人犯错误,不能多次得到宽宥之恩,而是应该勉励自己修身养德;只有通过自新、追悔才可补及啊!"尉迟敬德被这一席话所折服,急忙叩头谢罪。

36. 从识弓之理悟治国之道

贞观初，太宗谓萧瑀[①]曰："朕少好弓矢，自谓能尽其妙。近得良弓十数，以示弓工。乃曰：'皆非良材也。'朕问其故，工曰：‘木心不正，则脉理皆邪，弓虽刚劲而遣箭不直，非良弓也。’朕始悟焉。朕以弧矢定四方，用弓多矣，而犹不得其理。况朕有天下之日浅，得为理之意，固未及于弓，弓犹失之，而况于理乎？”自是诏京官五品以上，更宿中书内省。每召见，皆赐坐以语，询访外事，务知百姓利害，政教得失焉。

——（唐）吴兢《贞观政要·政体》

注释：

①萧瑀（574—647）：唐初大臣。字时文，南兰陵（今江苏武进西北）人。南朝梁宗室后裔，隋炀帝萧后之弟。

译文：

唐贞观之初，太宗对萧瑀说：“我从小时起就爱好弓箭，自以为能尽知其奥妙。近来我得到了十几张良弓，将它们交给制弓工匠检验，工匠说：‘这些弓都不是好材料制成的。’我问是什么原因，工匠回答说：‘这些材料的木心不端正，它们的脉纹都是歪邪的，制成的弓虽然强劲有力，可射出的箭飞得不正直，所以不是好弓。’工匠的话让我恍然大悟。想当初，我以弯弓平定四方，用过的弓不知有多少；可是，仍然不知哪样的弓好，哪样的弓不好，更何况我是刚统一天下，对如何治理国家的认识，当然不及我对弓的了解。而现在我对弓的认识都出了错误，更何况治国之理呢？”自此之后，唐太宗更是谨慎治国，诏令在京五品以上官员，依次值宿中书省，以便随时向他们了解政事。每次召见大臣，就赐座倾心交谈，咨询访察全国上下政事，切实了解百姓疾苦，省察政教的得失。

37. 不诛狂妄，恐绝言路

（永徽）五年……冬，十月，雇雍州四万一千人筑长安外郭，三旬而毕。癸丑，雍州参军薛景宣上封事，言：“汉惠帝城长安，寻晏驾；今复城之，必有大咎。”于志宁等以景宣言涉不顺，请诛之。上[①]曰：“景宣虽狂妄，若因上封事得罪，恐绝言路。”遂赦之。

——（北宋）司马光《资治通鉴·唐纪十五》

注释：

①上：即唐高宗（628—683），李治。唐朝皇帝。字为善，小字雉奴。太宗第九子。649—683年在位。

译文：

唐高宗李治在永徽五年（654）天寒地冻的十月，役使雍州平民四万一千余人修筑长安城的外城，修了一个月方才修好。对此，雍州参军薛景宣非常不满，上书劝谏道：“当年汉惠帝正是因为修筑长安城而丧命，而皇上又修长安城的外城，必然会招来灾祸。”大臣于志宁等人认为薛景宣语言狂放，请求高宗杀掉薛景宣。高宗却说：“景宣虽然出语狂妄，但如果我因为这件事而开罪于他，那恐怕将来会就此堵住了进谏的道路。”于是，下令赦免了薛景宣。

38. 唐高宗以法治国

丙午，魏州刺史郇公孝协[①]坐赃，赐死。司宗卿陇西王博乂[②]奏：“孝协父叔良死王事，孝协无兄弟，恐绝嗣。”上曰：“画一之法，不以亲疏异制，苟害百姓，虽皇太子亦所不赦。孝协有一子，何忧乏祀乎！”孝协竟自尽于第。

——（北宋）司马光《资治通鉴·唐纪十七》

注释：

①孝协：李孝协，唐宗室，其父李叔良与唐高祖为叔伯兄弟。官至魏州刺史，因受贿罪赐死。②李博乂（？—671），高祖侄。武德元年封陇西王。

译文：

唐高宗麟德元年（664）四月丙午，魏州刺史郇公李孝协因贪污被捕入狱，高宗命其自杀。司宗卿陇西王李博乂上奏说："李孝协的父亲李叔良是因为国家大事而死，而李孝协单传没有兄弟，恐怕死后就断了后代。"唐高宗说："法律应该赏罚一致，不能按亲疏关系改变它，如果伤害百姓，即使是皇太子也不能赦免。李孝协有一个儿子，怎会担心断了香火呢！"于是李孝协在家中自尽服罪。

39. 既委朝政，臣当自决

玄宗[①]初即位，体貌大臣，宾礼故老，尤注意于姚崇[②]、宋璟[③]，引见便殿，皆为之兴，去则临轩以送。其他宰臣，优宠莫及。至李林甫以宗室近属，上所援用，恩意甚厚，而礼遇渐轻。姚崇为相，尝于上前请序进郎吏，上顾视殿宇不注，崇再三言之，冀上少售，而卒不对。崇益恐，趋出。而高力士奏曰："陛下初承鸿业，宰臣请事，即当面言可否。而崇言之，陛下不视，臣恐宰臣必大惧。"上曰："朕既任崇以庶政，事之大者当白奏，朕与共决之；如郎署吏秩甚卑，崇独不能决，而重烦吾耶？"崇至中书，方悸不自安。会力士宣事，因为言上意，崇且解且喜。朝廷闻者，皆以上有人君之大度，得任人之道焉。

——（唐）李德裕[④]《次柳氏旧闻》

注释：

①玄宗：唐玄宗（685—762），名李隆基，又称唐明皇，唐代皇帝，公元712—756年在位。②姚崇（650—721）：唐大臣。陕州硖石（今河南三门峡南）人。③宋璟（663—737）：邢州南和（今河北南和）人。唐玄宗开元年间名相。④李德裕（787—850）：字文饶，赵郡（今河北赵县）人。宰相李吉甫子。

译文：

唐玄宗李隆基刚即皇帝位的时候，对大臣以礼相待，对遗老敬如上宾，尤其尊重姚崇和宋璟，每每在便殿中见到他们，总要起身迎上去，他们临走时，又总要送到殿前平台。朝中其他宰臣所受到的优宠没有赶得上他们的。等到李林甫因为宗室近亲而为皇帝援用为官时，皇帝对他的恩意虽说很优厚，可礼遇却是逐渐轻慢。姚崇任宰相时，曾在玄宗面前请求依照升阶次序进用一个郎吏，玄宗故意环顾殿宇，不予理睬，姚崇再三请求，希望玄宗有所授意，可玄宗终究闭口不谈此事。姚崇益发惶恐，急忙退了出去。高力士上前奏说："陛下现在刚刚继承帝业，宰臣们请示事情，应当面给个可否才是。可今天姚崇请示您，您却视而不见，我很担心宰臣们一定会产生大的恐惧心。"玄宗说："我既然已经将一般的政事委托给了姚崇，遇到大事固然应当奏请，以便我同他共同商讨决定；可像进用郎吏这样的小事，姚崇不能独自决定，却再三拿来烦扰我，这应该吗？"姚崇回到中书省，心绪正在惊悸不安，就碰上高力士来宣谕事情，顺便向姚崇转告了皇上的意思，一时姚崇解除了惶恐，而且欣喜起来。朝廷上下听说了这件事，都认为玄宗有着作人君的宽广胸怀，深得任用人才的道理。

40. 无论门第，但取实艺

时左仆射王起频年知贡举，每贡院考试讫，上榜后，更呈宰相取可否。后人数不多，宰相延英论言："主司试艺，不合取宰相与夺。比来贡举艰难，放人绝少，恐非弘访之道。"帝①曰："贡院不会我意。不放子弟，即太过，无论子弟、寒门，但取实艺耳。"

——（后晋）刘昫等《旧唐书·武宗本纪》

注释：

①帝：唐武宗李炎（814—846），唐穆宗李恒第五子，文宗之弟。本名瀍。841—846年在位。

译文：

唐武宗会昌四年（844），左仆射王起连年执掌科举考试，每次贡院考试结束，名单上榜后，都要再呈奉给宰相，听可否录取的意见。后来录取的人数不多，宰相在延英殿发表意见说："主管部门负责考试举子的才能，不应该让宰相参与定夺。近来贡举的考试很难，因此录取的人极少，恐怕不合广泛地访求人才之道。"武宗说："贡院没有领会我的意图。不录取皇家贵族子弟是不对的。从今以后，不论是皇家贵族子弟还是出身于寒门，谁有真才实学就应该录取谁。"

41. 务广威信，使自归顺

曹彬[①]与诸将入辞，上[②]谓彬曰："南方之事，一以委卿，切勿暴略生民，务广威信，使自归顺。不须急击也。"且以匣剑授彬曰："副将以下，不用命者斩之。"潘美[③]等皆失色，不敢仰视。自王全斌平蜀多杀人，上每恨之。彬性仁厚，故专任焉。

——（北宋）李焘[④]《续资治通鉴长编》[⑤]卷十三

注释：

①曹彬（931—999）：宋朝名将。字国华，真定灵寿（今属河北）人。为人稳健，注重军纪。②上：宋太祖赵匡胤（927—976），宋朝开国皇帝。③潘美（925—991）：宋朝名将。字仲询，大名（今属河北）人。行伍出身，官至宣徽北院使。参与陈桥兵变，拥立赵匡胤称帝。④李焘（1115－1184）：字仁甫，一字子真，号巽岩，眉州丹棱（今四川省眉山市丹棱县）人。唐朝宗室曹王李明之后。⑤《续资治通鉴长编》：中国古代私家著述中卷帙最大的断代编年史。原本九百八十卷，今存五百二十卷。李焘仿司马光著《资治通鉴》体例，断自宋太祖赵匡胤建隆，迄于宋钦宗赵桓靖康，记北宋九朝一百六十八年事，定名《续资治通鉴长编》。

译文：

（宋朝开宝七年（974），宋太祖决定发兵攻打南唐，任命曹彬等人为统帅。）曹彬和将领们入朝辞行。宋太祖告诫曹彬说："平定江南的事情，全部委托给你了。千万不要强行掠夺民财，滥杀无辜。要用恩信争取民众，从各方面树立威信，使他们自动归顺，不要逞匹夫之勇急于攻城。”说罢，宋太祖取出一把宝剑送给曹彬，当众宣布说：“自副将以下，有不服从你的命令的，可以斩首！”站在一旁的潘美等人脸色都变了，不敢抬头。自从王全斌在平定后蜀时杀人太多之后，太祖一想起来就十分悔恨。曹彬一向仁慈忠厚，所以得到如此专一的信任。

42. 宋太祖休养疲民

（乾德四年八月丁酉，诏曰：）朕自下巴邛，继行恩宥，务去烦苛之政，俾苏疲瘵之民。尚念国家之岁赋常租，犹令蠲免；臣下之倍称出息，岂可诛求。应西川人户日前有负伪蜀臣僚博放出利钱帛，诏到日并与除放。如或元非出利及今后别有逋债，不在此限。所在长吏备录诏书，以谕管内百姓。

——（北宋）宋太祖赵匡胤《除放西川欠负诏》

译文：

北宋乾德四年（966）八月，太祖下诏道：朕自从攻下巴蜀以来，紧接着就实行宽宥的政策，恩泽民众，务必去掉烦琐苛刻的政令，让民众休养生息，从劳顿困苦中恢复元气。而且还念及将国家每年应征敛的常规租税予以免除。我的下属多次请求朕应事休息，但怎么能做到呢。今下诏明示：原西川百姓有负伪蜀臣僚所放高利贷和所出借布帛债务的，自诏到之日起全部予以免除。如果有些人放债原非为了谋利息以及从现在开始以后所形成的债务，均不受此令限制。各地官吏要抄录诏书，以晓谕境内百姓。

43. 寇準直谏受赏

淳化二年春，大旱。太宗[①]延臣问时政得失。众以天数对。準[②]对曰：“《洪范》：天人之际，应若影响；大旱之征，盖刑有所不平也。”太宗怒，起如禁中。顷之，召準问所以不平状。準曰：“愿招二府至，臣即言之。”有诏召二府入，準乃言曰：“顷者祖吉、王淮皆侮法受赇，吉赃少乃伏诛。淮以参政沔之弟，盗主守财至千万，止杖，仍复其官，非不平而何？”太宗以问沔，沔顿首谢。于是与责沔，而知準为可用矣。即拜準左谏议大夫、枢密副使，改同知院事。

——（元）脱脱等《宋史·寇準传》

注释：

①太宗：宋太宗赵炅，本名匡义，又名光义。北宋第二代皇帝。976—997年在位。②寇準（961—1023）：北宋政治家。字平仲，华州下邽（今陕西渭南北）人。

译文：

宋淳化二年（991）春天，天下大旱。宋太宗赵光义延请大臣，讨论朝廷政策的得失。各位大臣都用天命、命运来回答。寇準却回答说：“《尚书·洪范》中说到自然和人事的交接，其感应就像是实体与影子、发声体与声音一样；大旱的发生，或许是刑法有不公平的地方吧！”赵光义听了这话以后非常恼火，气呼呼地离去回到自己的寝宫中。过了不久，又召见寇準，让他详细说明刑法有不公平的具体情况。寇準回答说：“希望把枢密院、中书省这二府的人都找来，我就把那件事的情况详细说清楚。”赵光义下令二府的人赶到这里来。这时，寇準才开口说道：“前不久，祖吉和王淮这两个人都破坏了法制，接受贿赂。祖吉受贿的数量小竟被杀头，王淮盗窃钱财数字达到千万，只因他是参知政事的弟弟，仅处以杖刑，并且恢复了他原来的职务。这不是不公平么？”赵光义于是质问参知政事王沔，王沔无法辩解，只好磕头谢罪。赵光义狠狠地批评了王沔，并从这件事情中了解到寇準是完全可以任用的人才。不久，就提拔寇準做了左谏议大夫、枢密副使，以后改任同知院事。

44. 宋太宗受谏不罪狂勃

癸巳有布衣以皂囊封书献者，其词狂妄。上览而不之罪。因谓宰相曰："比降诏书，许人言事，近有上章者，朕皆一一览之。但外人不知朝廷要务，所言孟浪，不切机会。本欲下情上达，庶事无壅，故虽狂勃亦不加罪。"宋琪[1]等对曰："陛下广纳言之路，苟百中得一，亦是国家之利。"

——（北宋）钱若水[2]《太宗皇帝实录》卷三十一

注释：

①宋琪（917—996）：北宋宰相。字叔宝（一作"俶宝"），北宋范阳蓟（今北京市大兴县）人。②钱若水（960—1003）：北宋大臣。字澹成，又字长卿，新安（今属河南）人。雍熙中举进士。

译文：

宋淳化四年（993），有位平民用黑色布袋装着一封信献给皇上。这封信语言骄横狂妄。太宗看完后并没有因其骄横狂妄而治他的罪。宋太宗就此事对宰相说："我连下诏书，准许国人上书言事，近来只要有奏章我都一一看完。但是外面那些不当朝政的人不知朝廷要务，有些话鲁莽而不切实际。我所希望的是下情上达，众多的事务没有壅塞，所以上书言事虽语言狂妄我也不论罪。"宰相宋琪等说："陛下广开言路，如果能从一百条意见中，得到一条可取的，也是国家之利啊。"

45. 宋仁宗广招寒士

本朝自祖宗以来，进士过省赴殿试，尚有被黜者。远方寒士殿试下第，贫不能归，多至失所，有赴水而死者。仁宗[1]闻之恻然，自此殿试不黜落，虽杂犯亦收之末名，为定制。

——（北宋）邵伯温[2]《邵氏闻见录》[3]卷二

注释：

①仁宗：宋仁宗赵祯（1010—1063），北宋第四代皇帝。1022—1063年在位。②邵伯温（1057—1134）：北宋官员。字子文，河南（今河南洛阳）人。③《邵氏闻见录》：全称《河南邵氏闻见录》。笔记。北宋邵伯温撰。本书记录王安石变法中变法者与反对变法者的言行、思想、逸事以及北宋时期朝廷和宫廷中的一些典章制度、轶闻趣事。

译文：

宋朝自太祖开国以来，仍继承唐代的科举取士制度。应试者即使考中了进士，还要在朝廷上由皇帝面试，其中又有落第者。落第的贫困寒士无钱还乡，流落异地，有的因此投水自杀，非常悲惨。宋仁宗了解到这种情况，感到很悲伤。于是诏令，凡是参加殿试的举人，都不落选，即使是考试不大合格的也列入后面的名次而得做官。这种制度以后一直沿用下来。

46. 宋仁宗放权使贤

王尧臣[1]罢三司使，为翰林学士承旨兼端明殿学士、群牧使。尧臣主计凡三年，前使姚仲孙[2]借内藏钱数百万，久不能偿，尧臣悉按籍偿之，而军国之费犹沛然有余，未尝加赋于民也。益、梓、夔三路转运使皆乞增盐井课，岁可得钱十余万，尧臣固不从。帝问其说，对曰："庸蜀僻远，恩泽鲜及，而贡入常倍，民力由此困，朝廷既未有以恤之，而又牟利焉，是重困也，虽小有益，将必大损矣。"帝善其对。然权幸因缘多见裁抑，京师数为蜚语，及帝之左右往往有谗其短者，帝一切不问，而尧臣为之自若。已而言于帝曰："臣母老。愿解烦剧。"既罢，帝慰劳之。尧臣顿首曰："非臣之能，惟陛下信用臣耳。"

——（清）毕沅《续资治通鉴·宋纪四十八》

注释：

①王尧臣（1003—1058）：北宋大臣。字伯庸，应天府虞城（今属河南省）人。②姚仲孙：字茂宗，北宋陈州商水（今属河南）人。第进士。

译文：

宋仁宗庆历五年（1045），王尧臣罢三司使，改任为翰林学士承旨兼端明殿学士、群牧使。王尧臣任三司使，主持国家财政共三年。前任三司使姚仲孙曾向皇家内库借钱数百万，长期不能偿还，王尧臣全都如数偿还，而军国之经费却绰绰有余，又没有向百姓加赋。益、梓、夔三路转运使都请朝廷允许增收盐井之税，说每年可增十余万钱，王尧臣却不允许。宋仁宗问其中的原因，尧臣说："蜀地僻远难沾皇恩，而赋税比其他地方多好几倍，民力因此而困弱。朝廷不抚恤他们，却想牟利，这是雪上加霜呀。虽然眼下有点好处，将来必然对朝廷大为不利。"仁宗深以为然。但是，一些权幸之人的目的受到阻碍，多次在京师造谣，诬陷尧臣。连仁宗的左右也有言尧臣短处者。仁宗一概不信，尧臣因此泰然自若。三年后，他对仁宗说："为臣老母越来越年迈体衰了，想辞去三司使这一烦剧之职去侍奉老母。"仁宗同意，并且慰劳他，王尧臣叩头说："这些成就的取得，并不是臣下的能力，而是陛下信用我的缘故呀！"

47. 择术不明，贤人难至

一日讲席，群臣退，帝① 留安石② 坐，曰："有欲与卿从容论议者。"因言："唐太宗必得魏徵，刘备必得诸葛亮，然后可以有为，二子诚不世出之人也。"安石曰："陛下诚能为尧、舜，则必有皋、夔、稷、契；诚能为高宗，则必有傅说。彼二子皆有道者所羞，何足道哉？以天下之大，人民之众，百年承平，学者不为不多，然常患无人可以助治者，以陛下择术未明，推诚未至，虽有皋、夔、稷、契、傅说之贤，亦将为小人所蔽，卷怀而去尔。”帝曰：“何世无小人，虽尧、舜之时不能无四凶。”安石曰：“惟能辨四凶而诛之，此其所以为尧、舜也。若使四凶得肆其谗慝，则皋、夔、稷、契亦安肯苟食其禄以终身乎？”

——（元）脱脱等《宋史·王安石传》

注释：

①帝：宋神宗赵顼（1048—1085），北宋第六代皇帝。1067—1085年在位。②安石，王安石（1021—1086）：北宋政治家和思想家。字介甫，号半山，抚州临川（今属江西）人。神宗熙宁三年（1070）至九年间两度任宰相，积极推行青苗、均输、市易、免役、更戍、保甲等新法，即历史上著名的“王安石变法”。

译文：

宋神宗时，有一天庭议，众大臣退下后，神宗把王安石留下，并让他坐下，对他说：“我想和你无拘无束地谈谈。”停了一下，又接着说：“唐太宗得到了魏徵，刘备得到了诸葛亮，在他们的辅佐下，才干出了大事业。魏徵、诸葛亮实在是难得的相才啊！”

王安石说：“陛下效法尧、舜，您身边就必然会有像皋陶、夔、后稷和契一样的贤臣；陛下以高宗为楷模，您身边必然会有傅说那样的臣子。魏徵、诸葛亮这样的人并没有什么值得称道的。我们大宋天下，拥有广阔的地域、众多的人口，百年来国泰民安，博学多能的人才不是不多，可为什么总感到缺乏忠心耿耿辅佐陛下的贤人呢？原因在于陛下招贤纳士的措施不明确，还不能推心置腹地对待贤士。即使有像皋陶、夔、后稷、契和傅说一样的忠臣、良才，也会受到庸碌之徒、奸邪之辈的诽谤、排挤，不得不引退藏身，远离陛下而隐居。”

神宗说：“哪个朝代没有小人呀！就连尧、舜时期还有共工、驩兜、三苗和鲧四凶呢。”

王安石解释说：“尧、舜之所以成为尧、舜，成为圣君，就是因为他们能察小人而远之，辨四凶而杀之。假如让四凶在君王面前肆无忌惮攻击诽谤贤臣，君王听之任之，那么像皋陶、夔、后稷和契这样的忠贤大臣怎肯安享着陛下的俸禄苟且偷生呢?”

48. 疑人不用，用人不疑

臣愿陛下[①]虚怀易虑，开心见诚，疑则勿用，用则勿疑。与其位，勿夺其职；任以事，勿间以言。大臣必使之当大责，迩臣必使之与密议。才不堪此，不以其易制而姑留；才止于此，不以其久次而姑迁。言必责其实，实必要其成。

——（南宋）陈亮[②]《论开诚之道》

注释：

①陛下：指宋高宗赵构（1107—1187），南宋第一代皇帝。1127—1162年在位。②陈亮（1143—1194）：南宋思想家，永康学派的代表。字同甫，浙江永康人，人称龙川先生。青年时曾研究古人用兵事迹，写成《酌古论》。

译文：

（南宋高宗时，陈亮对高宗说:）“臣愿陛下虚怀若谷，以诚待人，疑人则不用，用人则不疑。给一个人职位后，则不可夺其职权；任用一个人后，则不可听信离间之言。对于大臣，必定使其担当重任；对于近臣，必定使其参与密议。对于才干不胜其职者，不可因为他容易被控制而姑息留用之；对于才干仅可任此职务者，不可因为他久任此职而将就升迁。闻其言，则必求其实；求其实，则必求其成，只有有所成功，才算得上言行相符。”

49. 元世祖赏金樽表直臣

或告汉人殴伤国人，及太府监属卢甲盗剪官布。帝[①]怒，命杀以惩众。文忠[②]言：“今刑曹于囚罪当死者，已有服辞，犹必详谳，是岂可因人一言，遽加之重典！宜付有司阅实，以俟后命。”乃遣文忠及近臣突满分核之，皆得其诬状，遂诏原之。帝因责侍臣曰："方朕怒时，卿曹皆不敢言。非董文忠开悟朕心，则杀二无辜之人，必取议中外矣。"因赐文忠金尊曰："用旌卿直。"

——（明）宋濂等《元史·董文忠传》

注释：

①帝：元世祖忽必烈（1215—1294），元朝的建立者，军事家、政治家。成吉思汗之孙，拖雷第四子。②文忠：董文忠（1231—1281），字彦诚，元真定藁城（今属河北）人。董俊第八子。

译文：

有人上告汉人殴伤蒙古人，以及太府监属吏卢甲盗剪官布。世祖忽必烈听后发怒，下令处死他们以惩戒众人。董文忠上前劝谏说："现在，刑部对应处以死刑的囚犯，就是已有认罪供词的，也还要仔细审核定案。皇上怎能根据一个人的一句话，就立即处以极刑呢？这件事应交有司审察核实，然后再下命令。"世祖听后，觉得有道理，就派董文忠和近臣突满分别查验。经核实，那被告者是受人诬陷。世祖得知实情后就赦免了他们。世祖就此事责备侍臣说："我正发怒时，你们都不敢讲话。如果不是董文忠及时提醒，使我觉悟，那就要杀死两个无辜之人，必然招来朝廷内外的非议。"世祖特地赏赐董文忠一只金酒杯，并对他说："用它来表彰你的忠直。"

50. 天下之大，非一人思虑所及

帝[①]从容谓拜住[②]曰："朕思天下之大，非朕一人思虑所及，汝为朕股肱，毋忘规谏，以辅朕之不逮。"拜住顿首谢曰："昔尧、舜为君，每事询众，善则舍己从人，万世称圣。桀、纣为君，拒谏自贤，悦人从己，好近小人，国灭而身不保，民到于今称为无道之主。臣等仰荷洪恩，敢不竭忠以报。然事言之则易，行之则难。惟陛下力行，臣等不言，则臣之罪也。"

——（明）宋濂等《元史·拜住传》

注释：

①帝：指元英宗硕德八剌（1303—1323），元朝第九代皇帝。1321—1323年在位。②拜住（1298—1323）：元英宗硕德八剌大臣。蒙古扎剌儿氏。五世祖木华黎，祖安童。

译文：

有一次，英宗从容不迫地对拜住说："我想，天下这样大，大事小事这么多，不是我一个人能够考虑筹划得了的。你作为我的辅佐大臣（宰相），不要忘记了随时向我提出告诫，以帮助我纠正考虑问题的不周详、或者在行动上产生的错误与过失。"拜住听过英宗的话，叩头表示感谢说："过去尧、舜当国君，每件国事都要征求大家的意见。众大臣说得对的，他就放弃自己的意见，而按照别人的好主张去做，千百年来，人们都称赞他们是圣贤、英明的君主；而夏桀、商纣当国君的时候，拒绝采纳别人的意见，总认为自己贤能，喜欢别人顺从自己，同时更爱亲近吹捧奉承自己的小人，结果，国家灭亡了，自己也保不住性命，百姓们到现在还在说他们是无道的暴君。我们这些为臣的，承蒙您的大恩，怎敢不尽所有的力量和智慧来报答您呢？然而，事情总是说起来容易，执行起来却非常困难。关键还在于陛下去努力执行，如果我们这些为臣的不及时地向陛下进言，那么，就是我们的罪过了。"

51. 明太祖论农民甘苦

洪武三十年二月，上[①]与群臣论民间事，上曰："四民之业，莫劳于农。观其终岁勤劳，少得休息，时和岁丰，数口之家犹可足食，不幸水旱，年谷不登，则举家饥困。朕一食一衣，则念稼穑机杼之勤。尔等居有广厦，乘有肥马，衣有文绣，食有膏粱，当念民劳。大抵百姓足而后国富，百姓逸而后国安，未有民困劳而国独富安者。尔等其思佐朕裕民之道，庶几食禄无愧。”

——《明实录·太祖洪武实录》卷二百五十

注释：

①上：明太祖朱元璋（1328—1398），明王朝的开国皇帝。

译文：

洪武三十年（1397）二月，有一天，明太祖朱元璋和大臣一起议论老百姓过日子的事，太祖说：“士农工商四民所从事的职业，没有比农民更劳苦的。他们一年到头辛勤劳动，很少得到休息，遇到太平和丰收年岁，几口人的家庭可以够吃，不幸遇到水灾旱灾，稻谷失收，那么全家就会陷于饥饿贫困的境地。我吃一餐饭，穿一件衣，就想到农夫种田和妇女纺织的辛勤。你们住着宽广的大厦，骑着肥壮的骏马，穿着绣有花纹的漂亮衣服，吃着肥美的食品，应当时时想到百姓的劳苦。只有百姓的衣食足了，国家才会富足；百姓安逸，国家才会安定。没有百姓困苦贫穷而国家独能富足安定的。你们都要想一想辅佐我使老百姓富足的办法，这样拿国家的俸禄才不感到惭愧。”

52. 明太祖饥年免租税

免凤阳、怀远县去年田租。先是耆民胡官一等诣阙言岁旱，稼穑不收；租税无所出，愿以银钞、布帛代输。……上曰：“民者，国之本也。彼既饥馁，而又责其赋税，将困踣流亡，岂为人上之道哉？”命悉免之。

——《明实录·太祖洪武实录》卷二百五十六

译文：

干旱严重的凤阳、怀远等县派德高望重的老人胡官一等到朝廷申明情况，请求用银钞和布帛代替粮食输租。明太祖了解到这一情况后说：“老百姓，是国家的根本。他们已经陷入饥饿状态，还要催他们输纳赋税，这等于是雪上加霜，一定会导致百姓困穷流亡，这难道是做皇帝应该实行的仁政吗？”于是，立即下令免除这些县的租税。

53. 明太祖颁行《律令直解》

先是，上以律令初行，恐民一时不能尽知法意，或有误罹于法者，乃谓大理卿周祯[1]等曰："律令之设，所以使人不犯法，田野之民，岂能悉晓其意？有误犯者，赦之则废法，尽法则无民。尔等前所定律令，除礼乐制度钱粮选法之外，凡民间所行事宜类聚成编，直解其义，颁行郡县，使民家喻户晓。"至是，书成以进，上览而喜曰："前代所行《通制条格》之书，非不繁密，但资官吏弄法，民间知者绝少，是聋瞽天下之民，使之不觉犯法也。今吾以《律令直解》遍行，人人通晓，则犯法自少矣。"

——《明实录·太祖洪武实录》卷二十三

注释：

①周祯：字文典，江宁（今属江苏）人，元末流寓湖南。朱元璋平定武昌，用为江西行省佥事，历任大理卿。与李善长、刘基等制定律令。其后律令虽多次修订，但都认为祯的律令书是首创法律书籍。

译文：

朱元璋认为律令刚刚颁行，恐怕老百姓一时难以全部领会法律的有关规定，有人在不知详情的时候误犯法条，便对大理卿周祯说："制定法律法令的目的是为了让人们不犯法；普通百姓，怎能通晓这一要义呢？有人误犯法条，赦免无罪就废止了法律，完全按法律惩处，就有可能人人犯罪。你们以前制定的法律法令，除礼乐制度、钱粮选举之法外，凡与平民百姓有关的条文汇集在一起，译成通俗的口语，颁行郡县，让百姓家喻户晓，人人皆知。"现在，大臣们按圣旨将有关条文编辑成书，上呈皇帝，朱元璋看了后十分高兴地说："前代颁行的《通制条格》等法律，并不是不严密周全，只是有利于官吏弄法为奸，民间百姓不便掌握，知之甚少，这实际上让百姓闭目塞听，使他们不自觉地误犯了法条。现在我让《律令直解》颁行全国，人人通晓，犯法的人自然就会少了。”

54. 治民之道，惠养为急

治天下者以天下之心为心，治一方者以一方之心为心。朕居君位，夙夜念虑，未尝忘民。每思饮食、衣服、百物之奉，皆出民力。民或有寒不得衣，饥不得食，劳不得息，朕何忍独安？尔等皆以才贤为国家任牧民之职，夫受人寄者当尽己之力，为人上者当推己之心。治民之道惠养为急。不害播种则民无饥，不妨蚕桑则民无寒。

——《明实录·太宗永乐实录》卷二十六

注释：

①明成祖：朱棣（1360—1424），明朝第三代皇帝。明太祖朱元璋第四子。

译文：

明成祖朱棣对侍臣说：治理天下的人，就要把天下的事情放在心上；治理一方的人，就要把一方的事情放在心上。我高居君位，日思夜想，从来没有忘记老百姓。每每想到供奉的饮食、衣服和日用之物都是出自百姓的劳动成果。百姓有时遇到寒冷没有衣服穿，遇到饥饿没有粮食吃，劳累了得不到休息，我怎么忍心独自享受呢？你们都是国家的贤才，担任统治万民的职责。受到别人委托的人应该尽自己的力量，作领导的人应该诚心待人。治理百姓的根本原则，就是要让百姓得到实惠，让他们能够活得下去。不打乱百姓播种的季节，那么百姓就不用担心饥荒；不妨碍百姓养殖蚕桑，那么百姓就不用担心寒冷。

55. 刑赏者，治天下之大法

奉天征讨官有罪系狱者，刑部请论功定议。成祖曰：

“朝廷大公至正之道，有功则赏，有过则刑。刑赏者，治天下之大法，不以功掩过，不以私废公。此辈征讨之功，既酬以爵赏矣，今有犯而不罪，是纵恶也，纵恶何以治天下？其论如律。”

——（明）余继登[①]《典故纪闻》[②]卷六

注释：

①余继登：明代诗文作家。字世用，号云衢，交河（今属河北）人。②《典故纪闻》：明编年体记事专著。十八卷。明余继登撰。初刻于明万历年间。

译文：

奉天征讨官犯罪被关进监狱，刑部请求按照罪犯的功劳大小来定刑。明成祖说：“朝廷治理国家公正的办法就是有功的人受奖，有罪的人受惩。刑罚和奖赏，是治理天下的根本方法，不能因为有功而掩盖其人的过失，不能因个人的私情而忘掉公理。这些人打仗所立的功绩，已经封给爵位官职给予奖励了，现在犯法而不追究罪责，是放纵恶行，放纵恶行怎么能治理天下呢？一定要按法律定罪。”

56. 明成祖勤思勤行

永乐四年正月丙辰，上御右顺门晚朝，百官奏事毕，皆趋出。上召六部尚书及近臣谕曰：“早朝四方所奏事多，君臣之间不得尽所言。午后事简，卿等有所欲言，可从容陈论，毋以将晡，朕倦于听纳。盖朕有所欲言者，亦欲及此时与卿等商量。”又曰：“朕每旦四鼓以兴，衣冠静坐，是时神清气爽，则思四方之事，缓急之宜，必得其当，然后出付所司行之。朝退未尝辄入宫中，间取四方奏牍，一一省览，其有边报及水旱筹事，即付所司施行。宫中事亦多，须俟外朝事毕，方与处置。闲暇则取经史览阅，未尝敢自暇逸。诚虑天下之大，庶务之殷，岂可须臾怠惰？一怠情则百度驰矣。卿等宜体朕此意，相与勤励无厌数也。自今凡有事当商略者，皆于晚朝来，庶得尽委曲。”

——《大明太宗文皇帝宝训·勤政》

译文：

明永乐四年（1406）正月丙辰，成祖朱棣驾临右顺门召集晚朝会议，众多官员陈述所办事情的意见以后，都出去了。成祖召集秘书省、内侍省、尚书省、中书省、门下省等六省主管官员以及内侍官员，告诉他们说：“早朝会议各方官员所陈述的事情很多，君主与臣子之间不可能想说什么就说什么。午后事情比较简单，你们有什么想说的，可以从容不迫地陈述，不要以为已至申时（下午三至五点）我感到疲倦，懒于听取和接受你们的意见。我想说的，你们有想要奏事的，我要及时同你们商量。”又说：“我每天早晨很早就起来，穿好衣服，静坐一会儿，这个时候神气清爽，就考虑许多方面的事情，哪件事先做哪件事后做，轻重缓急一定要做到适当，然后交给有关官府去实施。退朝以后未曾立刻回宫室，而是拿起各方面奏书文件，一件一件地审阅，其中属于边关情报和水旱灾害等事情的，立刻交给有关官员采取措施去办。宫廷中的事情也很多，必须等待外面的事情办完，才着手安排处理。空闲时间就拿经、史书籍阅览，从来不敢自我安乐放纵。确实担忧天下这样大，众多的政务这样繁重，怎么可以有片刻的懈怠呢？一旦懒惰，就会荒废各项工作。你们应当领会我的意思，相互勉励而不要怕麻烦。从现在开始，凡有事情当面商量简要叙述的，都在晚朝会议时间里来，也许可以不受拘束地把事情的来龙去脉搞清楚。”

57. 以身作则，节用爱民

时帝[①]渐备六宫，太仓银钱多所宣进。居正[②]乃因户部进御览数目陈之，谓每岁入额不敌所出，请帝置坐隅时省览，量入为出，罢节浮费。疏上，留中。帝复令工部铸钱给用，居正以利不胜费止之。言官请停苏、松织造，不听。居正为面请，得损大半。复请停修武英殿工，及裁外戚迁官恩数，帝多曲从之。帝御文华殿，居正侍讲读毕，以给事中所上灾伤疏闻，因请振。复言："上爱民如子，而在外诸司营私背公，剥民罔上，宜痛钳以法。而皇上加意撙节，于宫中一切用度，服御、赏赉、布施，裁省禁止。"帝首肯之，有所蠲贷。居正以江南贵豪怙势及诸奸猾吏民善逋赋，选大吏精悍者严行督责。赋以时输，国藏日益充，而豪猾率怨居正。

——（清）张廷玉等《明史·张居正传》

注释：

①帝：明神宗（1563—1620）即朱翊钧。明朝第十三代皇帝。1572—1620年在位。②居正：张居正（1525—1582），明代政治家、改革家。字叔大，少名张白圭，又称张江陵，号太岳，谥号"文忠"。湖广江陵（今属湖北）人。

译文：

明万历初年，神宗以张居正为首辅。随着神宗逐渐长大，皇帝应有的后宫已逐渐完备，耗费增多，国库的粮钱相当多的部分花费在后宫上面。张居正以为不妥，于是把户部上报皇上审阅的财政数目让神宗知道，并说现在每年的财政收入抵不上支出，请皇上把这个数目放在案头，经常看一下，量入为出，省去不需要的开支。张居正的奏疏上呈之后，被神宗留下来，不批转下面执行。神宗继续让工部铸钱供给财政支出，张居正以这样做获利小于耗费为由制止了。言官上疏请停止苏州、杭州之供宫廷需用的织造业，明神宗也不采纳。张居正只得当面劝说，停了一大半。他又继续请求停止修建武英殿的工程，并裁减外戚和升职官员的赏赐数目，神宗多半勉强同意。神宗在文华殿听张居正为他讲解经书，讲完之后，张居正把给事中所上有关灾患的奏疏报告神宗，请求赈济百姓，并进一步谏劝道："皇上爱民如子，而外面有关部门背着朝廷营私，剥削百姓，欺瞒圣上，应当用法律痛加管制。而皇上也要更为注意节制，凡是宫中一切用度，服饰器物、赏赐、布施，该裁省的裁省，该禁止的禁止。”神宗点头同意，对他所列举开支的项目有所俭省。张居正根据江南一带的大户豪强权贵仗势以及许多奸猾的吏民惯于逃免赋税的情况，选派一些精明强干的高级官吏去江南严加督察，从而使江南的赋税按规定的时间上缴国库，国库也日益充实起来，但由此豪强奸猾都非常忌恨张居正。

58. 清太祖① 优待降民

闻东海胡儿胯部长纳哈答，率民百户来降，命二百人迎之。二十日至，上升殿，降众见毕，设宴。举家来归者，列一处。有遗业而来欲还家者，另立一处。其为首八人各赐男妇二十口，马十匹，牛十只，冬衣蟒缎、皮裘、大囤，秋衣蟒袍、小褂，四季衣服俱备，及房田等物。其欲还者见之，留而不去者甚多，乃附言还家者曰：“满洲兵欲杀吾等，图我人畜财物，汗以抚聚人民为念，收为羽翼，不意施恩至此，吾土所居弟兄眷属，可皆率之来。”

——《清太祖武皇帝实录》卷二

注释：

①清太祖（1559—1626）：努尔哈赤，后金开国君主，清朝奠基人。满族，爱新觉罗氏。

译文：

有一年，东海胡儿胯部长纳哈答，率领一百户降民投靠努尔哈赤。努尔哈赤命令二百人前往迎接。到达后，努尔哈赤在宫殿会见了降民，还特地设宴招待他们。努尔哈赤宣布，举家来归的降民站在一起；有遗业而来，然后想回家的站在一起。赐给带头的八人每人男妇二十口，马十匹，牛十只，冬衣蟒缎、皮裘和大囤，秋衣蟒袍、小褂，四季衣服齐备，另外还有房屋田地等。那些原来打算回家的人，因被努尔哈赤的诚心所感动，许多人愿意留下来不想走了，并且请人带信说："满洲兵想杀我们，抢劫我们的人口和牲畜、财产，努尔哈赤大汗则以安抚人民为要务，收为羽翼，没想到施加这样厚的恩惠，我故乡土地上的亲属兄弟们都可前来投靠大汗啊！"

59. 皇太极[①]重农为本

太宗……讳皇太极，太祖第八子，……太祖崩，……即位于沈阳。诏以明年为天聪元年。

誓告天地，以行正道，循礼义，敦友爱，尽公忠，勖诸大贝勒等。……谕曰："工筑之兴，有妨农务，前以城郭边墙，事关守御，有劳民力，良非得已。兹后止葺颓坏，不复兴筑，俾民专勤南亩。满洲、汉人，毋或异视，讼狱差徭，务使均一，贝勒属下人，毋许外边行猎。市税为国费所出，听其通商贸易，私往外国及漏税者罪之。"

——赵尔巽等《清史稿·太宗本纪一》

注释：

①皇太极（1529—1643）：后金第二代君主，大清创建者。满族，爱新觉罗氏。庙号太宗。

译文：

太宗名皇太极，是太祖第八个儿子，太祖努尔哈赤死，皇太极即位于沈阳。诏令以下一年为天聪元年（1627）。

誓言上告天地，将实行正确的行为准则，遵循礼教正义，敦睦友好亲爱，尽力做到公平忠诚，以此勉励各位贝勒大官们。谕令说："工程建筑的兴起，有些妨碍农业耕作，先前因为修理内城和外城的边墙，事情关系到防守抵御，确有烦劳民众的人力和财力，实在是不得已呀。从今以后只修葺坍塌损坏的部分城墙，不再兴工建筑新的城墙，要使民众专心耕种农田。满洲人、汉人之间，不要互相歧视，诉讼打官司以及差事劳役，务必同样对待，平均负担，贝勒大官们的下属人员，不许到边界以外去行围打猎。市场上的税收是国家费用支出的来源之一，可以听任他们通商贸易做买卖，如有私自运往国外和偷漏税款的，要治他们的罪。”

60. 有功则奖，有过则罚

围锦州，王[1]贝勒移营去城三十里，又令每旗一将校率每牛录甲士五人先归。上遣济尔哈朗代将，传谕诘责，对曰：“臣以敌兵在锦州、松山、杏山三城，皆就他处牧马。若来犯，可更番抵御。是以遣人归牧，治甲械。旧驻地草尽，臣倡议移营就牧，罪实在臣。”上复使谕曰：“朕爱尔过于群子弟，赐予独厚。今违命若此，其自议之。”王自言罪当死，上命降郡王，罚银万，夺二牛录。六年复围锦州。洪承畴[2]率十三万人屯松山，……明兵引退。王偕洛托等趋塔山道横击之，明兵多死者；遂发炮克塔山外四台，擒王希贤等。寻以贝勒杜度等代将，王暂还。复出，七年，下松山，获承畴，克锦州，大寿复降。进克塔山、杏山。乃毁三城，师还。叙功，复亲王。

——赵尔巽等《清史稿·多尔衮传》

注释：

①王：多尔衮（1612—1650），清初摄政王、军事统帅。爱新觉罗氏。太祖努尔哈赤第十四子。②洪承畴（1593—1665）：明末降清大臣。字彦演，号亨九。

译文：

明崇祯十三年（1640），清朝军队包围了锦州，奉命围锦州的多尔衮命令军营移至离锦州城三十里之处，又令每旗派一将校率每个牛录（三百人）的甲等士兵五人先回去修整。皇太极派郑新王济尔哈朗代为将，传令指责多尔衮。多尔衮回答说："我认为敌军在锦州、松山、杏山三城，都在别处牧马，如果敌人来犯，我军可轮番抵抗。所以我派人回去牧马，修治甲胄、器械。原来驻地的草已被马吃完，所以我提出移营别处牧马，这是我的过错。"皇太极又派人告诉多尔衮说："我爱你超过爱其他的子弟，赐给你的也最多。今天你这样违抗我的命令，你自己考虑一下怎么处理吧。"多尔衮认为自己应当是死罪，皇太极令将他由亲王降为郡王，罚款一万两白银，夺走二牛录兵力。崇德六年（1641），清军又包围了锦州，明蓟辽总督洪承畴率领十三万兵马驻扎在松山（今辽宁锦州南），……遭到清军打击，明军被迫退回。多尔衮与洛托等人赶到塔山道横刀拦阻明军，明军死伤很多。多尔衮还令炮轰塔山外的四台，抓获了明将王希贤等人。不久，皇太极令贝勒杜度等代为领兵，多尔衮暂且回朝。多尔衮再次出山，崇德七年（1642），率军至松山，抓获了洪承畴，攻下锦州，明辽东大将祖大寿也投降了。多尔衮率兵攻克塔山、杏山，最后摧毁了明朝的三座城，班师回朝。皇太极根据多尔衮的表现，又恢复了他的亲王之位。

61. 清世祖安抚明朝遗民

世祖[①]既登极，册封多尔衮为叔父摄政王。又建立丰碑，纪其功绩。犹恐民不忘明，乃施笼络民心之术。约举之有数端：一为明思宗崇祯帝[②]暨帝后帝妃发丧成礼，自长陵以下十四陵皆设官典守。一明官吏降附者，各予升级，仍令视事，朱姓诸王，亦仍其王爵，明之职官绅士曾殉国难者，给予谥法及优恤诸典。一被斥官吏非犯赃者，及士为清望所归，并隐居山林而才德可称者，皆征辟录用。一蹂躏之后，有鳏寡孤独及乞丐街市者，皆给粮养之。一正额之外，一切加派，如辽饷、练饷、剿饷诸名目，尽行蠲免。明季厂卫之弊政，亦一律除之。一官制衣服，暂用明制。凡已附于满清之民，所以不遽反抗者，盖由于此。

——小横香室主人[③]《清朝野史大观》卷三

注释：

①世祖：清世祖爱新觉罗·福临（1638—1661），清朝入关后的第一代皇帝，年号顺治。1643—1661 年在位。②明思宗崇祯帝（1611—1644）：朱由检，明朝末代皇帝。③小横香室主人：徐珂（1869—1928），原名昌，字仲可，别号纯飞馆主、小横香室主人，又署仲玉、中可。浙江杭县，亦作钱塘（均今杭州）人。光绪举人。

译文：

清世祖（顺治）登位后，册封叔父多尔衮为摄政王。又建立丰碑，纪其功绩。清世祖担心民众不忘明朝，于是施行笼络民心的政策。主要有以下几点：一是为明思宗崇祯皇帝及其帝后帝妃举行丧葬典礼，从长陵以下十四陵都设官管理。二是对明朝官吏投降、依附的，各予升级，仍然命令他们主管所辖事务。朱姓诸王，爵位照旧。明朝官吏、绅士为国捐躯者，肯定他们的地位并给予优恤。三是被斥退的官吏中没犯贪赃罪的，以及为众望所归的士大夫，包括隐居山林而才德受人称赞的，都加以选取录用。四是在战乱中丧失亲人而成为鳏寡孤独者，以及在街市上的乞讨者，都分发粮食给予供养。五是正额之外，加派的税目如辽饷、练饷、剿饷等，全部予以免除。明朝末年的厂卫弊政也一律根除。六是官制衣服，暂用明制。已经依附清朝的民众，所以没有进行反抗，大概是由于顺治皇帝实施了这几条措施。

62. 康熙皇帝[①]赐清官金匾

张伯行[②]，字孝先，河南仪封人。康熙二十四年进士，考授内阁中书，改中书科中书。四十二年，授山东济宁道。值岁饥，即家运钱米，并制棉衣，拯民饥寒。上命分道治赈，伯行赈汶上、阳谷二县，发仓谷二万二千六百石有奇。市政使责其专擅。即论劾，伯行曰："有旨治赈，不得为专擅。上视民如伤，仓谷重乎？人命重乎？"乃得寝。四十五年，上南巡，赐“布泽安流”榜。

——赵尔巽等《清史稿·张伯行传》

注释：

①康熙皇帝（1654—1722）：清圣祖爱新觉罗·玄烨，清入关后第二代皇帝，年号康熙。顺治帝福临第三子。1661—1772年在位六十一年。一生勤奋治国，是清代颇有作为的皇帝。②张伯行（1651—1725）：字孝先，晚号敬庵，河南仪封（今兰考）人。历官二十余年，以清廉刚直称。其政绩在福建及江苏为尤著。康熙称他为“天下清官第一”。

译文：

张伯行字孝先，是河南仪封人。康熙二十四年（1685）进士，经殿试后被任命为内阁中书，后又改任中书科中书之职，康熙四十二年（1703），张伯行又被任命为山东济宁道的地方长官。这一年，当地闹灾荒，张伯行就从自己家运来金钱、粮食，并赶制棉衣，用于救济饥寒交迫中的灾民。康熙皇帝下诏按地方道辖区分别进行救灾。张伯行负责汶上和阳谷两个县，他从国家粮仓中拿出二万二千六百多石粮食分发给灾民。布政使得知后，认为这是擅自作主，要上奏弹劾张伯行。张伯行说：“救济灾民是皇上的旨意，不能说是我擅自作主．皇上将灾民的痛苦看成是自己的伤痛，请问是仓库中的粮食重要还是人命重要？”弹劾风波遂告平息。康熙四十五年（1706），皇帝南巡，知道张伯行为官清廉，将题有“布泽安流”字样的金匾赏赐给他。

63. 蠲免米税，惠恤黎元

乾隆[①]七年四月，上谕内阁：国家设关榷税，定其则例，详其考核，凡以崇本抑末载诸会典，著为常经，由来已久。其米豆各项，向因商人贩贱鬻贵，是以照例征输，第思小民朝饔夕飧，惟谷是赖，非他货物可比。关口征纳米税，虽每石所收无几，商人藉口额课势必高抬价值，是取之商者仍出之民也。朕御极以来，直省关税屡次加恩减免，又恐苛吏额外浮收，刊立科条，多方训饬。每遇地方歉收，天津临清、浒野、芜湖等关口，商贩米船概给票放行，免其上课，皆以为民食计也。但系特恩，间一举行，未能普遍，夫以养民之物而榷之税，转以病民，非朕己饥己溺之怀也。今特降谕旨，将直省各关口所有经过米豆应输额税悉行宽免，永著为例。俾米谷流通，民食充裕，懋迁有无者，不得藉以居奇。小民升斗之给，不至有食贵之虞，以示朕惠恤黎元之至意。至各关口征收，则例不一，有征商税者，有征船料者，有商税船料并征者。今既蠲免米税，其船料一项，若不分晰明确，著为规条，恐致混淆滋弊。应如何办理之处，著交该部详查，妥议具奏。

——《大清高宗纯皇帝圣训·爱民》

注释：

①乾隆（1711—1799）：清高宗弘历。清朝入关后第四代皇帝。实际统治六十四年，是中国历史上掌权时间最长的皇帝。

译文：

乾隆七年（1742）四月，乾隆帝对内阁说，国家在各地设关收税，拟定条规，认真考核。大凡重农轻商是国家政策的基本点，这是由来已久，如米、豆等农产品，商人贱买贵卖，所以要收他的商业税。但又想到老百姓一天三顿饭，粮食是老百姓的唯一依赖，不是其他货物可以相比的。所以，关口仅少收米税，尽管每石粮食所征无几，但商人仍然借口关税重而高抬粮价。尽管取于商人的税很轻，却依然出自老百姓。我继位以来，直隶省的关税多次减免，又害怕贪吏额外多收，刊刻条款，多方训导。一旦遇到地方灾荒，天津临清、浒墅、芜湖等关口，商贩的粮船通通免税放行，这都是在为老百姓的吃饭问题着想啊！但这种情况偶尔为之，并没有普遍施行。用老百姓赖以生存的粮食来获税赋，反而加重了百姓的负担，这不符合我体会百姓饥馑困苦的想法啊。今天特别下文，将直隶属省各关口往来的粮食税全部免除，永远这样，使米、豆流通，老百姓粮食充裕，买卖货物、互通有无、不可以凭借囤积稀有货物谋利。百姓少量的粮食需求，也不会担心粮价昂贵，以表达我关心老百姓的厚意。至于各类关口的收税问题，各种情况并不相同，有收商税的，有收船税的，有商税船税都收的。现在既然全部免除米税，船税一项如果不加分析，拟出条规，将会产生混乱。究竟应怎样办理，由户部调查讨论，然后向我汇报。

64. 乾隆皇帝严惩贪官

伍拉纳、浦霖贪纵，婪索诸属吏，州县仓库多亏缺。伍拉纳尝疏陈清查诸州县仓库，亏谷六十四万有奇、银三十六万有奇，限三年责诸主者偿纳。至是，魁伦疏论诸州县仓库亏缺，伍拉纳所奏非实数。上命伍拉纳、浦霖及布政使伊辙布、按察使钱受椿皆夺官，交长麟、魁伦按谳。……长麟等疏发伍拉纳受盐商赇十五万，霖亦受三万，别疏发受椿谳长秦械斗狱，狱毙至十人，得赇销案。籍伍拉纳家，得银四十万有奇、如意至一百余柄，上比之元载胡椒八百斛；籍霖家，得窖藏金七百、银二十八万，田舍值六万有奇，他服物称是：逮京师，廷鞫服罪，命立斩。伊辙布亦逮京师，道死。受椿监送还福建，夹二次，重笞四十，乃集在省诸官吏处斩；又以长麟主宽贷，夺官召还，以魁伦代之，遂兴大狱，诸州县亏帑一万以上皆斩，诛李堂等十人，余谴黜有差。

——赵尔巽等《清史稿·觉罗伍拉纳传》

译文：

爱新觉罗·伍拉纳、浦霖贪污放纵，经常向下属官员索要财物，致使所辖州县仓库亏空短缺。伍拉纳曾上书报告清查诸州县仓库结果，粮食亏空六十四万多担，银亏空三十六万余两，限定三年内责成各州县长官交纳补齐。

至此，大臣魁伦上书讲述各州县仓库亏空情况，并指出伍拉纳上报的数字有假。乾隆帝便下令罢免伍拉纳、浦霖及布政使伊辙布、按察使钱受椿等人的官职，交给长麟、魁伦处理此案。……长麟等上书告发伍拉纳接受盐商贿赂十五万两，浦霖受贿三万两，又上书查实钱受椿在处理长秦监狱犯人械斗打死十余人一案中受人贿赂后，消除此案。抄伍拉纳家，查获银四十余万两，如意多达一百多柄，上等元载胡椒八百斛；抄浦霖家，发现地窖中藏金七百两，银二十八万两，田地房产价值六万余，还有其他财物，乾隆帝下令将他们逮捕押到京城，开庭审讯，二人服罪，下令立即斩首。伊辙布也被逮捕交送京城，在途中死去。按察使钱受椿送还福建监禁，两次受夹刑，重打四十大板，召集福建省各级官吏前来当众斩首。后来又以长麟办案时放宽了条件，召回京城，削去官职，让魁伦代替他主办此案，于是，大兴刑狱，各州县亏空钱粮一万以上者全部斩首，杀李堂等十人，与此案有牵连的其他人也分别受到批评或降职的处分。

为官之道

1. 比干[1]忠心

纣作炮烙之刑，王子比干曰："主暴不谏，非忠臣也；畏死不言，非勇士也。见过则谏，不用则死，忠之至也。"遂进谏，三日不去朝，纣因而杀之。

——（西汉）刘向《新序·节士第七》

注释：

①比干：殷纣王的叔父。古代著名忠臣，被誉为"亘古第一忠臣"。官至少师。传说纣王荒淫无道，比干屡次劝谏不听，而被纣王剖心致死。

译文：

纣王发明了炮烙的刑罚，王子比干说："君主残暴，臣子不去劝阻，不是忠臣；怕死不敢说话，不是勇士。看到君主有过失就应该劝阻，君主不接受就去死，这才是忠心之至。"于是就进去规谏纣王，三天没有离开朝廷，纣王因此把他杀死了。

2. 不行正道，犯颜以抗之

左儒友于杜伯，皆臣周宣王[1]。宣王将杀杜伯，而非其罪也，左儒争之于王，九复之，而王弗许也。王曰："别君而党友，斯汝也！"左儒对曰："臣闻之：君道友逆，则顺君以诛友；友道君逆，则率友以违君。"王怒曰："易而言则生，不易而言则死。"左儒对曰："臣闻古之士，不枉义以从死[2]，不易言以求生。故臣能明君之过，以死杜伯之无罪。"王杀杜伯，左儒死之。

——（西汉）刘向《说苑·立节》

注释：

①周宣王（？—前782）：周朝第十一位王，在位时间为前828—前782年。姬姓，名静（一作靖），周厉王之子。②死：应为“邪”之误。

译文：

左儒、杜伯友好，两人都是周宣王的臣子。周宣王要杀杜伯，而杜伯并没犯什么罪。左儒与周宣王为此争论，反反复复，而周宣王不允许。周宣王说：“与国君离心，而与朋友交好，这就是你。”左儒回答：“我听人说，国君有道，而朋友叛逆，就该服从国君而杀死朋友；朋友有道，而国君无道，就该顺从朋友违背国君。”周宣王发怒说：“如果你改变观点就可以活，不改变你的观点就得死。”左儒回答：“臣听说古代的忠义之士，不会用违背道义顺从邪恶，也不会屈从压力改变自己的看法苟活于世。所以臣要明白指出君主的过错，以此来证明杜伯并没有犯罪。”周宣王终究杀了杜伯，左儒终究为杜伯而死。

3. 食不重肉，妾不衣帛

晏平仲婴者，莱之夷维人也。事齐灵公、庄公、景公，以节俭力行重于齐。既相齐，食不重肉，妾不衣帛。其在朝，君语及之，即危言；语不及之，即危行。国有道，即顺命；无道，即衡命。以此三世显名于诸侯。

——（西汉）司马迁《史记·管晏列传》

译文：

晏婴，字平仲，春秋时莱国夷维（今山东高密县）人。在齐国灵公、庄公、景公朝当官，因努力推行节俭和勤于政事而受到重用。晏婴当齐国丞相时，吃饭只吃一种肉食，妻妾不穿丝绸衣服。晏婴在朝廷，国君谈到他时，他就尽量表示谦让，不说自己的功劳；国君没有谈到他时，他就加倍努力工作，唯恐责备他。在国家有道的时候，晏婴服从国君的命令，认真办事；国家无道，晏婴绝不盲目服从，根据实际情况来确定自己的行动可行则行。晏婴这样为人办事，因此他连续三朝名声显扬于诸侯。

4. 不假公利

吴王阖庐[1]为伍子胥[2]兴师复仇于楚。子胥谏曰："诸侯不为匹夫兴师，且事君犹事父也，亏君之义，复父之仇，臣不为也。"于是止。其后因事而后复其父仇也。如子胥可谓不以公事趋私矣。

——（西汉）刘向《说苑·至公》

注释：

①阖庐（？—前496）：一作阖闾。春秋时吴国君主，著名军事家。名光。前514年—前496年在位。②伍子胥（？—前484）：春秋时吴国大夫、军事家。名员，字子胥，本楚国人。

译文：

吴王阖庐要兴师伐楚为伍子胥报仇，伍子胥进谏说："诸侯不为普通人兴师，况且侍奉国君就像是侍奉父亲，使君王道义受到损害而为父亲报仇，臣下不愿这样做。"于是作罢。后来，伍子胥因别的事报了父仇。像伍子胥这样的人，可以说是不假公济私了。

5. 厉行节俭

赵简子[1]乘弊车瘦马，衣羖羊裘，其宰进谏曰："车新则安，马肥则往来疾，狐白之裘温且轻，君宜改之。"

简子曰："吾非不知也。吾闻之，君子服善则益恭，细人服善则益倨；我以自备，恐有细人之心也。《传》曰：'周公位尊愈卑，胜敌愈惧，家富愈俭，故周氏八百余年。'此之谓也。"

——（西汉）刘向《说苑·反质》

注释：

①赵简子（？—前475）：即赵鞅。春秋末晋国六卿之一。又名志父，亦称赵孟、赵简主。

译文：

春秋末年，晋国赵简子乘坐瘦马拉的破车，穿着老公羊皮做的袍子。他的家臣劝说："坐上新车安全舒适，用壮马拉车跑得快，穿着白狐狸皮的袍子温暖轻便，您应把车、马、袍全部换换。"

赵简子回答说："您讲的我并非不知道。我听说，君子衣服美好时就会更加谦恭，小人衣服美好时态度越发傲慢。我用这些事例不断自勉，以防滋生小人的思想。古书说：'周公地位高贵而更加谦虚，打了胜仗却更加害怕，家中富有却更加厉行节俭，所以周朝统治天下八百多年。'说的就是这个道理。"

6. 先恤民而后己

昔斗子文三舍令尹，无一日之积，恤民之故也。成王[1]闻子文之朝不及夕也，于是乎每朝设脯一束，糗一筐，以羞子文。至于今秩之。成王每出子文之禄，必逃，王止而后复。人谓子文曰："人生求富，而子逃之，何也？"对曰："夫从政者，以庇民也。民多旷者，而我取富焉，是勤民以自封也，死无日矣。我逃死，非逃富也。"故庄王之世，灭若敖氏，唯子文之后在，至于今处郧，为楚良臣。是不先恤民而后己之富乎？

——《国语·楚语下》

注释：

①成王（？—前626）：即楚成王，春秋时楚国国君。前671—前626年在位。以布德施惠、结好诸侯和重贡周王来巩固王位。

译文：

过去，楚国的斗子文，三次辞去令尹，他的家中没有一天多余的积蓄，这是他体恤百姓的缘故。楚成王听说子文家境贫困，朝不保夕，于是，每天为他准备干肉一束、干粮一筐，送给子文。直到现在，仍是如此。楚成王每次给子文发放俸禄时，子文必定出逃，成王加以制止，他才返回。有人对子文说："人活着是为了追求财富，你却是要避开它，这是什么原因呢？"子文回答说："我从事政治，为的是保护百姓。百姓多贫困，我却去寻求富贵，这是使百姓劳苦而自己丰厚富裕，那就不知哪一天会死了。我是设法逃避死亡，并不是逃避富贵。"正因为如此，楚庄王执政时，子文的族人若敖氏作乱，庄王消灭了若敖氏一族，单独保留子文的后裔。子文的子孙至今仍称郧公，是楚国的良臣。这正是首先恤民，然后自己富贵的事例。

7. 咎犯举贤

晋文公[①]问于咎犯[②]曰："谁可使为西河守者？"咎犯对曰："虞子羔可也。"公曰："非汝之雠也？"对曰："君问可为守者，非问臣之雠也。"羔见咎犯而谢之曰："幸赦臣之过，荐之于君，得为西河守。"咎犯曰："荐子者公也，怨子者私也，吾不以私事害公事。子其去矣，顾吾射子也。"

——（西汉）刘向《说苑·至公》

注释：

①晋文公（前697—前628）：名重耳，春秋前期晋国的诸侯，前636—前628年在位。著名的"五霸"之一。②咎犯：即狐偃，字子犯，春秋时晋国大夫。因是晋文公舅父，也称舅犯，一作咎犯。跟从重耳出亡十九年，后助重耳称霸。

译文：

晋文公问咎犯说："谁可以做西河郡守？"咎犯回答说："虞子羔可以。"文公说："他不是你的仇人吗？"咎犯答道："你是问谁可做西河郡守，而不是问谁是我的仇人。"虞子羔去见咎犯并道谢说："蒙你宽恕我的过失，把我推荐给国君，使我能当西河的郡守。"咎犯说："推荐你是公事，怨恨你是私事，我不会因为私事而损害公事。你走吧，再回头我就射杀你。”

8. 拒不受鱼

客有遗相①鱼者，相不受。客曰：“闻君嗜鱼，遗君鱼，何故不受也？”相曰：“以嗜鱼，故不受也。今为相，能自给鱼，今受鱼而免，谁复给我鱼者？吾故不受也。”

——（西汉）司马迁《史记·循吏列传》

注释：

①相：指公仪休，战国时人。初任鲁国博士（古代学官名），穆公时，因声望高而被任为鲁国国相。

译文：

有位客人送鱼给公仪休，公仪休不肯收。那人问：“听说您喜欢吃鱼，所以送给您鱼，为什么不肯收下呢？”公仪休说：“正因为喜欢吃鱼，所以不能接受鱼。现在我作为国相，能够用自己的薪俸买鱼吃；如果现在收了鱼而丢了官，谁又会送给我鱼呢？所以我不能接受啊。”

9. 法者，天子所与天下公共也

上①行出中渭桥②，有一人从桥下走，乘舆马惊。于是使骑捕之，属廷尉③。释之治问。曰：“县人来，闻跸，匿桥下。久，以为行过，既出，见车骑，即走耳。”

释之奏当：“此人犯跸，当罚金。”上怒曰：“此人亲惊吾马，马赖和柔，令它马，固不败伤我乎？而廷尉乃当之罚金！”释之曰：“法者，天子所与天下公共也。今法如是，更重之，是法不信于民也。且方其时，上使使诛之则已。今已下廷尉，廷尉，天下之平也，一倾，天下用法皆为之轻重，民安所错其手足？唯陛下察之。”上良久曰：“廷尉当是也。”

——（东汉）班固《汉书·张释之传》

注释：

①上：指汉文帝（前202—前157），即刘恒。②中渭桥：在长安（今陕西西安）古城的北面。③廷尉：秦汉至北齐主管司法的最高官吏。当时张释之担任这一职务。

译文：

汉文帝出行经过中渭桥时，有个人从桥下跑出来，皇帝车驾的马匹受了惊吓。于是派警卫骑兵逮捕了那个人，交给廷尉法办。廷尉张释之审讯了那人。那人说：“我从县里来到这里，听到御驾经过禁止通行的命令，就躲到桥下。等了好久，以为皇帝已经走过去了，结果从桥下出来后，看到皇帝的车马，所以就奔逃了。”

张释之奏上判决意见：“这个人违反了回避的禁令，判处罚金。”文帝恼怒地说：“这个人亲身惊吓了我的马，亏得这马性子温顺，假如是别的马，岂不是要摔伤我了吗？然而廷尉竟只判他罚金！”张释之说：“法律，是天子和天下人共同维护的。现在法律是这样规定的，如果随意更改法规加重刑罚，老百姓就不相信法律了。再说在那个时候，皇上如派人杀了他也就罢了。如今已经交给廷尉办，廷尉是天下公正执法的榜样啊，一有偏差，天下执法的人都会随着减轻或加重量刑，叫老百姓怎么办呢？希望皇上明察。”文帝过了好久说：“廷尉判决是正确的。”

10. 桃李不言，下自成蹊

太史公曰：《传》曰“其身正，不令而行；其身不正，虽令不从”。其李将军之谓也？余睹李将军悛悛如鄙人，口不能道辞。及死之日，天下知与不知，皆为尽哀。彼其忠实心诚信于士大夫也！谚曰“桃李不言，下自成蹊”。此言虽小，可以喻大也。

——（西汉）司马迁《史记·李将军列传》

译文：

太史公说：《论语》记载说："身居上位的人，自己的行为端正，不用下命令，人民会按照他的要求去做；自己的行为不端正，他的命令，又有谁去听呢！"这不就是说的李将军吗？我见到过李将军，为人诚笃谨厚，像一个纯朴的乡下人，言辞有些笨拙。但在他死的那天，无论认识他或不认识他的人，都为他尽哀。他那颗忠贞不渝的心，取得了士大夫的敬仰和信任。俗话说："桃树、李树从不宣扬自己，可是来观赏的人却是络绎不绝，不知不觉在树下踩出一条道来。"此话虽然说的是件小事，但却蕴含着大道理啊！

11. 霍光①辅政

光为人沉静详审，长财七尺三寸，白晳，疏眉目，美须髯。每出入下殿门，止进有常处，郎仆射窃识视之，不失尺寸，其资性端正如此。初辅幼主，政自己出，天下想闻其风采。

殿中尝有怪，一夜群臣相惊，光召尚符玺郎，郎不肯授光。光欲夺之，郎按剑曰："臣头可得，玺不可得也！"光甚谊之。明日，诏增此郎秩二等。众庶莫不多光。

——（东汉）班固《汉书·霍光传》

注释：

①霍光（？—前68）：汉武帝时大司马大将军。字子孟，河东平阳（今山西临汾西南）人。西汉名将霍去病之弟。汉武帝死后，受命为汉昭帝的辅政大臣，执掌汉室最高权力近二十年，为汉室立下赫赫功勋。

译文：

霍光为人沉着精细。身材只有七尺三寸，皮肤白净，眉目清秀，有漂亮的胡须。霍光每次进出、离开殿门，站立、走路都有固定的位置和路线。郎仆射暗中观察并记住这种情况，发现每次都一样，尺寸不差，他的品质个性端正就到了这种样子。霍光刚辅佐幼主汉昭帝时，一切政令都由他颁发，天下的百姓都仰慕他的政治风度。

一天夜里，宫殿里发生了怪异现象，群臣们惊扰不安，霍光担心发生变故，把保管玉玺的尚符玺郎叫来，打算收回玉玺。尚符玺郎不肯交给霍光。霍光打算强夺，尚符玺郎手按宝剑说："我的脑袋可以给你，玉玺你是不可能得到的！"霍光认为尚符郎做得很对，第二天，便通过皇帝下令给尚符玺郎提升两级。因此，大家没有人不称赞霍光的。

12. 分俸禄赈乡里

湛①性孝友，少传父业，教授数百人。成帝时，以父任为博士弟子。五迁，至王莽时为绣衣执法，使督大奸，迁后队属正。

更始立，以为平原太守。时仓卒兵起，天下惊扰，而湛独晏然，教授不废。谓妻子曰："夫一谷不登，国君彻膳；今民皆饥，奈何独饱？"乃共食粗粝，悉分奉禄以赈乡里，来客者百余家。

——（南朝宋）范晔《后汉书·伏湛列传》

注释：

①湛：即伏湛（？—37），东汉光武帝时大司徒。字惠公，汉代琅琊东武（今山东诸城）人。出身于儒学世家，父亲伏理，是一代名儒。

译文：

伏湛的性格很孝顺，从小传承父亲的行业，教授几百人。汉成帝时，因为父亲的缘故被任为博士弟子。经过五迁，王莽时，担任绣衣执法，也就是汉代的御史，负责督理大奸工作，后迁河内都尉。

王莽末年，刘玄为更始帝，伏湛为平原（今属山东）郡太守。在战乱岁月，天下大乱，他却处之泰然，仍教授不废，对妻子说："田地收成不好，国家的君王也要减撤膳食，现今民众都在挨饿，我们怎么能独自饱食。”于是，决定共同吃些粗粮，把薪俸官禄分出来赈济乡里，到他们家中客食的就有百多家的人口。

13．心怀大义，救民忘罪

王望字慈卿，客授会稽，自议郎迁青州刺史，甚有威名。是时州郡灾旱，百姓穷荒，望行部，道见饥者，裸行草食，五百余人，愍然哀之，因以便宜出所在布粟，给其禀粮，为作褐衣。事毕上言，帝以望不先表请，章示百官，详议其罪。时公卿皆以为望之专命，法有常条。钟离意[①]独曰：“昔华元、子反，楚、宋之良臣，不禀君命，擅平二国，《春秋》之义，以为美谈。今望怀义忘罪，当仁不让，若绳之以法，忽其本情，将乖圣朝爱育之旨。”帝嘉意议，赦而不罪。

——（南朝宋）范晔《后汉书·王望列传》

注释：

①钟离意：字子阿，东汉时期会稽山阴（今浙江绍兴）人。汉明帝时征为尚书，赐以贪官赃物珠玑，他拒而不受，明帝改以库钱赐赏。后迁尚书仆射，数封还诏书，敢于谏争。出为鲁相，提倡爱利，境内人多致富。

译文：

王望，字慈卿，东汉琅琊人，客居于江南会稽，自议郎官迁任青州刺史，颇有威名。汉章帝时，不少地方发生旱灾，百姓穷困，王望在青州境内巡行时，看见饥饿的人，裸身在外，寻找野草吃，约有五百多人，他很哀怜这些人，通知当地拿出布粟，供他们吃粮，为他们作粗布衣裳。事情办完后，才向上级报告。章帝认为王望不先上表请示，下令百官们详细讨论，为他定罪。当时，大臣们认为王望专断，法律上有专款要处理。只有钟离意一人说：“过去，宋国华元、楚国子反，都是良臣。未得君王命令，敢于擅命，使两国和解，《春秋》以为美谈。现今王望心怀大义，忘记了罪责，做到了当仁不让，如果绳之以法，忽视了他的仁义情怀，那是有悖于本朝爱育的宗旨。”章帝夸奖了钟离意的建议，赦免了王望而不处罚。

14. 不爱权势，忠诚谦让

廖[①]性质诚畏慎，不爱权执名声，尽心纳忠，不屑毁誉。有司连据旧典，奏封廖等，累让不得已，建初四年，遂受封为顺阳侯，以特进就第。每有赏赐，辄辞让不敢当，京师以是称之。

——（南朝宋）范晔《后汉书·马援列传》

注释：

①马廖（？—92）：字敬平，东汉扶风茂陵（今陕西兴平东北）人。名将马援长子，汉明帝马皇后的兄弟。

译文：

马廖为人质朴诚实谨慎，不爱权势声名，尽心忠诚，不屑于个人的毁誉。有关部门依据法典规定，上奏封赏马廖等人，他数次谦让，不得已，于章帝建初四年（79），受封为顺阳侯，并以特进身份退休。每逢赏赐时，他都推辞谦让不敢当，因此，京师上下都称赞他。

15. 以诚报怨

超即遣邑将乌孙侍子还京师。徐干谓超曰：“邑前亲毁君，欲败西域，今何不缘诏书留之，更遣他吏送侍子乎？”超曰：“是何言之陋也！以邑毁超，故今遣之。内省不疚，何恤人言！快意留之，非忠臣也。”

——（南朝宋）范晔《后汉书·班超列传》

译文：

班超出使西域后，准备派李邑护送入侍汉朝的乌孙国王子返回京城长安。徐干对班超说："李邑以前亲口毁谤你，想破坏结好西域的事业，现在为什么不以皇上的诏书为由把他扣留起来，另外派其他官员护送入侍王子呢？"班超回答说："你这话说得多浅薄啊！正因为李邑毁谤我，所以我现在才派他去。自己问心无愧，还怕人家说什么呢？扣留他为报私怨而图一时之快，不是忠臣啊！"

16．"四知"美名扬

震孤贫好学，明欧阳《尚书》，通达博览，诸儒为之语曰"关西孔子杨伯起"。教授二十余年，不答州郡礼命，众人谓之晚暮，而震志愈笃。骘[①]闻而辟之，时震年已五十余，累迁荆州刺史、东莱太守。当之郡，道经昌邑，故所举荆州茂才王密为昌邑令，夜怀金十斤以遗震。震曰："故人知君，君不知故人，何也？"密曰："暮夜无知者。"震曰："天知，地知，我知，子知，何谓无知者！"密愧而出。后转涿郡太守。性公廉，子孙常蔬食、步行；故旧或欲令为开产业，震不肯，曰："使后世称为清白吏子孙，以此遗之，不亦厚乎！"

——（北宋）司马光《资治通鉴·汉纪四十一》

注释：

①骘：即邓骘（？—121），东汉权臣。字昭伯，南阳新野（今河南新野南）人。汉安帝时任大将军。

译文：

杨震自幼孤苦贫寒而好学，精通欧阳生注解的《尚书》，通晓、博览典籍，众多的儒家学者称他为"关西孔子杨伯起"。他教授学生二十多年，不应州郡官府的礼聘与任命，人们认为杨震出仕时间已太迟，但他的意志更加坚定。邓骘闻听杨震的盛名后，将他征辟为幕僚。当时杨震已五十多岁，多次升迁，做到了荆州刺史和东莱太守。在他往东莱郡的路上，途经昌邑，过去所举荐的荆州秀才王密正好任昌邑县令，晚上王密怀里揣着十斤金送给杨震。杨震说：“老朋友了解你，你却不了解老朋友，这是为什么？”王密说：“晚上没有人知道。”杨震说：“天知，地知，我知，你知，怎么能说无人知晓！”王密羞愧地出门走了。杨震后来转任涿郡太守。他本性公平清廉，子孙经常以素菜为食、徒步出行。故人旧友有的人想劝杨震为子孙置办产业，但杨震不肯，他说：“让后人说他们是清官的子孙，以此赠送给他们，不也是财富吗！”

17．志不求易，事不避难

邓骘兄弟以诩[1]异其议，因此不平，欲以吏法中伤诩。后朝歌贼宁季等数千人攻杀长吏，屯聚连年，州郡不能禁，乃以诩为朝歌长。故旧皆吊诩曰：“得朝歌何衰！”诩笑曰：“志不求易，事不避难，臣之职也。不遇槃根错节，何以别利器乎？”

——（南朝宋）范晔《后汉书·虞诩列传》

注释：

①诩：即虞诩，东汉大臣、将领。字升卿，陈国武平（今河南鹿邑西北）人。官至尚书令。

译文：

邓骘兄弟因为虞诩不同意他们的建议，因此愤慨不满，想用官吏的条例来伤害虞诩。后来朝歌县贼人宁季等数千人攻杀县长等官吏，屯聚一连数年，州郡官府不能禁止，邓骘于是就任命虞诩为朝歌县长。老友都慰问虞诩说：“到朝歌多么不幸！”虞诩笑着说：“立志不求容易，遇事不避艰难，是为臣的职责。不遇到盘根错节的树木，怎么能识别锋利的工具呢？”

18．仲举礼贤

陈仲举[1]言为士则，行为世范；登车揽辔，有澄清天下之志。为豫章太守，至，便问徐孺子[②]所在，欲先看之。主簿白："群情欲府君先入廨。"陈曰："武王式商容之间，席不暇暖。吾之礼贤，有何不可！"

——（南朝宋）刘义庆[③]《世说新语[④]·德行》

注释：

①陈仲举：即陈蕃（？—168），东汉大臣。字仲举，汝南平舆（今属河南）人。汉桓帝时任太尉，汉灵帝时任太傅。②徐孺子：即徐稚，字孺子。东汉高士，以品德高尚著闻，屡征不仕，受到太守陈蕃及桓帝的礼遇。后世用以比拟品行高洁之士。③刘义庆（403—444）：南朝宋文学家。字季伯，祖先是彭城（今江苏徐州）人，后移居京口（今江苏镇江）。刘宋宗室。著有《世说新语》、《幽明录》等。④《世说新语》：南朝宋刘义庆组织文人编写的笔记小说。原书八卷，今本为三卷。记叙了汉末至东晋人物的言谈轶事。

译文：

陈蕃的言论是士子的准则，行为是世人的楷模。他刚登上仕途，便有澄清天下的志向。陈蕃担任豫章太守，一到任，便打听徐孺子居住的地方，想先去拜访他。主簿禀告说："大家的意思是希望您先去官署。"陈蕃说："周武王初得天下，垫席尚未坐暖，首先就到殷代贤臣商容居住过的里巷表示敬意。我礼敬贤人，有什么不可以的呢！"

19. 威严清廉，为人所慕

初举孝廉[①]，为司徒胡广所辟，举高第，再迁青州刺史。守令畏威明，多望风弃官。复征，再迁渔阳太守。寻转蜀郡太守，以母老乞不之官。转护乌桓校尉，鲜卑数犯塞，膺[②]常蒙矢石，每破走之，虏甚惮慑。以公事免官，还居纶氏，教授常千人。南阳樊陵求为门徒，膺谢不受。陵后以阿附宦官，致位太尉，为节志者所羞。荀爽尝就谒膺，因为其御，既还，喜曰："今日乃得御李君矣。"其见慕如此。

——（南朝宋）范晔《后汉书·党锢列传》

注释：

①举孝廉：汉代选拔官吏的科目之一，是察举制的一部分。"孝廉"乃孝悌力田与廉吏之合称。凡被选为孝廉的人，就取得了做官的资格。②膺：即李膺（110—169），东汉著名学者、政治家。字元礼，颍川襄城（今河南襄城）人。桓帝时，为司隶校尉，与太学生首领郭泰等结交，反对宦官专权，太学生称为"天下模楷李元礼"。

译文：

李膺最初被推举为孝廉，为司徒胡广所征辟，又受推举，名列优等，迁为青州刺史。郡守县令害怕他的威严，不少人听说他到了，便纷纷弃官逃去。不久，他被朝廷征召，调任渔阳（今北京密云县）太守。再转蜀郡（今四川成都）太守。由于母亲年事已高，请求不去那里上任。再转护乌桓校尉。鲜卑多次进犯边塞，李膺常冒着箭石出战，打败鲜卑，使他们非常害怕。李膺以公务缺失免官，回到颍川郡（郡治今河南禹县），居于纶氏（今河南登封县西），教授门徒常达上千人。南阳人樊陵请求为门徒，李膺谢绝，没有接受。此人后来依附宦官，做到了太尉官，为有节操志气的人所不齿。荀爽曾去拜访李膺，并为膺驾车，回来后，非常高兴地说："今日，我为李君驾了车。"他受别人仰慕达到了如此地步。

20. 羊续悬鱼

时权豪之家多尚奢丽，续[①]深疾之，常敝衣薄食，车马羸败。府丞尝献其生鱼，续受而悬于庭；丞后又进之，续乃出前所悬者以杜其意。

——（南朝宋）范晔《后汉书·羊续列传》

注释：

①续：即羊续（142—189），字兴祖，东汉太山平阳（今山东新泰东

南）人。历任庐江、南阳太守，以镇压境内黄巾军及江夏赵慈兵变显名。

译文：

当时（东汉灵帝时）权贵豪富之家多数崇尚奢侈华丽，南阳太守羊续非常痛恨这种风气，经常穿破旧衣服，吃很差的食物，乘坐的车马也是非常破败的。有个府丞曾经献生鱼给羊续，羊续接受后将生鱼悬挂在庭院里；府丞后来又献生鱼，羊续就拿出以前所悬挂的生鱼以表示杜绝府丞之意。

21．田豫受金归公

鲜卑素利等数来客见，多以牛马遗豫[①]，豫转送官。

胡以为前所与豫物显露，不如持金。乃密怀金三十斤，谓豫曰："愿避左右，我欲有所道。"豫从之。胡因跪曰："我见公贫，故前后遗公牛马，公辄送官，今密以此上公，可以为家资。"豫张袖受之，答其厚意。胡去之后，皆悉付外，具以状闻。于是诏褒之曰："昔魏绛[②]开怀以纳戎赂，今卿举袖以受狄金，朕甚嘉焉。"乃即赐绢五百匹。

豫得赐，分以其半藏小府，后胡复来，以半与之。

——（晋）陈寿《三国志·魏书·田豫传》注引《魏略》[③]

注释：

①豫：即田豫（171—252），字国让，渔阳雍奴（今天津武清）人。历事刘备、公孙瓒，后为曹操丞相军谋掾。长期镇守边地，采用分化瓦解策略，屡败乌丸。居官清廉，所得赏赐常与将士分享。②魏绛：即魏庄子。春秋时晋国大夫。初任中军司马，后任新军之佐，旋升为下军之将。曾力主与戎族和好，为晋悼公采纳。③《魏略》：三国魏鱼豢撰。五十卷（一作三十八卷），记曹魏史事。

译文：

鲜卑首领素利等人多次来作客，常常以牛马作为礼物赠送给田豫。田豫都把礼物转送给了公家。

素利以为先前送给田豫的牛马太显眼，不如拿金子送去。素利就怀藏三十斤金子而来，对田豫说："请让左右的人回避一下，我有话要告诉您。"田豫照他的话办了。素利就跪下道："我看到您贫穷，所以几次把牛马送给您，您却总是转送给公家，现在我秘密地把这包东西送给您，可以作为您的家产。"田豫就抖开衣袖接受了下来，并感谢他的深情厚谊。素利离开之后，田豫把三十斤金子全部交给府库，所有情况都通过公文向朝廷报告。于是皇帝颁发诏书赞扬他说："从前魏绛敞开衣襟来接受戎人的贿赂，现在你张开衣袖来接受狄人的赠金，我非常赞赏你的做法。"于是就赐给田豫五百匹绢。

田豫得到赏赐后，分出一半藏在小仓库中，后来素利又来作客时，就把另一半给了素利。

22. 办事不扰民，吏民称赞

（杜恕）及迁，以孟康代恕[①]为弘农。康字公休，安平人。……正始中，出为弘农，领典农校尉。康到官，清己奉职，嘉善而矜不能，省息狱讼，缘民所欲，因而利之。郡领吏二百余人，涉春遣休，常四分遣一。事无宿诺，时出案行，皆豫敕督邮、平水，不得令属官遣人探候，修设曲敬。又不欲烦损吏民，常豫敕吏卒，行各持镰，所在自刈马草，不止亭传，露宿树下，又所从常不过十余人。郡带道路，其诸过宾客，自非公法无所出给；若知旧造之，自出于家。康之始拜，众人虽知其有志量，以其未尝宰牧，不保其能也；而康恩泽治能乃尔，吏民称歌焉。嘉平末，徙渤海太守，征入为中书令，后转为监。

——（晋）陈寿《三国志·魏书·杜恕传》注引《魏略》

注释：

①恕：即杜恕（198—252），字务伯，三国时京兆杜陵（今陕西西安东南）人。魏尚书仆射杜畿子。历任弘农、河东太守，幽州刺史。

译文：

曹魏时，孟康接替杜恕，任弘农（今河南灵宝东北）太守。康字公休，安平（今属河北）人。……魏正始中，孟康任弘农太守，兼为典农校尉。他自己清廉，奉公守法，表扬良善，怜惜贫弱，减省刑狱诉讼，尽量去做民众所想要做的事，从而有利于民众。郡有二百余名吏员，春季让他们轮休，通常被遣休的有四分之一。他办事不轻易许诺，不时外出检查，告诉纠举违法事务的督邮以及负责水务的平水吏，不得派人刺探，预先定下基调。他不愿麻烦和损害吏民，常常要求吏卒们外出时，各自带镰刀，到了一地，自己刈割马草，不在驿站停留，而是露宿树下，所带随从，往往只有十余人。在弘农郡道路上经过的宾客，除非因公外出，原则上一律没有供给，故旧朋友到来，都由自家开销。他开始任弘农太守，大家虽然都知道他有志气和度量，因为过去没有作过地方官，不能确保很能干。干了一阵后，就显示出了才能和智慧，吏民对他交口称赞。魏嘉平末，孟康改任渤海太守，又调入京师洛阳，担任中书令，后转为中书监。

23. 蒋琬雅量

东曹掾杨戏[①]素性简略，琬与言论，时不应答。或欲构戏于琬曰："公与戏语而不见应，戏之慢上，不亦甚乎！"琬曰："人心不同，各如其面；面从后言，古人之所诫也。戏欲赞吾是耶，则非其本心，欲反吾言，则显吾之非，是以默然，是戏之快也。"又督农杨敏曾毁琬曰："作事愦愦，诚非及前人。"或以白琬，主者请推治敏，琬曰："吾实不如前人，无可推也。"……后敏坐事系狱，众人犹惧其必死，琬心无适莫，得免重罪。

——（晋）陈寿《三国志·蜀书·蒋琬传》

注释：

①杨戏（？—261）：三国时期蜀汉大臣。字义然，犍为武阳（今四川彭山东）人。少知名，受蜀丞相诸葛亮器重，年二十余为州督军从事，职典刑狱。亮卒，蒋琬辟为东曹掾，迁南中郎参军，历建宁、梓潼两郡太守，入为射声校尉。

译文：

东曹掾杨戏一向性格简略，蒋琬与他谈话，杨戏有时不回答。有人就在蒋琬那里构陷杨戏说："您与杨戏谈话，杨戏却不回答您，杨戏对您的轻慢，不是太过分了吗！"蒋琬说："人心不同，就如同人各有各的面孔一样；表面顺从而背后议论，是古人所劝诫的。杨戏要赞同我说的，那不是他的本意，要反对我的意见，就会暴露出我的错误，因此，默然无语，这正是杨戏的优点啊。"又有督农杨敏曾经诽谤蒋琬说："做事糊涂，的确不如前任。"有人把这话告诉了蒋琬，负责的官员请求追究惩处杨敏。蒋琬说："我确实不如诸葛丞相，杨敏没有说错，所以没有什么可追究的。"……后来杨敏因其他事情犯罪被关进监狱，大家还担心他一定会被处死，蒋琬心中对他并没有不满意的，杨敏得以免除死罪。

24. 不挟私怨以蔽贤

初，钦①屯宣城，出讨豫章②贼。芜湖令徐盛③，收钦屯吏，表斩之，权以钦在远，不许，盛由是自嫌于钦。曹操出濡须，钦与吕蒙持诸军节度。盛常畏钦因事害己，而钦每称其善。权谓钦曰："盛数表卿，卿今举盛，欲慕祁奚耶？"对曰："臣闻公举不挟私怨。盛忠勤有胆略，万人督也。今大事未定，当为国访才，岂敢挟私愤以蔽贤乎？"权嘉之。

——（宋）萧常《续后汉书·吴载记·蒋钦》

注释：

①钦：即蒋钦（？—220），东吴将领。字公奕，九江寿春（今安徽寿

县）人。②豫章：古郡名，今江西省南昌地区一带。③徐盛（？—227）：东吴将领。字文向，琅琊莒县（今山东莒县）人。客居吴地，以勇气闻名当地。从孙权，为别部司马。

译文：

当初，蒋钦屯兵宣城，奉命出征讨伐豫章郡的敌人。芜湖县令徐盛，逮捕了蒋钦手下的屯吏，上表孙权请求处死这个屯吏。孙权因为蒋钦率军出征在外，没有答应。从此以后，徐盛自以为与蒋钦结下了怨恨。曹操出兵濡须时，孙权率军前往抵御。当时蒋钦与吕蒙负责筹措运输节度各路军马的军粮。徐盛总是担心蒋钦趁机借事陷害自己，可是蒋钦在孙权面前屡次称赞徐盛的优点。孙权对蒋钦说："徐盛几次上表请求处死你手下的屯吏，可是你却推举徐盛。你是仰慕晋国大夫祁奚而学习他吧！"蒋钦回答说："我听说为国家推荐人才不应心怀私人恩怨。徐盛忠勤国事，而且胆略过人，是可以统率万人的将才。如今天下大事还未定，应当为国家访求人才，怎敢心怀私愤，而埋没人才呢？"孙权十分赞许蒋钦的看法。

25. 洁身修己，勤于政务

窦允，字雅，始平人也。出自寒门，清尚自修。少仕县，稍迁郡主簿。察孝廉，除浩亹长，勤于为政。劝课田蚕，平均调役，百姓赖之。迁谒者。泰始中，诏曰："当官者能洁身修己，然后在公之节乃全。身善有章，虽贱必赏，此兴化立教之务也。谒者窦允前为浩亹长，以修勤清白见称河右。是辈当擢用，使立行者有所劝。主者详复参访，有以旌表之。"拜临水令。克己厉俗，改修政事，士庶悦服，咸歌咏之。迁巨鹿太守，甚有政绩。卒于官。

——（唐）房玄龄等《晋书·窦允传》

译文：

窦允，字雅，晋朝始平（今陕西咸阳西北）人。出身寒门家庭，身世清白，很注意自我约束。窦允年轻时，在县里工作，后升为郡主簿，察举孝廉，任浩亹（今甘肃民和北）县长，为政很辛勤，注意劝课，种田养蚕，均平调发徭役，百姓受益。迁为谒者，负责礼宾司仪，传宣诏命等事。晋武帝泰始中，诏书说："当官的人如果能洁身修己，对自己要求严格，然后担任公务，一定能保全大节。自己注意做好事，虽然微贱，仍然要有奖赏，这是实行教化的重要任务。现任谒者窦允，过去为浩亹县长，勤于政务，清白一身，在陇西河右一带很有名声。对这等人应当提拔，使注意品行的人有所敦劝。有关当事人要详细了解情况，以便表彰。"拜窦允为临水（今河北磁县）县令。他很注意严格要求自己，奖励风俗，使政事清明，老百姓心悦诚服，对他十分敬佩。再迁巨鹿（今属河北）郡太守，政绩很好，后死在太守任上。

26. 陶公①性检厉

陶公性检厉，勤于事。作荆州时，敕船官悉录锯木屑，不限多少，咸不解此意。后正会，值积雪始晴，听事前除雪后犹湿，于是悉用木屑覆之，都无所妨。官用竹皆令录厚头，积之如山。后桓宣武伐蜀，装船，悉以作钉。又云，尝发所在竹篙，有一官长连根取之，仍当足，乃超两阶用之。

——（南朝宋）刘义庆《世说新语·政事》

注释：

①陶公：即陶侃（259—334），东晋将领。字士行，本鄱阳人（今属江西）人，后迁至庐江浔阳（今湖北黄梅西南）。精勤吏职，为人所称。

译文：

陶侃生性严肃认真，办事勤勉。担任荆州刺史时，命令监造船只的官员将锯木屑无论多少都收集起来，大家都不了解他的用意。后来元旦集会，正好遇上接连大雪之后刚放晴，官府大堂前的台阶上还很潮湿，于是全用锯木屑覆盖在上面，走路便非常方便安全。官府所用毛竹，叫人把锯下多余无用的厚头全都收集起来，竹头堆积如山。后来桓温讨伐西蜀，装备船只，便把这些竹头全都用来做成竹钉。又有人说，他曾在自己的驻地征调竹篙，有位官长把竹连根取来，用竹根代替篙端的铁足，他便把这位官长连升两级任用。

27. 不为虚让

迁散骑常侍、尚书令，将军如故。述每受职，不为虚让，其有所辞，必于不受。至是，子坦之谏，以为故事应让。述曰："汝谓我不堪邪？"坦之曰："非也。但克让自美事耳。"述曰："既云堪，何为复让！人言汝胜我，定不及也。"

——（唐）房玄龄等《晋书·王述①传》

注释：

①王述（303—368）：字怀祖，王承子。历官宛陵令、临海太守、扬州刺史，累至散骑常侍、尚书令、卫将军。

译文：

王述升迁为散骑常侍、尚书令，并且保留原来担任的征虏将军等职。王述每次接受某一职务，不作虚情假意的辞让，如果他辞让，必定是真心不愿接受。现在王述又升级了，他儿子王坦之进谏说，依照惯例，接受新的职务应该有辞让的表示。王述说："你认为我的能力不足以胜任新的职务么？"儿子回答说："不是。我只不过觉得谦让可以体现人的美德。"王述说："我既然胜任这些职务，为什么还要辞让呢！人们说你比我强，我看一定不如我。"

28. 不以子贵而奢侈

颜延之字延年，琅邪临沂人也。……少孤贫，居负郭，室巷甚陋。好读书，无所不览，文章之美，冠绝当时……世祖登阼，以为金紫光禄大夫，领湘东王师。子竣既贵重，权倾一朝，凡所资供，延之一无所受，器服不改，宅宇如旧。常乘羸牛笨车，逢竣卤簿，即屏往道侧。又好骑马，遨游里巷，遇知旧辄据鞍索酒，得酒必颓然自得。常语竣曰："平生不喜见要人，今不幸见汝。"竣起宅，谓曰："善为之，无令后人笑汝拙也。"

——（南朝梁）沈约《宋书·颜延之传》

译文：

南朝宋朝颜延之字延年，琅琊临沂（今山东临沂）人……少时孤单贫穷，住宅靠近城墙，室内破旧简陋。好读书，无所不看，文章优美，在当时称为第一……南朝宋孝武帝刘骏即位后，授延之金紫光禄大夫，领湘东王师。儿子颜竣官至中书令，地位显赫，权倾一朝，但颜延之从不倚仗权势为自己谋取私利。颜竣送给父亲的财物，延之一概拒绝接受。家中衣服、器具、房屋仍然保持原来的本色，没有改变。延之常坐老牛旧车外出，途中遇到儿子车队，退避一旁。他还爱好骑马，穿梭于里巷之间，碰到知己朋友，常把着鞍子向人要酒，得到酒就十分高兴，醺醺然自得。还常告诫儿子颜竣说："我平生不喜欢见朝官要人，今天不幸见到了你。"颜竣建造住宅，延之又说："要谦虚谨慎，不要让后人笑你太拙。"

29. 不私营产业

元景[①]起自将帅，及当朝理务，虽非所长，而有弘雅之美。时在朝勋要，多事产业，唯元景独无所营。南岸有数十亩菜园，守园人卖得钱二万送还宅，元景曰："我立此园种菜，以供家中啖尔。乃复卖菜以取钱，夺百姓之利邪？"以钱乞守园人。

——（南朝梁）沈约《宋书·柳元景传》

注释：

①元景：即柳元景（406—465），南朝宋名将。字孝仁，河东解（今山西运城解州镇）人。官至尚书令。

译文：

南朝刘宋时的著名大将柳元景，从行伍出身，后来入朝处理行政事务，虽然不是他的特长，但也能做到宽宏大度，品格高尚。那时，在朝廷做官的功臣权贵们，很多都去经营自己的产业，唯独柳元景不这样做。他在南岸有几十亩菜园，看守园子的人卖了菜，得钱二万文，送还给他。柳元景说："我建立菜园种菜，是为了供自己一家吃的。现在，卖菜得钱，我怎么能与百姓争利呢？"他随即将钱交给了守园的人。

30. 取之于民，用之于民

梁何敬叔[①]为长城令，平居以廉称，忽榜门受饷，得米二千斛，他物称是，人多讥之。有顷，悉以贷贫民输负租，斗米尺帛皆不留。

——（明）徐献忠《吴兴掌故集·宦业类》[②]

注释：

①何敬叔：南朝齐地方官员。东海郯（当时侨置今镇江）人。做官为政清廉，不受礼赠。②《吴兴掌故集》：浙江地方志。明徐献忠（1483—1559）纂。十九卷。

译文：

南朝人何敬叔为梁代长城县令，他做官一向以清廉著称。一天他忽然贴出布告，要接受馈赠，共得米二千斛，还有不少其他物资，受到很多人的讥笑。过了没有多久，他把全部物资贷给贫民，用以抵偿他们所欠的租税，连一斗米一尺布也没有留下。

31. 为政奇术

琰[①]子翙，为官亦有能名。后为吴令，别建康令孙廉[2]，廉因问曰："闻丈人发奸擿伏，惠化如神，何以至此？"答曰："无他也，唯勤而清。清则宪纲自行，勤则事无不理。宪纲自行则吏不能欺，事自理则物无疑滞，欲不理得乎？"时临淮刘玄明亦有吏能，历山阴、建康令，政常为天下第一，终于司农卿。后翙又代玄明为山阴令，问玄明曰："愿以旧政告新令尹。"答曰："我有奇术，卿家谱所不载，临别当相示。"既而曰："作县令唯日食一升饭而莫饮酒，此第一策也。"

——（唐）李延寿《南史·傅琰传》

注释：

①琰：即傅琰（？—487），字季珪，北地灵州（今宁夏灵武）人。从其父开始，傅氏祖孙四代都曾担任过南朝的县令，并著声名，成为廉吏世家。②孙廉：南朝齐、梁时人。齐时历大县令、尚书右丞。

译文：

傅琰的儿子傅翙，当官很有能干的名声。后来任吴县县令，告别建康令孙廉，孙廉问："听说您揭发奸邪使他们无法隐藏，给百姓恩惠使他们感化，效果显著，怎么样才能做到这一点呢？"回答说："没有什么奥妙，只有勤奋与公正廉洁。公正廉洁则法令纲常自然推行，勤奋则事情没有不办理的。法令纲常自然推行则小吏无法欺骗，事情都办理了则没有疑难不懂的事，如此，会治理得不好吗？"当时临淮人刘玄明也有为官的才能，历任山阴、建康令，政绩常为天下第一，后官至司农卿。以后傅翙又接替刘玄明任山阴令，对玄明说："希望把以前的政事告诉我。"玄明回答："我有当官的奇术，您的家谱没有记载，临分别时告诉您。"不久告诉他说："当县令每天吃一升饭而不喝酒，这是最好的办法。"

32. 抱病出征

时朝廷始议北伐，以公则[1]威名素著，至京师，诏假节先屯洛口。公则受命遘疾，谓亲人曰：“昔廉颇、马援以年老见遗，犹自力请用。今国不以吾朽懦，任以前驱，方于古人，见知重矣。虽临途疾苦，岂可僶俛辞事。马革还葬，此吾志也。”遂强起登舟。至洛口，寿春士女归降者数千户。魏豫州刺史薛恭度遣长史石荣等前锋接战，即斩石荣，逐北至寿春，去城数十里乃反。疾卒于师，时年六十一。

——（唐）姚思廉《梁书·杨公则传》

注释：

①公则：即杨公则（445—505），字君翼，天水西县（今甘肃天水市西南）人。历宋熙、扶风、武宁诸郡太守，齐末迁至荆州西中郎中兵参军。统军号令严明，秋毫无犯。

译文：

当时，朝廷开始商议北伐，由于杨公则向来威名显著，到京城后，梁高祖诏令他持节统兵先屯洛口（今安徽淮南市东北青洛河与高塘湖北入淮河之口）。不料，受命之后身患疾病，杨公则对亲人说：“从前廉颇、马援因为年老不被起用出征，仍然自荐请求效命。现在，皇上不认为我老弱无用，让我作先锋，比起古人来，我深受器重啊。虽然出征前夕得了重病，又怎能刚刚受诏就借口推辞呢。驰骋疆场，马革裹尸，这是我的志向呀。”于是，强打起精神，上船出征。兵到洛口，寿春（今安徽寿县）百姓有几千户来归降。北魏豫州刺史薛恭度派长史石荣等人为前锋迎战，杨公则即斩石荣，追败兵直至寿春，远离洛口城几十里才回师。因病卒于军中，时年六十一岁。

33. 为官一方，一无所取

天监初……出为南海太守。郡常有高凉生口及海舶，每岁数至，外国贾人以通货易。旧时州郡以半价就市，又买而即卖，其利数倍，历政以为常。僧孺[①]乃叹曰：“昔人为蜀部长史，终身无蜀物，吾欲遗子孙者，不在越装。”并无所取。视事期月，有诏征还，郡民道俗六百人诣阙请留，不许。

——（唐）姚思廉《梁书·王僧孺传》

注释：

①僧孺：即王僧孺（465—522），南朝梁诗人、骈文家。字僧孺，东海郯县（今山东郯城）人。齐历太学博士、治书侍御史。入梁，为南海太守，居郡清廉。迁尚书左丞、御史中丞。

译文：

南朝梁武帝天监初，东海郡郯县人王僧孺出为南海郡（今广州）太守。南海郡常常有高凉郡（治今广东阳江县西）的少数民族人口被贩运而来，每年也有不少海船几次来到广州，外国商人来做商业买卖。过去，地方上是用半价进行买卖，买了随即又卖出，可以获利数倍，历代主持政务的人都是习以为常，不以为怪。王僧孺很有感触地说：“过去，有人为蜀部长史，却终身没有蜀地的财物。现在，我要遗留给子孙的，就不能有岭南越地的东西。”因此，他一无所取。在那里办公一个月，诏敕令他回京，南海郡僧侣和百姓六百多人上书朝廷，请求让他留任南海，朝廷没有同意。

34. 道生廉约

道生[①]廉约，身为三司，而衣不华饰，食不兼味，一熊皮障泥，数十年不易，时人比之晏婴。第宅卑陋，出镇后，其子弟颇更修缮，起堂庑。道生还，叹曰：“昔霍去病以匈奴未灭，无以家为。今强寇尚游魂漠北，吾岂可安坐华美也！”乃切责子弟，令毁宅。

——（北齐）魏收《魏书·长孙道生传》

注释：

①道生（370—451）：即长孙道生，长孙嵩侄。忠厚廉谨，道武帝令掌机密。太武帝时，以北击柔然、南拒宋檀道济有功，封上党王。位司空、侍中。有所建议，多切时要。

译文：

长孙道生清廉节俭，虽然担任三司的官职，可是穿衣不要华丽的服饰，吃饭不要多样的菜肴，一副用熊皮做的马鞍，几十年没有更换，当时的人把他比作晏婴。他的住宅低矮狭小，出任方镇以后，他的子弟们将房子进行更新修理，堂下四周建起了廊屋。道生回家，叹息说："从前霍去病认为匈奴没有消灭，还顾不上自己的家事。如今强大的敌人还在沙漠的北面游荡威胁着中原，我岂可安稳地坐在华丽的房舍里！"于是严厉地责备他的子弟们，让他们将添修的住宅拆掉。

35. 诤臣高允

丙辰，魏高宗还平城，起太华殿。是时，给事中郭善明，性倾巧，说帝大起宫室。中书侍郎高允[①]谏曰："太祖始建都邑，其所营立，必因农隙。况建国已久，永安前殿足以朝会，西堂、温室足以宴息，紫楼足以临望；纵有修广，亦宜驯致，不可仓猝。今计所当役凡二万人，老弱供饷又当倍之，期半年可毕。一夫不耕，或受之饥，况四万人之劳费，可胜道乎！此陛下所宜留心也。"帝纳之。

——（北宋）司马光《资治通鉴·宋纪十》

注释：

①高允（390—487）：北魏大臣、学者。字伯恭，渤海蓨（今河北景县）人。为官清廉，为人正直、谦逊，前后历仕太武帝、文成帝、献文帝、孝文帝四朝，身居要职五十余年，为一代名臣。

译文：

丙辰日，北魏文成帝返回平城，兴建太华殿。此时，给事中郭善明本性狡诈，他劝说文成帝大规模建造宫殿。中书侍郎高允劝谏说：“太祖开始兴建京城，在建造过程中，一定要利用农闲时节。况且国家已经建立很久了，永安前殿足以用来朝会，西堂、温室足以用来宴请、歇息，紫楼足以用来登高远眺；纵然要修建、扩大，也应该逐步实现，不能匆忙急迫行事。现在估算应当役使共二万人，而老弱供给差粮的又应当增加一倍，预料半年可以完工。一个农夫不耕种，就有人挨饿，何况是四万人耗费人力、财力，可以尽说吗！这是陛下应当留心的事。”文成帝接受了他的劝谏。

36. 臣有两手，只要两匹绢

于时国家殷富，库藏盈溢，钱绢露积于廊者，不可较数。及太后赐百官负绢，任意自取，朝臣莫不称力而去。唯融与陈留侯李崇负绢过性，蹶倒伤踝。太后即不与之，令其空出，时人笑焉。侍中崔光①止取两疋。太后问曰：“侍中何少？”对曰：“臣有两手，唯堪两疋，所获多矣！”朝贵服其清廉。

——（北魏）杨衒之《洛阳伽蓝记·法云寺》②

注释：

①崔光（449—522）：北魏大臣。本名孝伯，字长仁，清河（治今山东临清东）人。家贫好学，初拜中书博士、著作郎，与李彪参撰国书，为孝文帝所识。后累迁太子少傅、右光禄大夫、太子太保。②《洛阳伽蓝记》：北魏杨衒之撰，共五卷。记洛阳佛寺八十余所。《洛阳伽蓝记》反映了北魏王朝兴衰的全过程，其中不少史料可补《魏书》之不足。

译文：

后魏自孝文帝太和年间迁都之后，国家更加殷实富强，仓库里堆满了各种物资，金钱、绢帛不得不放在厢房里，数量之多，难以计数。太后恩赐朝廷百官绢帛，允许官员们自己去取，不限数量。朝廷百官个个使尽全力，扛着绢帛回家。唯独章武王元融与陈留侯李崇绢帛拿得过多，途中跌倒碰伤了脚踝骨。太后见他们两人贪心太重，决定不给赏赐，让他们空手回家。在朝的官员都嘲笑他俩过于贪婪。当时，侍中崔光只拿两匹绢，太后问："侍中为什么拿那么少？"崔光回答："臣有两手，只能拿走两匹，所得赏赐就很多了。"朝中权贵都钦佩崔光清正廉洁的品德。

37. 以恩信抚民

竖眼①性既清肃，不营产业，衣食之外，俸禄粟帛皆以飨赐夷首，赈恤士卒。抚蜀人以恩信为本，保境安民，不以小利侵窃。有掠蜀民入境者，皆移送还本土。捡勒部下，守宰肃然。远近杂夷相率款谒，仰其德化，思为魏民矣。是以蜀民请军者旬月相继。世宗甚嘉之。肃宗初，屡请解州，乃以元法僧②代之。益州民追随恋泣者数百里。至洛，拜征虏将军、太中大夫。

——（北齐）魏收《魏书·傅竖眼传》

注释：

①竖眼：即傅竖眼（460—527），北朝清河（今河北清河县西北）人。北魏宣武帝时，为益州刺史。②元法僧（454—536）：北魏宗室。仕魏为光禄大夫、徐州刺史。

译文：

竖眼性格清廉朴素，不经营产业，吃穿以外，所得俸禄，都用来分赏给夷僚头头，赈恤兵士。安抚蜀人以恩信为主，保境安民，不以任何小利侵害他们。有人掠夺蜀民进入境内，他都送回本土。约束部下严厉，地方官吏很敬重他。远近的少数族人仰望他的德行，相继归服，成为魏国百姓。由是，蜀地百姓先后请求入军。很受宣武帝的嘉奖。孝明帝初年，傅竖眼多次请求解去益州刺史职务，以元法僧代替他。他离任时，益州百姓追随留恋而掉泪者前后长达数百里路。到了洛阳，拜为征虏将军、太中大夫。

38. 不因私利犯义

于谨[1]南伐江陵，以瑾[2]为元帅府长史。军中谋略，多出瑾焉。江陵既平，衣冠仕伍，并没为仆隶。瑾察其才行，有片善者，辄议免之，赖瑾获济者甚众，时论多焉。及军还，诸将多因虏掠，大获财物，瑾一无所取，唯得书两车，载之以归。或白文帝[3]曰："唐瑾大有辎重，悉是梁朝珍玩。"文帝初不信之，然欲明其虚实，密遣使检阅之，唯见坟籍而已。乃叹曰："孤知此人来二十许年，明其不以利干义。向若不令检视，恐常人有投杼之疑，所以益明之耳。凡受人委任，当如此也。"

——（唐）令狐德棻等《周书·唐瑾传》

注释：

①于谨（493—568）：北魏、西魏、北周杰出将领。字思敬，小名巨弥（又作巨引），洛阳人。②瑾：即唐瑾（？—约556），字附璘，平寿（址在今山东平度西南）人。性好施与，所得禄赐，常散之宗族，其尤贫者，又割膏腴田宇以赈之。③文帝：即周文帝宇文泰（507—556），代郡武川（今属内蒙古）人。北朝西魏大臣，死后，子宇文觉代魏称帝，国号周，追尊宇文泰为文帝。

译文：

于谨率领大将向南进军，攻打南朝萧梁政权的重镇江陵，他任命唐瑾为元帅府长史。军中重大谋划，多出自唐瑾。江陵攻克以后，原有的士族和官僚们都被没收为奴仆。唐瑾认真考察这些人的才行，凡是具有一些优点的，便建议赦免，因此，有不少人由此得到解脱，很受赞赏。大军回归时，很多将领乘机抢掠了不少财物，而唐瑾却一无所取，只载回了两车书。有人告诉周文帝宇文泰："唐瑾有一些车辆，载回大量梁朝的珍宝玩物。"宇文泰本来不相信有此事，但为了查清真相，便秘密派人查看，只看到了一些书籍。

他很感慨地说："我认识此人已二十多年，知道他不会因私利而犯大义，如果不去查看，恐怕难免产生疑心。现在落实了，可以更加证明此人的德行。凡是受人委任的人，也都应当是这样的啊！"

39. 吏民之物一毫不取

石曜，字白曜，中山安喜人，亦以儒学进。居官至清俭。武平中黎阳郡守，值斛律武都出为兖州刺史，武都即丞相咸阳王世子，皇后之兄，性甚贪暴。先过卫县，令、丞以下聚敛绢数千匹以遗之。及至黎阳，令左右讽动曜及郡治下县官。曜手持一缣而谓武都曰："此是老石机杼，聊以奉赠。自此来并须出于吏民，吏民之物，一毫不敢辄犯。"武都亦知曜清素纯儒，笑而不责。

——（唐）李百药《北齐书·石曜传》

译文：

石曜，字白曜，中山安喜（今河北定县）人。通过儒学而做了官。他为官非常清廉、俭朴。北齐后主武平年间，石曜任黎阳郡守。恰逢斛律武都出任兖州刺史。武都是丞相咸阳王的世子，皇后的哥哥，性情很是贪婪暴虐。斛律武都先经过卫县，该县令、丞以下官吏聚敛了几千匹绢送给他。斛律武都到黎阳（今河南浚县东）时，命令左右的人暗示石曜及黎阳郡属县官吏给他馈赠。石曜手拿一匹细绢对斛律武都说："这是我自己织的，权作礼物奉赠。长期以来，官府收入都出于百姓，而百姓的东西，一丝一毫我也不敢侵犯。"斛律武都也知道石曜是清廉纯正的儒士，就一笑作罢，没有责备他。

40. 苏琼[①]拒礼

（苏琼）除南清河太守……琼性清慎……郡民赵颖官至乐陵太守，年余八十，致仕归。五月中，得新瓜一双，自来奉。颖恃年高，苦请，遂便为留，乃至于听事梁上，竟不剖。人闻受赵颖饷瓜，欲贡新果，至门，问知颖瓜犹在，相顾而去。

——（唐）李延寿《北史·苏琼传》

注释：

①苏琼：北朝廉吏。字珍之，长乐武强（今属河北）人，生活在北魏末年至隋朝初年。入北齐后，为南清河（今属河北）太守，执政清廉，深受人民爱戴。

译文：

苏琼官拜南清河郡太守。……他秉性清廉谨慎。……郡中有民叫赵颖，曾作过乐陵太守，八十岁退休还乡居住。五月的一天，赵颖给苏琼送来了两只新瓜，苏琼不肯接受，赵颖以年高苦请收下，苏琼盛情难却，不忍辜负老人家一片心意，便收下了瓜。但他却将瓜吊在议事厅的梁上，并不剖开食用。这时有人听说苏琼接收了赵颖的瓜，便争相送来新鲜瓜果，到了他门口，见到梁上吊着的瓜，知道苏琼志不受赠故相望离去。

41. 父子廉洁

齐公宪[①]初开幕府，以文举为司录。世宗初，累迁帅都督、宁远将军、大都督。及宪出镇剑南，复以文举为益州总管府中郎。武成二年，就加使持节、车骑大将军、仪同三司。蜀土沃饶，商贩百倍，或有劝文举以利者，文举答之曰：“利之为贵，莫若安身。身安则道隆，非货之谓。是以不为，非恶财也。”宪矜其贫窭，每欲资给之。文举恒自谦逊，辞多受少。

保定三年，迁绛州刺史。邃之往正平也，以廉约自守，每行春省俗，单车而已。及文举临州，一遵其法。百姓美而化之。总管韦孝宽特相钦重，每与谈论，不觉膝前于席。天和初，进骠骑大将军、开府仪同三司。

——（唐）令狐德棻等《周书·裴文举传》

注释：

①宪：即宇文宪（？—578），北周卓越的军事家。字毗贺突，宇文泰第五子。他精通兵法，为西魏、北齐政权的巩固立下了汗马功劳。北周初年为益州刺史，封齐国公。

译文：

北周建国初年，齐国公宇文宪开设幕府，任命河东闻喜（今属山西）人裴文举为司录。北周明帝初，文举陆续任帅都督、宁远将军、大都督。宇文宪出镇剑南，又用文举为益州总管府中郎。北周明帝武成二年（560），再加使持节、车骑大将军、仪同三司。益州地区的土地肥沃，商贩可获利百倍。有人劝裴文举也去获取利益，他回答说："商贩谋利，固然可贵，但不如安身，身安就使生活和精神有所寄托，则道义隆盛。所以，我不去做生意谋利，并不是厌恶钱财。"宇文宪怜惜他贫穷，常常要资助他，文举总是谦虚推让，结果往往是推辞掉的多，实际接受的少。

北周武帝保定三年（563），改任绛州刺史。他的父亲裴邃任正平（今山西新绛）太守时，就以廉洁节约自励，每逢春日巡省风俗，只是单车出去。文举来到绛州（治今山西闻喜东北），完全遵守父亲的做法，百姓大为称赞。总管韦孝宽对他非常钦佩尊重。每次和他交谈，不觉地膝着于席前向他靠近。北周武帝天和初，晋升骠骑大将军、开府仪同三司。

42. 为官廉平，功遂身退

韦世康，京兆杜陵人也，世为关右①著姓。寡嗜欲，不慕贵势，未尝以位望矜物。闻人之善，若己有之，亦不显人过咎，以求名誉……世康之在吏部，选用平允，请托不行……前后十余年间，多所进拔，朝廷称为廉平。尝因休暇，谓子弟曰："吾闻功遂身退，古人常道。今年将耳顺，志在悬车，汝辈以为云何？"子福嗣答曰："大人澡身浴德，名立官成，盈满之诫，先哲所重。欲追纵二疏。伏奉遵命。"后因侍宴，世康再拜陈让曰："臣无尺寸之功，位亚台铉。今犬马齿载，不益明时；恐先朝露，无以塞责。愿乞骸骨，退避贤能。"

——（唐）魏徵等《隋书·韦世康传》

注释：

①关右：即关西。因古人以西为右，故名。

译文：

韦世康，京兆杜陵人，历代是关右的著名姓氏。他很少有个人嗜好，又不羡慕权贵，也不以自己的权位和名望夸耀于人。听到别人的好事，好像是自己所有而高兴。他也从不谈论别人的过错，以此来显示自己的声誉。……韦世康在吏部工作时，选举用人很公平，反对请客送礼的活动……前后十多年间，提拔了很多人，朝廷称他廉洁平允。曾经在休闲时，对子弟们说："功成身退，是古人所常说的。我快六十岁了，应该退下来，你们以为怎么样？"儿子福嗣回答说："父亲大人有功德，功成名就。古先哲人很重视戒除自满，您想追从汉代疏广叔侄的榜样，年老辞官，我是从命的。"不久以后，在侍宴时，世康再拜，请求辞职，他说："我没有什么功劳，地位却仅仅亚于宰相。现在臣已年老，无益于圣明之时，恐怕死期不远，无法完成职责，请允许我辞退，以让贤能。"

43. 罢公廨钱，不与民争利

先是，以百僚供费不足，台省府寺咸置廨钱，收息取给。孝慈① 以为官民争利，非兴化之道，上表请罢之，请公卿以下给职田各有差，上并嘉纳焉。

——（唐）魏徵等《隋书·苏孝慈传》

注释：

①孝慈：即苏孝慈（538—602），隋代扶风（今陕西凤翔）人。隋文帝开皇时，为大将军、工部尚书。

译文：

隋初，官府各部门的费用供应不够，朝廷所在的尚书台、三省、诸寺、监，都设置了廨钱，用来放债，收取利息，以供机构使用。苏孝慈认为这是官府和老百姓争利，不是振兴王道所应该做的，他上表请求废罢，建议自大臣王公卿相以下，按职务分配一定的职田，以供使用。他的意见得到了隋文帝的采纳和嘉奖。

44. 以己俸禄救民疾困

公孙景茂，字元蔚，河间阜城人也……

开皇初……迁息州刺史，法令清静，德化大行。时属平陈之役，征人在路，有疾病者，景茂撤减俸禄，为饘粥汤药，分赈济之，赖全活者以千数。上闻而嘉之，诏宣告天下。

……

明年，以疾征，吏人号泣于道。及疾愈，复乞骸骨，又不许，转道州刺史。悉以秩俸买牛犊鸡猪，散惠孤弱不自存者。好单骑巡人，家至户入，阅视百姓产业。有修理者，于都会时乃褒扬称述。如有过恶，随即训导，而不彰也。由是人行义让，有无均通，男子相助耕耘，妇人相从纺绩。大村或数百户，皆如一家之务。

——（唐）魏徵等《隋书·公孙景茂传》

译文：

公孙景茂，字元蔚，河间阜城（今属河北）人……

隋文帝开皇初年，……景茂为息州（治今河南息县）刺史，他行政清平安静，以德行感化，很有成绩。当时正是大军南下灭陈的时期，大批出征的人，有的病倒在路上，景茂撤减自己的俸禄，添置汤粥和药物，分别进行赈济，依赖他的义行而活下来的人，数以千计。隋文帝对此大加赞美，下令通告于全国。

……

开皇十六年（596），七十八岁的景茂带病被征召为伊州（今新疆哈密）刺史，吏员百姓相继在路途哭泣。当他病愈后，又乞求退休，没有被允许，转为道州（湖南道县西）刺史，他把自己的全部官俸，买了牛鸡猪，分给那些孤苦贫弱不能自立生活的人。他喜好一个人外出，去老百姓家了解他们的生产情况，凡是治理很好的，便开会表扬称赞。如发现有过错，随即加以教导，并不对外宣扬。由此德义大行，做到了有无相互往来，男人相助耕作，妇女协助纺纱织布。几百户的大村，好似一家，做出了良好榜样。

45. 牛弘质直

弘①荣宠当世，而车服卑俭，事上尽礼，待下以仁，讷于言而敏于行。上尝令其宣敕，弘至阶下，不能言，退还拜谢，云：“并忘之。”上曰：“传语小辩，故非宰臣任也。”愈称其质直。

——（唐）魏徵等《隋书·牛弘传》

注释：

①弘：即牛弘（545—610），隋朝大臣。字里仁，安定鹑觚（今陕西长武县相公镇）人。性宽厚，好学博闻。袭封临泾公。

译文：

牛弘为皇帝所恩宠，荣耀当世，但是他所坐的车子和所用的服饰都很俭朴。他尽礼侍奉皇帝，以仁爱对待下属，说话迟钝，但行动敏捷。隋文帝曾经让他宣读诏令，牛弘到了殿阶之下，不能说话，退而拜谢，说：“我把诏令都忘了。”隋文帝说：“传达诏令是一种小口才，本来就不是重臣的任务。”越发称赞牛弘的正直。

46. 减轻赋役，崇尚俭朴

苏威，字无畏，京兆武功人也。父绰，魏度支尚书。

……

初，威父在西魏，以国用不足，为征税之法，颇称为重。既而叹曰：“今所为者，正如张弓，非平世法也。后之君子，谁能弛乎？”威闻其言，每以为己任。至是，奏减赋役，务从轻典，上悉从之。渐见亲重，与高颎参掌朝政。威见宫中以银为幔钩，因盛陈节俭之美以谕上，上为之改容，雕饰旧物，悉命除毁。

——（唐）魏徵等《隋书·苏威传》

译文：

苏威，字无畏，京兆武功（今属陕西）人。父亲苏绰，是西魏时的度支尚书。

……

当初，苏威的父亲在西魏，由于国家的财政开支不够用，他制定的征税方案很重。曾经叹着气说：“现在所做的，正如张开着大弓，那不是平日的法规，后继的人，有谁来松弛它呢？”苏威听到了这话，下决心以此为自己的责任。到了隋初，苏威奏请减轻赋役，实施轻赋的法规，为文帝所采纳。由此逐渐受到了文帝的尊重，和高颎一道执掌朝廷大政。苏威看到皇宫中以银作帐幔钩，大谈节约勤俭的美德，文帝听了，为之动容，命令把那些雕刻的装饰物，全部除掉。

47. 清廉爱民

刘旷，不知何许人也。性谨厚，每以诚恕应物。开皇初，为平乡令，单骑之官。人有争讼者，辄丁宁晓以义理，不加绳劾，各自引咎而去。所得俸禄，赈施穷乏。百姓感其德化，更相笃励，曰："有君如此，何得为非！"在职七年，风教大洽，狱中无系囚，争讼绝息，囹圄尽皆生草，庭可张罗。及去官，吏人无少长，号泣于路，将送数百里不绝。迁为临颍令，清名善政，为天下第一。尚书左仆射高颎① 言其状，上② 召之，及引见，劳之曰："天下县令固多矣，卿能独异于众，良足美也！"顾谓侍臣曰："若不殊奖，何以为劝！"于是下优诏，擢拜莒州刺史。

——（唐）魏徵等《隋书·刘旷传》

注释：

①高颎（？—607）：隋朝大臣。一名敏，字昭玄，渤海蓨（今河北景县）人。为相近二十年。②上：隋文帝（541—604），即杨坚。

译文：

刘旷，不知何地人。性情拘谨忠厚，待人接物都很忠诚宽恕。隋文帝开皇初，为平乡（今河北平乡）县令，一个人骑马去上任。有人诉讼时，他反复以义理相告，不轻易判罪，让诉讼人各自负咎离开。他把所得俸禄，赈恤贫困。百姓深为他的教化所感动，互相戒励说："有这么好的地方官，为何还要去做不好的事呢！"他在职七年，风教融洽，狱中没有在押的囚犯，争诉停息了，狱中生出了青草，门庭可以张网罗雀。当他离任时，吏民都哭泣不止，相送几百里作别。

迁为临颍（今河南属）令，清廉有善政，时为全国第一。尚书左仆射高颎介绍了他的政绩，隋文帝召见他，并加慰劳说："全国的县令很多，唯独你有别于众人，真是太好了。"又对侍臣们说："如果不实行特殊奖励，怎么能体现奖励政策呢？"于是发布诏书，擢升刘旷为莒州（今山东莒县）刺史。

48. 竭诚进谏，以为社稷

贞观六年，授左光禄大夫陈叔达①礼部尚书，因谓曰："武德中，公曾进直言于太上皇，明朕有克定大功，不可黜退云。朕本性刚烈，若有抑挫，恐不胜忧愤，以致疾毙之危。今赏公忠謇，有此迁授。"叔达对曰："臣以隋氏父子自相诛戮，以致灭亡，岂容目睹覆车，不改前辙？臣所以竭诚进谏。"太宗曰："朕知公非独为朕一人，实为社稷之计。"

——（唐）吴兢《贞观政要·忠义》

注释：

①陈叔达（573—635）：字子聪，吴兴长城（今浙江长兴）人。南朝陈宣帝之子。贞观初，加光禄大夫，官至礼部尚书。

译文：

贞观六年（632），唐太宗任命左光禄大夫陈叔达为礼部尚书，并对陈叔达说："在武德年间，你曾经向太上皇直谏忠言，明确陈述我有平定内乱的大功，不能处罚废退。我生性刚烈倔强，如果当时真的受到贬退挫折，恐怕经受不住这沉重的忧愁、愤怒的打击，而有郁病致死的危险。我赞赏你正直忠贞，所以今日特地提拔你。"陈叔达回答说："我看到隋朝父子自相残杀而导致国家灭亡，岂能眼睁睁看到大唐内乱，而不防止国家重走隋朝灭亡的老路？这就是我竭尽诚心进谏的原因。"太宗听后大为感动，说："今日我明白你当时进谏并不只是为了我一个人，实质上更是为社稷考虑。"

49. 执著工作，无所私爱

魏左相忠言说论，赞襄万机，诚社稷臣。有日退朝，太宗笑谓侍臣曰："此羊鼻公不知遗何好而能动其情？"侍臣曰："魏徵好嗜醋芹，每食之欣然称快，此见其真态。"明旦，召赐食，有醋芹三盃，公见之欣喜翼然。食未竟而芹已尽。太宗笑曰："卿谓无所好，今朕见之矣。"公拜谢曰："君无为故无所好，臣执作从事，独癖此收敛物。"太宗默而感之。公退，太宗仰睨而三叹之。

——（唐）柳宗元《龙城录·魏徵嗜醋芹》①

注释：

①《龙城录》：又名《河东先生龙城录》。反映初唐至中唐（间及隋代）社会生活的轶事小说集。《魏徵嗜醋芹》是描写明君贤臣的故事。

译文：

侍中魏徵喜欢说真话，讲话很直接，辅佐朝政，是一位肩负国家重任的著名臣僚。有一天，退朝后，唐太宗笑着对身旁的臣子说："这个羊鼻公，我不知该送点什么东西给他，才可以打动他的心。"身旁的臣子说："魏徵喜欢吃醋腌的芹菜，每次吃它时都很高兴，只有在这时，才容易看出他的真情。"

次日，太宗召见魏徵，留他吃饭，桌上摆有三盘醋腌芹菜，魏徵看了，非常高兴。饭还没有吃完，醋芹已经吃光了。太宗笑着说："你自称没有什么嗜好，今天却使我看到了你的秘密。"魏徵拜谢说："君主既是推行无为之治，臣下自然没有什么嗜好，我在处理政事以外，专门嗜好这个可以约束身心的东西。"太宗沉默没有说话，内心很感动。魏徵走出去后，太宗抬头看着他，再三赞叹不已。

50. 娄师德① 宽容大度

狄梁公② 与娄师德同为相，狄公排斥师德非一日。则天问狄公曰："朕大用卿，卿知所自乎？"对曰："臣以文章直道进身，非碌碌因人成事。"则天久之曰："朕比不知卿，卿之遭遇，实师德之力。"因命左右取筐箧，得十许通荐表，以赐梁公。梁公阅之，恐惧引咎，则天不责。出于外曰："吾不意为娄公所涵，而娄公未尝有矜色。"

——（北宋）王谠《唐语林·雅量》[③]

注释：

①娄师德（630—699）：唐代大臣、名将。字宗仁，郑州原武（今河南原阳西南）人。数次出将入相，主管西北边防三十余年，成绩显著。为人以谨慎忍让闻名。②梁公：即狄仁杰（630—700），唐代杰出的政治家。字怀英，唐并州太原（今山西太原西南）人。因封梁国公，故名梁公。历侍御史、度支郎中，以强谏著称。③《唐语林》：八卷。仿《世说新语》体例，分为五十二门。内容多系唐代历史、政治、文学等遗闻轶事，可与新旧《唐书》相参证。

译文：

狄仁杰和娄师德同时做宰相，狄仁杰长期排斥娄师德。有一天，武则天问狄仁杰说："我重用你，你知道这其中的原因吗？"狄仁杰回答说："我通过光明正大的途径做官，并不是无能之辈靠别人的力量做官。"武则天停了很长时间说："我原来并不了解你，你能有今天，实际上是娄师德出的力。"就叫身边的人拿来盛奏章的箱子，找到十多件推荐狄仁杰的奏章，交给狄仁杰。狄仁杰看了以后，十分恐惧地承认自己错了，武则天并未责备他。狄仁杰出来以后说："我没想到娄师德能原谅我，而他从未有骄矜之色。"

51. 狄公荐贤

则天尝问仁杰曰："朕要一好汉任使，有乎？"……对曰："臣料陛下……思得奇才用之，以成天下之务者乎？"则天悦曰："此朕心也。"仁杰曰："荆州长史张柬之[①]，其人虽老，真宰相才也。且久不遇，若用之，必尽节于国家矣。"则天乃召拜洛州司马。他日，又求贤，仁杰曰："臣前言张柬之，犹未用也。"则天曰："已迁之矣。"对曰：

“臣荐之为相，今为洛州司马，非用之也。”又迁为秋官侍郎，后竟召为相。柬之果能兴复中宗，盖仁杰之推荐也。

——（后晋）刘昫等《旧唐书·狄仁杰传》

注释：

①张柬之（625—706）：唐朝大臣。字孟将，襄州襄阳（今湖北襄樊）人。历任监察御史，合州、蜀州刺史，荆州长史，洛州司马，位至宰相。后光复李唐王朝，封汉阳王。

译文：

武则天曾经问狄仁杰说；“我想得到一个好汉任用，有吗？”……狄仁杰答道：“臣料想陛下……是想得到一个奇才任用，以成就治理天下的大业吧。”武则天高兴地说：“这正是我的心愿啊。”狄仁杰说：“荆州长史张柬之，这个人虽然老了，真是做宰相的人才。而且他长期未得重用，如果能加以重用，一定能为国家尽忠效力。”武则天就召见并委任张柬之为洛州司马。后来，又访求贤者，狄仁杰说：“臣以前介绍的张柬之，至今尚未任用。”武则天说：“已经提拔他了。”狄仁杰答道：“臣推荐他做宰相，现在提拔为洛州司马，没有量才委用。”于是又提拔张柬之作了秋官侍郎，后来终于任命为宰相。后来，张柬之果然使唐中宗复位，这都是由于狄仁杰善于举荐人才啊。

52. 私不废公

起拜左司郎中，转司刑少卿。与皇甫文备同按狱，诬有功纵逆党。久之，文备坐事下狱，有功出之，或曰：“彼尝陷君于死，今生之，何也？”对曰：“尔所言者私忿，我所守者公法，不可以私害公。”

——（北宋）欧阳修、宋祁等《新唐书·徐有功①传》

注释：

①徐有功（641—702）：唐朝著名法官、清官。名弘敏，字有功，洛州偃师（今河南偃师东南）人。名儒徐文远孙。

译文：

徐有功被提拔为左司郎中，又调任司刑少卿。曾和皇甫文备一起审理案件，皇甫文备诬告徐有功放纵反叛朝廷的团伙。过了很长时间，皇甫文备因事获罪，被捕入狱，徐有功使他获免出狱。有人问："他曾把你置于死地，你现在反而救他的性命，这是为什么？"徐有功答道："你所说的是个人的私怨，我所坚持的是国家的公法，不应该为了私怨而损害公法。"

53. 为吏当为民除弊

休……寻判主爵员外郎，历迁中书舍人、礼部侍郎，兼知制诰，出为虢州刺史。时虢州以地在两京之间，驾在京及东都，并为近州，常被支税草以纳闲厩。休[①]奏请均配余州，中书令张说驳之曰："若独免虢州，即当移向他郡，牧守欲为私惠，国体固不可依。"又下符不许之。休复将执奏，僚吏曰："更奏必忤执政之意。"休曰："为刺史不能救百姓之弊，何以为政！必以忤上得罪，所甘心也。"竟执奏获免。

——（后晋）刘昫等《旧唐书·韩休传》

注释：

①休：即韩休（673—739），唐朝大臣。京兆长安（今陕西西安）人。工文辞，举贤良。

译文：

韩休……不久被任为主爵员外郎，累迁中书舍人、礼部侍郎，并且担任制诰，后来出为虢州刺史。虢州地处长安和洛阳之间，不论皇帝在长安或是在洛阳，虢州都是近州。为了供给养马，通常要支付很多税草，百姓负担很重，韩休奏请平均分配给其他州郡。中书令张说驳斥说："如果单独免除虢州的税草，就是要转移到别的州郡，地方官是只想为自己取得好处，为了顾全国家大体，切不可以听从。”同时，正式下达公文，不同意韩休的要求。韩休为此准备再上奏，他的属员说：“再奏请，必然要违背上司的意愿。”韩休说：“身为刺史不能解除百姓的痛苦，又怎么能主持政务呢！即便是由此而得罪上司，我也甘心。”由于他坚持奏请，虢州最终免除了单独支付税草的重荷。

54．大度服僚佐

子仪尝奏除州县官一人，不报，僚佐相谓曰：“以令公勋德，奏一属吏而不从，何宰相之不知体！”子仪闻之，谓僚佐曰：“自兵兴以来，方镇武臣多跋扈，凡有所求，朝廷常委曲从之；此无它，乃疑之也。今子仪所奏事，人主以其不可行而置之，是不以武臣相待而亲厚之也；诸君可贺矣，又何怪焉！”闻者皆服。

——（北宋）司马光《资治通鉴·唐纪四十一》

译文：

郭子仪曾经上奏请求委任一个人为州县官，没有得到批复。同僚属吏相互议论道：“凭着郭令公的功勋德望，报请任命一个下属官吏也不批准，宰相为什么这样不识大体！”郭子仪听到这些议论后，对他们说：“自从安史之乱发生，国家用兵以来，各地方藩镇武将大多专横跋扈，所有要求，即使是无理要求，朝廷常常是不得不委曲照办；这没有别的原因，是因为担心他们出事。现在我上奏的事情，皇上认为不可行而搁置起来，这是不以对待藩镇武臣的方式待我，是特别亲厚我，各位应当祝贺我，又有什么可奇怪的呢！”听到的人都很佩服郭子仪的胸襟气度。

55．三辞宠赐

赐女乐二人，三表辞让。及中使押犊车至第，茂昭[①]立谓中使曰："女乐出自禁中，非臣下所宜目睹。昔汾阳、咸宁、西平、北平尝受此赐，不让为宜。茂昭无四贤之功，述职入觐，人臣常礼，奈何当此宠赐？后有立功之臣，陛下何以加赏？"顺宗闻之，深加礼异，允其所让。

——（后晋）刘昫等《旧唐书·张茂昭传》

注释：

①茂昭：即张茂昭（762—811），唐代将领。本名升云，字丰明；唐京兆万年（今陕西西安）人。张孝忠之子，以父荫入仕。贞元七年（791）父卒，拜定州刺史、充节度观察留后，旋拜义武军节度使，极受宠遇。

译文：

唐顺宗把女乐二人赏赐给张茂昭，茂昭三次上表推辞。当朝廷派人押送牛车来到茂昭家门前，他站在门口对使者说："女乐出自皇宫，不是臣下所应看的。过去，郭子仪等四位功臣，接受过朝廷所赐女乐，他们没有推辞是可以的。我没有四位贤人那样的功劳，入朝向皇上述职，是一般臣僚的常礼，我怎么能接受这种非常的宠赐呢？如果这么做了，往后的功臣，陛下将何以加赏他们呢？"顺宗对这种行为，十分惊讶，允许了他的辞谢。

56. 公物不入私门

……仿[①]气劲论直，同列忌之。罢知政事，出为广州刺史、岭南节度使。仿性公廉，南海虽富珍奇，月俸之外，不入其门。家人疾病，医工治药，须乌梅，左右于公厨取之，仿知而命还，促买于市。

——（后晋）刘昫等《旧唐书·萧仿传》

注释：

①仿：即萧仿（796—875），唐代大臣。字思道，兰陵（今江苏常州西北）人。官至兵部尚书、同平章事。

译文：

萧仿脾气大，议论事情直爽，同事都忌避他。他被唐懿宗罢免参知朝政的宰相职务后，离开京城，出任广州刺史、岭南节度使。萧仿性格公正、廉洁，南海地区虽然富有奇珍异物，但他除每月的俸禄之外，家里不进这些东西。家里人患病，医生配药，需要乌梅，萧仿左右的人在公家的厨房里拿了乌梅，萧仿知道后立即命令送还，并催促家人到市场上去买。

57. 清除弊政，百姓欢迎

……延光降，高祖授傅拯[①]诸卫将军，出为宁州刺史。境接蕃部，以前弊政滋章，民甚苦之，傅拯自下车，除去弊政数十件，百姓便之。不数月，移刺虢州。离宁州日，衙门聚集数千人，拆桥遮道以留之。及赴虢略，为理清静，蒸民爱戴如宁州焉。

——（北宋）薛居正等《旧五代史·王傅拯传》

注释：

①傅拯：即王傅拯，五代将领。吴江（今江苏吴江）人。治郡革除弊政，清静爱民，颇享令誉。

译文：

后晋天福三年（938），反叛的天雄军节度使范延光投降。晋高祖授予王傅拯为诸卫将军，并任命他担任宁州（治今甘肃宁县）刺史。宁州接近少数族人居住地区，以前在此做官的人，实施的政策有着很多弊端，老百姓极为痛苦。王傅拯到宁州上任以后，除去了以前制定的几十件不好的措施，百姓大为方便。几个月后，他又被任命为虢州刺史。当他离开宁州时，衙门前聚有几千人，大家拆去桥梁、遮蔽道路，设法挽留他。他到虢州以后，行政仍然清平安静，百姓爱戴他有如在宁州时一样。

58. 不敢相与

太祖[①]事世宗[②]于澶州，曹彬为世宗亲吏，掌茶酒。太祖尝从之求酒，彬曰："此官酒，不敢相与。"自沽酒以饮太祖。及即位，语群臣曰："世宗旧吏，不欺其主者，独曹彬耳。"由是委以腹心。

——（南宋）赵善璙[3]《自警编·诚实》[4]

注释：

①太祖：即赵匡胤（927—976），北宋开国皇帝。②世宗：即柴荣（921—959），又称柴世宗。后周皇帝，954—959 年在位。③赵善璙：字德纯，歙县（今属安徽）人。太宗七世孙。官至中奉大夫。④《自警编》：宋赵善璙撰，九卷。其书乃编次宋代名臣大儒嘉言懿行之可为法则者。

译文：

赵匡胤在澶州臣事后周世宗的时候，曹彬是周世宗身边的近臣，掌管茶酒。赵匡胤曾经向曹彬要酒喝，曹彬说："这是官酒，不敢给你。"于是自己掏钱买了酒请赵匡胤喝。后来赵匡胤做了皇帝，对群臣说："世宗的旧吏，不欺蒙他的主子的，只有曹彬一个人。"因此赵匡胤便把曹彬当成自己的心腹。

59. 但见血山

王[1]尝作假山，所费甚广。既成，召僚属，置酒共观之，众皆叹美，坦独俯首不视。王强使视之，坦曰："但见血山耳，安得假山！"王惊问其故，对曰："坦在田舍时，见州县督税，里胥临门，捕人父子兄弟，送县鞭笞，血流满身。此假山皆民税赋所为，非血山而何？"

——（清）毕沅《续资治通鉴·宋纪十七》

注释：

①王：即益王赵元杰（972—1003），北宋藏书家。宋太宗第五子。字明哲，初名德和，太平兴国八年（983）改今名，授检校太保、同平章事，

封益王。

译文：

有一次，益王派人垒假山，花费的钱财很多。假山垒成之后，益王召集部属，摆下酒宴一道观赏假山。大家都极力赞叹假山（真是太）美（了）。唯独姚坦一人低头不看。益王强令他看，他说："我只看见血山，哪里来的假山！"益王惊讶地问他这话是什么意思。他答道："我在农村时，看见州官、县吏派人催交赋税，乡间差吏上门勒索，捉拿人家的父子兄弟，押送县衙鞭打，打得全身是血。这座假山都是用老百姓交纳的赋税垒成的，这不是血山又是什么呢？"

60. 寇凖与王旦①

凖为枢密使，中书有事关送枢密院，违诏格，凖即以闻。帝谓旦曰；"中书行事如此，施之四方，奚所取则！"旦拜谢曰："此实臣等过也。"中书吏皆坐罚。既而枢密院有事送中书，亦违诏格，吏得之，欣然呈旦，旦令送还枢密院。吏白凖，凖大惭。

旦每见帝，必称凖才，而凖数短之。帝谓旦曰："卿虽谈其美，彼专道卿恶。"旦谢曰："臣在相位久，阙失必多，凖对陛下无所隐，此臣所以重凖也！"帝由是愈贤旦。

及凖自知当罢，使人求为使相，旦大惊曰："使相岂可求邪？"凖憾之。既而帝问旦："凖当何官？"旦曰："凖未三十，已蒙先帝擢置二府，且有才望，若与使相，令处方面，其风采亦足为朝廷之光。"及制出，凖入见，泣涕曰："非陛下知臣，何以至是？"帝具道所以，凖始愧叹，语人曰："王子明器识，非凖所测也！"

——（清）毕沅《续资治通鉴·宋纪三十二》

注释：

①王旦（957—1017）：北宋名相。字子明，莘县（今属山东）人。为相十余年，知人善任，重用贤能之士。

译文：

寇準任枢密使时，中书省有事备关文送请枢密院签署意见。不料，公文违反了皇上规定的格式。寇準立即将这件事报告了宋真宗。宋真宗对王旦说："你们中书省这样办事，如果把文件发到各地，哪里还有什么可遵循的准则呢！"王旦拜揖谢罪道："这确确实实是我们这些臣子的过错。"因为这件事，中书省的官吏都受了处分。不久，枢密院有事关送中书省。那公文也违反了皇上规定的格式。中书省官吏拿到了这份公文，高高兴兴地送给王旦看。王旦却让官吏把它送还枢密院。枢密院官吏把这件事告诉了寇準，寇準感到十分惭愧。

王旦每次朝见宋真宗，总是称道寇準的才能，而寇準却多次贬低王旦。宋真宗对王旦说："虽然你多次谈到寇準的长处，但他却专门说你的坏话。"王旦谢罪道："我担任宰相这个职务太久了，缺点、过失必然很多。寇準对陛下毫无隐瞒之处，这就是我看重寇準的原因啊！"从此，宋真宗更加认为王旦贤明。

等到寇準自己知道将会被罢官时，便托人请求改任封疆大臣。王旦知道后大吃一惊说："封疆大臣这个官职难道可以由自己去求取吗？"寇準对此十分恼恨。不久宋真宗问王旦："寇準可以当个什么官？"王旦说："寇準年纪未满三十岁时，就已经承蒙先帝提拔主持过枢密院、中书省二府，又加上他有才华、有威望，如果给他一个封疆大臣之职，让他独当一面，他的风度、神采完全可以为朝廷增光。"后来，皇帝的任命下来了，寇準上朝拜见皇上，哭泣道："如果不是陛下了解我，我怎么能有今天？"宋真宗把这件事的原委都详详细细地告诉了寇準。寇準才深深地感到惭愧，并对王旦赞叹不已。他逢人便说："王子明度量之大和见识之高，都不是我寇準所能想象到的啊！"

61. 用人不以次

準在相位，用人不以次，同列颇不悦。它日，又除官，同列因吏持例簿以进。準曰："宰相所以进贤退不肖也，若用例，一吏职尔。"

——（元）脱脱等《宋史·寇準传》

译文：

寇準做丞相时，用人不论资排辈，同僚们对此很不满意。一天，又要提拔任用官员，同僚们让一个小吏拿着登记官员的册子送给寇準。寇準说："宰相的职责是用来选拔德才兼备的贤士，淘汰不称职的庸才的。如果按簿子排列的名次确定任免，宰相的职责便如同一个照章办事的小吏了。"

62. 范仲淹不治第

守杭之日，子弟知其有退志，乘间清治第洛阳，树园圃，为逸老地。仲淹曰："人苟有道义之乐，形骸可外，况居室乎！吾今年逾六十，生且无几，乃谋治第树园圃，顾何待而居乎！吾所患在位高而艰退，不患退而无居也。且西都士大夫园林相望，为主人者莫得常游，而谁独障吾游者？岂必有诸己而后为乐邪？"

——（清）毕沅《续资治通鉴·宋纪五十二》

译文：

在他（范仲淹）镇守杭州时，他的子弟知道他有了退休的打算，便乘机请求他在洛阳修建住宅，营造园林花圃，作为安度晚年的地方。范仲淹却说："一个人假如有了道德和仁义方面的乐趣，即使是肉体也可以看作身外之物，更何况是住宅呢！我现在年纪已过六十，活在世上的日子不多了，竟然打算去修建住宅，营造园林花圃，试问这将给谁去享受呢！我所担忧的是我地位太高，想要退休不容易，而不是退休之后没有房子住。况且西都士大夫的园林到处都是，即使是园林的主人都不常常去游赏，那又有谁会偏偏阻止我去那儿呢？难道一定要自己有了这些东西才算是快乐吗？"

63. 朝廷赏赐，全部封还

杜祁公[①]为人清约，平生非宾客不食羊肉。时朝多恩赐，请求无不从。祁公尤抑幸，所请即封还。其有私谒，上必曰："朕无不可，但这白须老子不肯。"

——（北宋）孙升[②]《孙公谈圃》[③]卷上

注释：

①杜祁公：即杜衍（978—1057），北宋大臣。字世昌，越州山阴（今浙江绍兴市）人。宋仁宗朝宰相，封祁国公，所以又叫杜祁公。②孙升（1038—1099）：北宋诗人。字君孚，高邮（公属江苏）人。③《孙公谈圃》：宋代笔记，三卷。为宋刘延世笔录所闻于孙升之语。其中多记宋元祐年间朝廷时事，多与作者亲身经历相关。关于王安石、司马光、苏轼等人言行出处的记载，具有一定的参考价值。

译文：

杜衍为人清廉，生活俭朴，平生不宴请宾客就不吃羊肉。当时朝廷经常恩赐臣下，倘大臣有所请求，仁宗全都批准。杜衍与众不同，特别拒绝一切非分所得，仁宗恩赐给他的财物，他都如数归还。凡有人私下请求宋仁宗恩赐的，仁宗一定说："我没有什么不可以的，只是那白胡子老头不答应。"

64. 不私拿一块砚台

（包拯）徙知端州，迁殿中丞。端土产砚，前守缘贡，率取数十倍以遗权贵。拯命制者才足贡数，岁满不持一砚归。

——（元）脱脱等《宋史·包拯传》

译文：

包拯授官端州知州，又调入朝中当殿中丞。端州（今广东肇庆）盛产砚台，前任知州利用征收上送朝廷贡砚的机会，往往征收比贡品多几十倍的砚台，私自赠送朝廷权贵大臣。包拯与前任不同，命令石匠按贡品需要数量生产，不许额外制造，他自己始终不私拿一块砚台回家。

65. 欧阳修为政宽俭，奖引后进

修①天资刚劲，见义勇为，放逐至于再三，志气自若。治郡简而不扰，所至民便之。或问："为政宽简而事不弛废，何也？"曰："以纵为宽，以略为简，则政事弛废而民受其弊。吾所谓宽者，不为苛急；简者，不为繁碎耳。"奖引后进，如恐不及。曾巩、王安石、苏洵、洵之子轼、辙，布衣屏处，未为人知，修即游其声誉，谓必显于世。

——（清）毕沅《续资治通鉴·宋纪六十九》

注释：

①修：即欧阳修（1007—1073），北宋文学家、史学家。

译文：

欧阳修天生一种刚毅强劲的性格，见有符合正义的事情就勇敢地去做，即便是被放逐了好几次，意志气概还是跟平常时一样。他治理地方政策宽简而不纷扰，所到之处都使人民感到方便。有人问他道："治理地方的政策宽简而事情不至于松懈和荒废，是什么道理呢？"欧阳修回答说："把纵容当做宽松，把省略当做简易，那么政事就要松弛荒废，人民就要忍受它的害处。我所说的宽松，是指不被苛刻所窘迫，不被杂务陷进琐事。"他奖励引进后生之辈，好像害怕做不周全似的。曾巩、王安石、苏洵、苏洵的儿子苏轼、苏辙，做官前隐居，不被人了解，欧阳修就宣传扩大他们的名誉，指出他们将来一定会在世上扬名。

66. 主廉仆贤

司马公置独乐园。当春明之际，卉木繁秀，观者咸以钱与园丁吕直，谓之“茶汤钱”。积十千而纳于公。公却之曰：“吾岂少此哉？”就与之。直曰：“天地间只端明[1]不爱钱邪？”于是尽其钱创一井亭，以便行客。

——（元）陈世隆《北轩笔记》[2]

注释：

①端明：司马光（1019—1086）为永兴军宣抚使时，朝廷加以“端明殿学士”的荣誉职名。②《北轩笔记》：一卷。笔记小说集。内容主要记述宋代遗闻轶事。

译文：

北宋司马光设置独乐园，正当春光明媚的时候，花卉树木繁荣秀美，参观的人都拿钱给园丁吕直，称为“茶汤钱”。吕直累积到十千钱就上交给司马光，司马光推辞说：“我难道缺少这些钱吗？”就把钱退还给他。吕直说：“天地之间只有端明殿学士您不爱钱吗？”于是他用所有的钱建立了一座有水井的凉亭，以方便过往的游客。

67. 范纯仁[1]得之忠恕二字

纯仁性宽简，不以声色加人，义之所在，则挺不少屈。自为布衣至宰相，廉俭如一，所得奉赐，皆以广义庄，前后任子恩，多先疏族。尝言：“吾平生所学，得之忠恕二字，一生用不尽，以至立朝事君，接待僚友，亲睦宗族，未尝须臾离此也。”每戒子弟曰：“人虽至愚，责人则明；虽有聪明，恕己则昏。苟能以责人之心责己，恕己之心恕人，不患不到圣贤地位也。”亲族有请教者，纯仁曰：“唯俭可以助廉，唯恕可以成德。”其人书之坐隅。

——（清）毕沅《续资治通鉴·宋纪八十七》

注释：

①范纯仁（1027—1101）：北宋大臣，人称“布衣宰相”。字尧夫，宋苏州吴县（今江苏苏州）人。范仲淹之子。

译文：

范纯仁性情宽厚朴实，不以疾言厉色强加于人，节义的存在，坚强得没有一点屈服的样子。从贫民身份到当宰相，清廉节俭的作风始终如一，所得的俸禄和赏赐，都用来扩大义庄，前前后后的任子之恩，多数情况是首先推给较远的宗族。他曾说道：“我一生所学，都从忠恕二字上得来，一生使用不尽，以至于站在朝堂侍奉君主，接待同僚朋友，亲近宗族，从来没有一刻离开过这两个字。”他常常告诫子弟们说：“有的人虽然很愚蠢，但是责备别人却很明白；虽然有聪明的头脑，但是却糊里糊涂地宽恕了自己。如果能用责备别人的心理责备自己，用宽恕自己的心理宽恕别人，不怕达不到圣贤的境界。”亲族中有向他请教的人，范纯仁对他说：“只有节俭能够增长清廉，只有宽恕能够养成德行。”这个亲族的人将他的这句话写在自己的座边。

68. 清苦厉节

元振清苦厉节，亲属多贫，不能赡养，闻岭南物贱，因求其官，寄家潭州，尽留俸禄供给。元振啜菽饮水，缝纸为衣。为政简易，民甚便之。

——（清）毕沅《续资治通鉴·宋纪十五》

译文：

白州太守蒋元振生活清苦，厉行节约。亲戚大多贫寒，他也无力赡养。听说广东一带物价低廉，他于是向上级请求去那里做官，他把家小安置在潭州，并把俸禄全部留给家用。他自己吃豆子、喝白开水，还裁纸做衣。他处理政务十分简易，老百姓对此感到十分高兴。

69. 王质[①] 送行

初，范文正公贬饶州，朝廷方治朋党，士大夫莫敢往别，王待制质独扶病饯于国门。大臣责之曰："君，长者，何自陷朋党？"王曰："范公天下贤者，顾质何敢望之。若得为其党人，公之赐质厚矣。"闻者为之缩头。

——（南宋）赵善璙《自警编·定力》

注释：

①王质（1001—1045）：北宋大臣。字子野，大名莘（今山东省莘县）人。宋仁宗时官至天章阁待制。

译文：

当初，范仲淹被降职到饶州，朝廷当时正在追查朋党，士大夫都不敢去送别，只有王质独自带病到京郊设宴送别范仲淹。大臣责备王质说："您是德高忠厚的人，为何要自找麻烦，陷身于朋党的圈子里去呢？"王质说："范公是天下的贤人，像我王质这样的人怎敢高攀他。如果真正能够成为他的同党，那是您太看得起我了。"听王质说这话的人都吓得缩头不敢做声。

70. 宁愿一人死而活万民

窦卞字彦法，曹州冤句人。

……

出知深州。熙宁初，河决滹沱，水及郡城，地大震。流民自恩、冀来，踵相接，卞发常平粟食之。吏白擅发且获罪，卞曰："俟请而得报，民死矣。吾宁以一身活数万人。"寻以请，诏许之。

——（元）脱脱等《宋史·窦卞传》

译文：

窦卞，字彦法，宋朝曹州冤句（今山东曹县西北）人。

……

窦卞到深州（今河北深县南）做官。神宗熙宁初，黄河决口，滹沱河水泛溢，大水到达郡城，河朔等地地震。当时，恩州（今河北清河东）、冀州（今河北冀县）流民相继成批地来到深州，窦卞发常平仓粮食供流民吃。吏员说，擅自发仓粮是要犯罪的。卞说："等候报请以开仓，百姓都饿死了，我宁可以一人的性命而活数万人。"不久，具报申请，诏令同意了。

71. 百姓断桥留清官

改除吏部侍郎，力辞，出知饶州。饶并湖，盗出没其间，闻十朋[①]至，一夕遁去。丞相洪适[②]请故学基益其圃，十朋曰："先圣所居，十朋何敢予人。"移知夔州，饶民走诸司乞留不得，至断其桥，乃以车从间道去，众葺断桥，以"王公"名之。

——（元）脱脱等《宋史·王十朋传》

注释：

①十朋：即王十朋（1112—1171），南宋著名政治家、诗人。字龟龄，乐清（今属浙江）人。以名节闻名于世，刚正不阿。②洪适（1117—1184）：南宋金石学家、诗人、词人。字景伯，号盘洲，饶州鄱阳（今江西波阳）人。南宋孝宗时官至尚书右仆射、同中书门下平章事兼枢密使，封魏国公。

译文：

（南宋孝宗时，王十朋）改授吏部侍郎，他极力推辞，便任命到饶州（今江西鄱阳）去做官，饶州与鄱阳湖相连，强盗常出入其中，他们听说王十朋来做官，一个晚上都逃跑了。丞相洪适请求把旧学宫的地基用来扩大他本人在饶州的园圃，王十朋说："先圣孔子所在的学宫，我没有权力给予别人。"随后，十朋被调去夔州（今四川奉节）任知州，饶州百姓纷纷到有关部门，请求留下王十朋，但没有得到同意，他们便设法把过路的桥毁坏，王十朋只好驱车从小路离去。老百姓修理好断了的桥，取名为"王公桥"。

72. 不以私害公

浩[①]喜荐人才，尝拟陈之茂进职与郡，上知之茂尝毁浩，曰："卿岂以德报怨耶？"浩曰："臣不知有怨，若以为怨而以德报之，是有心也。"

莫济状王十朋行事，诋浩尤甚，浩荐济掌内制，上曰："济非议卿者乎？"浩曰："臣不敢以私害公。"遂除中书舍人兼直学士院，待之如初。

——（清）毕沅《续资治通鉴·宋纪一百五十三》

注释：

①浩：即史浩（1106—1194），南宋政治家、诗人、词人。字直翁，明州鄞县（今浙江宁波）人。为政宽厚，曾为岳飞等申冤，深得民心。

译文：

史浩喜好推荐人才，曾打算推荐陈之茂加官为郡守，宋孝宗知道陈之茂曾诋毁过史浩，便对他说："你这样做是想以德报怨吗？"史浩答道："我不知道他怨恨我。假如知道他怨恨我而故意以恩德来报答他，这就是有私心了。"

莫济在陈述王十朋办事的状文中，诋毁史浩尤其厉害。史浩却推荐莫济去掌管皇帝的文书。宋孝宗对他说："莫济不是私下议论过你吗？"史浩说："我不敢因为私事妨害公事。"于是皇上下令委任莫济为中书舍人兼直学士院，而史浩仍然像原来一样对待莫济。

73. 洞悉民困

宝祐间，马光祖[①]尹临安，不畏贵戚豪强，庭无留讼。福王府讼民不入赁屋钱，民云屋漏。光祖判云："晴则鸡卵鸭卵，雨则盆满钵满；福王若要屋钱，直待光祖任满。"

——（明）田汝成《西湖游览志余》[②]卷二十五

注释：

①马光祖（约1201—1270）：南宋度宗时参知政事。字华父，婺州金华（今属浙江）人。练兵理财，威惠并行，百废无不修举，可谓能臣。②《西湖游览志余》：明田汝成撰，二十六卷，是《西湖游览志》的姊妹篇。书中以记载西湖掌故逸事为主，记述了自古以来在西湖留下踪迹的帝王将相、忠臣义士、骚人墨客、高僧名妓的故事、轶闻和题咏，还记载了以西湖为背景的花鸟鱼虫、风土人情的传说。

译文：

南宋后期，浙江金华人马光祖为临安府尹，从不畏惧皇亲贵族和地方豪强，他的公庭没有积压诉讼的案件。皇室福王府状告百姓没有交纳租房钱，老百姓回答是房子漏雨，光祖为此判决，判词说："晴天房顶严重渗漏，雨天则是盆满钵满；福王若要房钱，直待光祖任满。"

74. 以己俸创长桥

十五年，出为武定军节度使。境内亢旱，苗稼将槁。视事之夕，雨泽沾足。百姓歌曰："何以苏我？上天降雨。谁其抚我？杨公[①]为主。"漯阳水失故道，岁为民害，乃以己俸创长桥，人不病涉。及被召，郡民攀辕泣送。上[②]御清凉殿宴劳之，即日除吏部尚书，兼门下侍郎、同中书门下平章事。上曰："卿今日何减吕望之遇文王！"佶对曰："吕望比臣遭际有十年之晚。"上悦。其居相位，以进贤为己任，事总大纲，责成百司，人人乐为之用。

——（元）脱脱等《辽史·杨佶传》

注释：

①杨公：即杨佶，字正叔，南京（今北京）人。居相位，以进贤为己

任。②上：辽兴宗，即耶律宗真（1016—1055）。公元1031—1055年在位。字夷不董，契丹名只骨。

译文：

辽兴宗重熙十五年（1046），杨佶出任武定军节度使，当时境内大旱，庄稼都将枯死。就在他就职办公的那天晚上，大雨把土地滋润充足。老百姓唱道："我们怎样才能复苏？靠老天下雨。谁来抚慰、关心我们？靠杨公来做主。"滦阳河水泛滥不走故道，年年成为百姓的灾害，他就用自己的俸禄建了一座长桥，人们再也不受淌河之苦了。等到他被朝廷召见时，郡中百姓攀着车辕哭着为他送行。辽兴宗在清凉殿设宴慰劳他，当天就升任他为吏部尚书兼任门下侍郎、同中书门下平章事。皇帝说："你今天的境遇哪里次于（当年）姜子牙遇到周文王啊！"杨佶回答说："姜子牙受到（君王的）信任和重用比我晚十年。"皇帝听后很高兴。他任宰相时，以举荐贤才为己任，凡事只掌握大的原则，具体事责成各个部门去办，所以，人人都愿为他所用。

75. 为官清廉不患贼

（胡砺）改同知深州军州事，加朝奉大夫……州管五县，例置弓手百余，少者犹六七十人，岁征民钱五千余万为顾值。其人皆市井无赖，以迹盗为名，所至扰民。砺知其弊，悉罢去。继而有飞语曰："某日贼发，将杀通守。"或请为备，砺曰："盗所利者财耳，吾贫如此，何备为？"是夕，令公署撤关，竟亦无事。

——（元）脱脱等《金史·胡砺传》

译文：

（金熙宗时，磁州武安人胡砺，）改任同知深州军州事，兼朝奉大夫……深州统管五县，依当时惯例，这样的州要置弓手百余人，少的也有六七十人，每年向百姓征收五千多万钱作为雇佣开支。雇佣人员都是市井无赖，以捕贼盗为名，到处骚扰百姓。胡砺深知这一弊端，将它全部罢去。不久，流言说："某日盗贼要来杀死通守。"有人请求加强戒备，胡砺说："盗贼只是贪图钱财，我贫困到这般地步，何必要防备呢？"当天夜里，让官署里撤销戒备，竟也平安无事。

76. 依理解救百姓

河朔民十有一人为游骑所迫①，泅河而南，有司论罪当死，云翼②曰："法所重私渡者，防奸伪也。今平民为兵所迫，奔入于河，为逭死之计耳。今使不死于敌而死于法，后惟从敌而已。"宣宗③悟，尽释之。

——（元）脱脱等《金史·杨云翼传》

注释：

①金宣宗时，蒙古势力强盛，贞祐二年（1214），被迫迁都汴京。②云翼：即杨云翼（1170—1228），金代文学家。字之美，平定乐平（今山西昔阳）人。历任翰林侍讲学士兼修国史、知集贤院事、翰林学士、礼部尚书。③宣宗：即金宣宗完颜珣（1163—1223）。1213—1224年在位。

译文：

这时，有十一名北方人为蒙古骑兵追逐，泅水渡过黄河，到达河南。有关部门要按军防令论罪，依法处死这些人。翰林学士、礼部尚书杨云翼说："法律严禁私渡，在于国家防务紧急，用以防止奸伪。现今老百姓因为敌兵逼迫，奔逃入河，这是出于躲避死亡而不得已的办法。现在，这些人不是死于敌人手中，而是要死于国家法令，那以后就只有逼使他们去投敌了。"金宣宗由此得到醒悟，全部释放了这十一个人。

77. 不私交皇太子

初，裕宗即世，世祖欲定皇太子，未知所立，以问阿鲁浑萨理[1]，即以成宗[2]为对，且言成宗仁孝恭俭，宜立，于是大计乃决。成宗及裕宗皇后皆莫之知也。数召阿鲁浑萨理不往，成宗抚军北边，帝遣阿鲁浑萨理奉皇太子宝于成宗，乃一至其邸。及即位，语阿鲁浑萨理曰："朕在潜邸，谁不愿事朕者，惟君虽召不至，今乃知卿真得大臣体。"自是召对不名，赐坐视诸侯王等。

——（明）宋濂等《元史·阿鲁浑萨理传》

注释：

①阿鲁浑萨理：元世祖、成宗时尚书、中书平章政事。成宗即位后，甚受器重。②成宗（1265—1307）：元代皇帝。1294—1307年在位。名铁穆耳，亦作铁木耳，又称完泽笃皇帝，世祖忽必烈孙，真金太子第三子。

译文：

当初，元世祖所立皇太子裕宗死了，决定重新考虑皇太子的人选，尚未确定立谁，便询问大臣阿鲁浑萨理。阿鲁浑萨理推荐裕宗的三子铁木耳，说铁木耳仁德、孝顺、恭敬、勤俭，应该立为皇太子。于是，立皇太子的事就这么决定了。铁木耳以及他的母亲都不知道其内幕。他们多次找阿鲁浑萨理问事，他都找借口不去。至元三十年（1293），铁木耳在北方沿边抚军，世祖派阿鲁浑萨理送去皇太子的印玺，阿鲁浑萨理才去铁木耳的官邸会见。后来，铁木耳即位称帝后，对阿鲁浑萨理说："我在官邸时，谁都愿意接近我，只有你，找你也不来。现在才知道，你是真正懂得如何做大臣的。"从此，召对不呼名，赐给座位和诸侯王相等。

78. 米粟是宝

海商以珍宝来献，议以钞六万锭酬其直。或谓左丞尚文曰："此所谓雅库特珠也，六十万酬之不为过。"文曰："何所用之？"答曰："含之可不渴，熨面可使目有光。"文曰："一人含之，千人不渴，则诚宝也。若一珠止济一人，则用已微矣。吾之所谓宝者，米粟是也，一日不食则饥，三日则疾，七日则死。有则百姓安，无则天下乱，以功用较之，岂不愈于珠哉！”

——（清）毕沅《续资治通鉴·元纪十三》

译文：

海上商人来出售珍宝，商定要用六万锭钱来偿付珍宝的价值。有人对元朝左丞相尚文说：“这就是人们常说的雅库特珠啊，偿付六十万都不算贵。”尚文问道：“它有什么用处呢？”那人答道：“把它含在口里就不渴，用它来烫面可以使眼睛放光。”尚文说：“如果一个人口含珍珠，而千人不渴，那才真正是宝物。如果一颗珍珠只能对一个人有益，那它的用途就太小了。我认为所谓宝贝还是米粟。一天不吃就饥饿，三天不吃就生病，七天不吃就会死人。有了米粟百姓就安定，没有米粟天下就大乱。从功用方面来比较，米粟难道不胜过珍珠吗？”

79. 不受拜谒

廷祐初，设进士科，遂以礼部侍郎知贡举，进士诣谒，皆不纳，但使人戒之曰：“诸君子但思报效，奚劳谢为！”

——（明）宋濂等《元史·张养浩传》

译文：

廷祐初年，设立进士科取士，张养浩于是以礼部侍郎主持科举考试，录取后进士来拜见，张养浩都不接纳，只使人告诫进士说：“诸位君子只要思考为国家尽力，为什么要慰问感谢我呢！”

80. 关心将士生活

三年，从北巡。帝① 取原吉② 橐糗尝之，笑曰：“何恶也?”对曰:“军中犹有馁者。”帝命赐以大官之馔,且犒将士。从阅武兔儿山,帝怒诸将慢,褫其衣。原吉曰:“将帅,国爪牙,奈何冻而毙之?”

——(清)张廷玉等《明史·夏原吉传》

注释:

①帝:明宣宗,即朱瞻基(1398—1435)。明代第五位皇帝,1425—1435年在位。②原吉:即夏原吉(1367—1430),明初重臣。字维喆,湖广湘阴(今属湖南)人,原籍江西德兴。主持户部二十余年,国用虽繁而支应无误。

译文:

明宣宗宣德三年(1428),夏原吉跟随皇上去北方边境巡视。明宣宗从原吉所带干粮中拿了一点尝尝,笑着说:“怎么这样不好吃?”原吉回答说:“兵士中还有挨饿的呢。”宣宗便令将御用的饮食赏赐一些,并用以犒赏将士。原吉跟随明宣宗在兔儿山检阅了武装,皇帝责怪诸将行动怠慢,剥去了他们的衣服。原吉说:“将帅是国家的重要助手,怎么能让他们挨冻以至于死呢!”

81. 贪污如白袍点墨

山云[①]出镇广西。广西总帅府一郑牢者,老隶也,性鲠直敢言,公进之曰:“世谓为将者不计贪,矧广西素尚货利,我亦可贪否?”牢曰:“公初到,如一新洁白袍,有一沾污,如白袍点墨,终不可湔也。”公又曰:“人云土夷馈送,苟不纳之,彼必疑且忿,奈何?”牢言:“居官黩货,则朝廷有重法,乃不畏朝廷,反畏蛮子邪?”公亦笑纳之。公镇广西逾十年,廉操始终不渝。

——(明)何良俊《四友斋丛说》[②]卷三十八

注释：

①山云（？—1438）：明代著名将领。徐（古县名，在今江苏泗洪南）人。②《四友斋丛说》：明何良俊撰，三十八卷。内容广泛，除诗文词曲部分外，包括许多明代史料和苏、松一带的地方掌故，并及各类专门性论断。

译文：

山云任总兵官出镇广西。帅府中有老吏郑牢，性情耿直，敢讲真话。山云对郑牢说："人们认为做将官的人，并不计较贪或是不贪，何况广西地区素来崇尚贿赂，我是否也可以贪一点？"牢回答说："您初到广西，如一领洁白新袍，有了污点，就像白袍着墨，永远也洗不掉。"山云又说："人们还说，当地土著夷人所送礼物，如果不收受，他们便会疑惑而且愤怒，怎么办呢？"牢回答说："做官的人受贿，朝廷立有重法，您怎么不怕朝廷的重法，反而怕土蛮人呢？"山云笑着采纳了郑牢的意见。他在广西镇守十多年，廉洁的操守始终没有改变。

82. 两袖清风

当入朝议事，人谓："即不橐金往，宁无一二土物足以充内交际耶？"谦笑而举其袖曰："吾惟有清风而已，且交际之物几何，而闾阎短长可畏也。"

——（明）李贽《续藏书·太傅于忠肃公谦》①

注释：

①《续藏书》：明李贽著。为《藏书》续集，共二十七卷。系评述明代历史人物之作。取材于明代人物传记和文集，录明神宗以前各类人物约四百名。

译文：

（浙江钱塘（今杭州）人于谦，任山西、河南巡抚，）他回朝廷议论政事，人们都说："即使不带上黄金，难道没有一两种当地的土特产，用以去结纳朝中权贵的吗？"于谦举起衣袖说："我只有清风。不管用于交际的物品有多少，只有民间的评论，才是真正可怕的啊！"

83. 革除陈规，百姓受惠

武进赵恭毅公申乔[①]，起家牧令，刻苦自厉，清不近名。当开藩浙江时，尝谓欲令州县无亏帑，当先革除藩司陋规，故有之钱粮加平、时节馈送、兵饷挂发、奏销部贵诸款，一切禁绝。僚属凛凛奉法律。及由浙抚调湖南，禁州县额外加派，裁软抬硬驼、公费脚价诸名色。时苦盐贵，乃谕商人尽革诸衙门陋规，自巡抚始，司道以下视之，毋得更高价累民。旋入长台垣，因万寿恩诏，请免官地民房新旧租税。奉使陕西，请蠲潼卫、大同府本年应征米豆草束，皆报可。

——徐珂《清稗类钞·廉俭类》[②]

注释：

①申乔：即赵申乔（1644—1720），字慎旃、松伍，清江南武进（今属江苏）人。官至户部尚书。为官清廉，以正直称于时。谥“恭毅”。②《清稗类钞》：徐珂著。全书共分九十二类，一万余条。汇辑了有关清朝的野史笔记及当时新闻报刊上的朝野逸闻而成，内容涉及政治、经济、学术、文化等各方面，是一部资料汇编。

译文：

武进人赵申乔从知县起家，他刻苦自厉，清廉而不求名。在任浙江巡抚时，曾经说过，想要州县财政无亏空，首先要革除地方的各种陈规陋习，所以，他下令禁绝钱粮加平、时节馈送、兵饷挂发、奏销部贵等名目，他的手下吏员们都很小心谨慎地遵守法律。当他由浙江调至湖南任官时，又下令禁止州县额外加派，裁撤软抬硬驼、公费脚价等等名色。当时，湖南盐价高，他便指示商人们，尽力革除各个衙门的陋规，自巡抚一级开始，司道级以下准此办理，都不许以高价伤害百姓。不久，他调进京师任职，利用朝廷颁布惠民诏书机会，请求免除官地民房的新旧租税。他出使陕西时，又请求免去潼卫、大同府当年应征的米豆和草束，都得到了朝廷的同意。

84. 为百姓而哭谏

世倌[①]治宋五子之学，廉俭纯笃。入对及民间水旱疾苦，必反复具陈，或继以泣。上辄霁颜听之，曰："陈世倌又来为百姓哭矣！"虽中被遣诃，终亮其端谨。其后南巡，犹遣官祭其墓云。

——赵尔巽等《清史稿·陈世倌传》

注释：

①世倌：即陈世倌（1680—1758），字秉之，浙江海宁人，陈诜之子。康熙朝进士。历官山东巡抚、工部尚书、文渊阁大学士。

译文：

陈世倌爱好研究宋代五子的学说，为人清廉节俭，纯朴诚实。每当入朝问对，谈到民间的水旱疾苦时，他都要反复陈述，甚至还会为此痛哭流涕。皇帝常常要开颜倾听，并且说："陈世倌又是来为老百姓哭了！"他的谈话，有时被中途制止，还是表现出了他的端正严谨。他死后，皇帝南巡时，还派遣官吏去祭扫他的坟墓。

85. 开仓济民

调潍县，岁荒，人相食。燮[①]开仓赈贷，或阻之，燮曰："此何时？俟辗转申报，民无孑遗矣。有谴，我任之。"发谷若干石，令县民领券借给，活万余人。上宪嘉其能。秋又歉，捐廉代输。去之日，悉取券焚之。潍人戴德，为立祠。

——《郑板桥集》附录引《兴化县志》

注释：

①燮：即郑板桥（1693—1765），清代诗人、画家、书法家。名燮，字克柔，号板桥，江苏兴化县人。工诗词，善书画，时人以诗书画“三绝”称之。②《郑板桥集》：清郑燮撰。五辑，成书于乾隆年间。分家书、诗钞、词钞、小唱、题画五个部分。

译文：

清乾隆时，郑板桥调到山东潍县工作，遇上荒年，出现了人吃人的惨状。郑板桥开仓赈济，受到了别人的阻挠。郑板桥说：“这是什么时候了？等待辗转上报，老百姓就不剩一个了。如果上边责备，由我承担。”他于是开仓出谷，要县民们凭券来借，救活了一万多人。上司表彰他的做法。当年秋天，粮食又歉收。他又采取捐资养廉方式进行代输。他离职时，把民间的借券全部烧了，潍县百姓感恩戴德，为郑板桥立祠纪念。

86. 保护民众

袁名枚，浙江钱塘人，世称“随园先生”。乾隆四年成进士……发江南为知县，尝言：“为守令者，当严束家奴吏役，使官民无壅隔，则百弊自除。”令江宁时，有贾人贩布江行，触战船，溺一兵死。众兵缚控舟子，兼及客。公廉知过失杀无罪。累客，必倾资。乃令乘舟张帆作触舟状，纵之去。以埋葬钱发兵完案。闻者叹赏。

——易宗夔《新世说·政事》[①]

注释：

①《新世说》：易宗夔撰，八卷。记事上起清初，下至近代。材料收集繁富，又对涉及的人名附以小传于本条之后，考人物行迹比较详备，有一定史料参考价值。

译文：

袁枚，浙江钱塘人，人称“随园先生”。清朝乾隆四年（1739）进士……当被派去江南地区作县令时，他曾经说："做县令的人，必须严格约束好家奴和吏役。如果官吏和百姓之间不存在隔阂，那么，各种弊病就会自动消除了。"他在担任江苏江宁县令时，有个商人作贩布生意，在江中航行，撞上了战船，淹死了一名士兵。士兵们绑了船夫和商客来县控告。袁枚查明，这只是过失，并没有罪。如果牵连到客商，那就要倾家破产。于是，他让这些人乘船，扬起风帆，作出撞击兵船的模样，然后把他们放走了。再拿出一些钱作为安葬费给士兵，案件正式结束。听说了这件事的人对这么处理都很欣赏。

87. 踏访实情，为民请命

江西、闽、浙之交，有山绵亘千里，故为盗薮，久封禁。贼未平时，民往往入山避乱，久之，生息日繁。至是或颇言粤寇余孽窟穴其中。诏三省会剿，起[1]疑之，轻骑周历询访，悉其状，牒大吏疏请弛禁，民德之，立生祠祀焉。

——赵尔巽等《清史稿·段起传》

注释：

①起：即段起（？—1882）。晚清官吏，湘军将领。字小湖，湖南清泉（今湖南衡阳）人。咸丰中，先后从劳崇光、曾国藩镇压太平军，皆有功。

译文：

江西、福建、浙江一带三省交界的地方，大山绵延千里，常常是盗贼聚集的处所，很早以来，就被官府封禁了。

盗贼没有平定以前，百姓们常常到山中避乱，生活在山中的日子长了，人口也就越来越多。有人认为，广东盗贼的残余势力是隐藏在山中。皇上便下令由三省共同讨伐。清朝末年，段起疑心盗藏山野的说法不实，他决定轻骑而出，认真询访四周的详细情况，然后具文告知上司，并请上司上疏，解除这一带的封禁。老百姓很感念他的功德，为他立生祠祭祀。

道德修养

1. 古人勤学种种

古人勤学，有握锥投斧，照雪聚萤，锄则带经，牧则编简，亦为勤笃。梁世彭城刘绮，交州刺史勃之孙，早孤家贫，灯烛难办，常买荻尺寸折之，然明夜读。孝元初出会稽，精选寮寀，绮以才华，为国常侍兼记室，殊蒙礼遇，终于金紫光禄。义阳朱詹，世居江陵，后出扬都，好学，家贫无资，累日不爨，乃时吞纸以实腹。寒无毡被，抱犬而卧。犬亦饥虚，起行盗食，呼之不至，哀声动邻，犹不废业。卒成学士，官至镇南录事参军，为孝元所礼。此乃不可为之事，亦是勤学之一人。东莞臧逢世，年二十余，欲读班固《汉书》，苦假借不久，乃就姊夫刘缓乞丐客刺书翰纸末，手写一本，军府服其志尚，卒以《汉书》闻。

——（北齐）颜之推①《颜氏家训·勉学》②

注释：

①颜之推（约531—约595）：北齐著名学者和文学家。字介，琅琊临沂（今属山东省）人。②《颜氏家训》：七卷二十篇，颜之推撰。叙述立身齐家之法。

译文：

古人勤学的事例中，有战国时的苏秦握锥刺股，他因为读书疲倦欲睡，就用锥子刺自己的大腿，以此退消睡意；有汉代人文党，投斧挂树而到长安求学；有晋代人孙康借雪光读书；有晋朝人车武子无钱买灯油而捉萤火虫以照书；有汉代人倪宽一边拿着锄头种地，一边带着经书学习；有汉代人路温舒放羊时用蒲草编成书册练习写字。这些人都是勤奋学习的人。梁朝彭城（今江苏省徐州市）人刘绮，是交州（今广东省番禺县）刺史刘勃的孙子，小时候因父亲去世，家贫没钱买灯烛，就买来荻草切成尺把长，点燃后用来照明夜读。梁元帝（萧绎）在会稽（今浙江绍兴市）当太守时，精心选拔僚属，刘绮就由于才华出众而当上了太子府中的国常侍兼记室，受到特殊的待遇，最后官至金紫光禄大夫。义阳（今四川省巴中县西南）的朱詹，世代居住在江陵（今湖北省江陵市），后来到了扬都（今江苏南京市），特别好学，家贫无钱，连续好几天家里都不能生火做饭，于是就经常吞食纸张以充饥。天气冷了没有被子盖就抱着狗睡觉。狗也饥饿，就出去偷东西吃，朱詹高声呼喊，狗也没有归家，悲哀的声音惊动了左邻右舍。即便如此，朱詹还是没有停止读书、学习，最后终于成为学士，官做到镇南录事参军，为梁元帝所器重。朱詹的行为，是普通人所没法做到的，这也是一个勤奋学习的典型人物。东莞（即今山东莒县）臧逢世，二十多岁时，想读班固的《汉书》，但苦于借来的书不能长时间的阅读，于是就向他的姐夫刘缓要来名帖、书札的边角纸头，亲手抄下了一本，军府里的人都赞服他的志向，后来他终于以研究《汉书》而出了名。

2. 德可保身

初，尹公佗学射于庚公差，庚公差学射于公孙丁。二子追公。公孙丁御公。子鱼曰："射为背师，不射为戮，射为礼乎？"射两軥而还。尹公佗曰："子为师，我则远矣。"乃反之。公孙丁授公辔而射之，贯臂。

——《左传·襄公十四年》

译文：

当初，尹公佗向庚公差学习箭法，而庚公差的箭法则是从公孙丁那里学来的。尹公佗与庚公差一同追击逃跑的卫献公，而给卫献公驾车的正是公孙丁。庚公差（字子鱼）说："我要是用箭射他，那是背叛师傅；要是不射，就是违反军令，是死罪。"于是射了两箭，正中公孙丁的两边车辕，庚公差就回去了。尹公佗却说："公孙丁是你的老师，可离我就远了。"于是转回车又去赶卫献公的车。公孙丁将缰绳交给卫献公，拈弓搭箭，照着追来的尹公佗就是一箭，正中尹公佗，将他的胳膊射穿了。

3. 子罕辞玉

宋人或得玉，献诸子罕，子罕弗受。献玉者曰："以示玉人，玉人以为宝也，故敢献子。"子罕曰："我以不贪为宝，尔以玉为宝。若以与我，皆丧宝也。不若人有其宝。"稽首而告曰："小人怀璧，不可以越乡，纳此以请死也。"子罕置诸其里，使玉人为之攻之。富而后使复其所。

——《左传·襄公十五年》

译文：

宋国有人得到了一块美玉，就将它献给子罕，子罕不接受。那个献玉的人说："我让玉工鉴定过了，玉工认为是稀世之宝，所以才敢献给您。"子罕说："我将不贪婪看成是宝物，你将这块美玉看成是宝物。你如果将它给了我，那么你我二人都将失去自己的宝物。还不如各自保存自己的宝物呢。"那人叩头说道："像我这样地位低下的人，怀揣这么贵重的璧玉，我连村子都走不回去就会有性命之忧。现将它献给您，是不愿因此惹祸上身，枉送了性命。"子罕就将这块美玉放在自己的乡里，让玉工加工成精美的玉器，将卖得的钱给了献玉者，献玉者因此成为腰缠万贯的富豪，子罕才将其送回家乡。

4. 三不朽

二十四年春，穆叔如晋。范宣子逆之，问焉，曰："古人有言曰'死而不朽'，何谓也？"穆叔未对。宣子曰："昔匄之祖，自虞以上，为陶唐氏，在夏为御龙氏，在商为豕韦氏，在周为唐杜氏，晋主夏盟为范氏，其是之谓乎？"穆叔曰："以豹所闻，此之谓世禄，非不朽也。鲁有先大夫曰臧文仲，既没，其言立。其是之谓乎！豹闻之：‘大上有立德，其次有立功，其次有立言。’虽久不废，此之谓三不朽。若夫保姓受氏，以守宗祊，世不绝祀，无国无之。禄之大者，不可谓不朽。”

——《左传·襄公二十四年》

译文：

鲁襄公二十四年（前549）春天，鲁国的穆叔豹到了晋国。范宣子去迎接他，问他说：“古人有句话是‘死而不朽’，这话怎么理解呢？”穆叔豹没有回答。范宣子又说：“过去匄（范宣子之名）的祖先在虞舜以前是陶唐氏，在夏朝是御龙氏，在商朝为豕韦氏，在周朝是唐杜氏，在晋国是范氏，主持中原诸侯盟会，‘死而不朽’说的就是这个吧？”穆叔豹答道：“从豹听说的看来，这是世代相传的禄位，而不是所谓的不朽。我们鲁国有位先大夫叫臧文仲，他死了以后，他的言论还流传于世，‘死而不朽’，大概是指这种情况吧！豹听说：‘最高的是树立崇高的德行，其次是创建功业，再次是著书立说。’即使过了很多年，也不会湮灭无闻，这就叫做三不朽。至于保住家世，守住宗庙，代代祭祀，没有一个国家不是这样的。禄位再大，也不能说是不朽。”

5. 董狐直笔

乙丑，赵穿[①]攻灵公[②]于桃园。宣子[③]未出山而复。大史[④]书曰：“赵盾弑其君。”以示于朝。宣子曰：“不然。”对曰：“子为正卿，亡不越竟，反不讨贼，非子而谁？”宣子曰：“乌呼！《诗》曰：‘我之怀矣，自诒伊戚。’其我之谓矣。”

孔子曰：“董狐，古之良史也，书法不隐。赵宣子，古之良大夫也，为法受恶。惜也，越竟乃免。”

——《左传·宣公二年》

注释：

①赵穿（？—前607）：晋国大夫，赵盾的堂兄弟。②灵公：即晋灵公，晋国国君，名夷皋，文公之孙，襄公之子。③宣子：即赵盾（？—前601），赵衰之子，晋国正卿。④大史：太史，掌纪国家大事的史官。这里指晋国史官董狐。

译文：

九月二十六日，赵穿在桃园杀掉了晋灵公。赵盾还没有走出国境的山界，听到灵公被杀便回来了。晋国太史董狐记载道："赵盾杀了他的国君。"他还把这个说法拿到朝廷上公布。赵盾说："不是这样。"董狐说："您身为正卿，逃亡而不出国境，回来后又不讨伐叛贼，不是您杀了国君又是谁呢？"赵盾说："啊！《诗经》中说：'我心里怀念祖国，反而给自己留下忧伤。'这话大概说的是我吧。"

孔子说："董狐是古代的好史官，记事的原则是直书而不隐讳。赵盾是古代的好大夫，因为史官的记事原则而蒙受了弑君的恶名。可惜啊，如果他出了国境，就会避免弑君之名了。"

6. 高山流水觅知音

伯牙[①]善鼓琴，钟子期[②]善听。伯牙鼓琴志在登高山，钟子期曰："善哉，峨峨兮若泰山！"志在流水，曰："善哉，洋洋兮若江河！"伯牙所念，钟子期必得之。

——《列子·汤问》

注释：

①伯牙：传说中春秋时善于弹琴的人物。②钟子期：传说中春秋时善于欣赏音乐的人物。

译文：

伯牙善弹琴，钟子期善听音。伯牙弹一支志在登高山的曲子，钟子期说："好听啊，好像泰山一样高峻。"伯牙弹一支志在流水的曲子，钟子期说："好听啊，好像江河一样广大。"伯牙心里所想的，钟子期一定能听出来。

7. 颜回安居陋巷

哀公问："弟子孰为好学？"孔子对曰："有颜回[①]者好学，不迁怒，不贰过。不幸短命死矣，今也则亡，未闻好学者也。"

子曰："贤哉，回也！一箪食，一瓢饮，在陋巷，人不堪其忧，回也不改其乐。贤哉，回也！"

——《论语·雍也》

注释：

①颜回（前521—前481）：字子渊，是孔子的得意门生。好学，安贫，不幸早死。后常用来喻指贫困、寿夭的有德之士。

译文：

鲁哀公问："你的弟子谁最好学？"孔子回答："我有个叫颜回的学生爱好学习，他从来都不把自己的怒气迁移到别人的身上，同样的错误也不会犯两次。但他不幸早死，颜回死了以后，再也没有这么优秀的学生来继承、传播我的理想了。"

孔子说："颜回的品质是多么高尚啊！一箪饭，一瓢水，住在简陋的小屋里，别人都忍受不了这种穷困清苦，颜回却没有改变他好学的乐趣。颜回的品质是多么高尚啊！"

8. 志之于心弗敢忘

子夏读《书》既毕而见于夫子。夫子谓曰："子何为于《书》？"子夏对曰："《书》之论事也，昭昭然若日月之代明，离离然若星辰之错行。上有尧舜之道，下有三王之义，凡商之所受书于夫子者，志之于心弗敢忘，虽退而穷居河、济之间，深山之中，作壤室，编篷户，常于此弹琴以歌先王之道，则可以发愤慷喟忘己贫贱，故有人亦乐之，无人亦乐之。上见尧舜之德，下见三王之义，忽不知忧患与死也。”夫子愀然变容曰：“嘻，子殆可与言《书》矣。虽然其亦表之而已，未睹其里也。夫窥其门而不入其室，恶睹其宗庙之奥，百官之美乎？”

——《孔丛子·论书》

译文：

子夏读完《尚书》后去拜见孔子。孔子对子夏说：“你对《尚书》有什么见解呢？”子夏回答说：“《尚书》，论事明明白白，就像太阳和月亮交相更替，条理清晰；就像星辰缀满天河，历历分明。上至尧舜之道，下至三王之义，《尚书》中都有论述。凡是我从先生那儿得到的《尚书》的知识，我都记在心里不敢忘记，即使将来不做官，穷居在黄河、济水之间，或是深山之中，挖土窑，编草房，常常在那里弹琴以歌唱先王之道，还可以在那里抒发慷慨之情，忘记自己的贫贱。因此，有人来我感到快乐，没有人来我也感到快乐。上自尧舜之德，下至三王之义，都可以在书中看到。时间过得好快啊，简直不觉得人世间有什么忧患与死亡。”孔子听了，肃然改变了脸色，“呀！你完全可以参与谈论《尚书》了。虽然你谈论的还只是一些表面的东西，没有发现它的实质。但是既然已经看到了大门而不进到屋子里面去，又怎么能看见那宗庙的奥秘和百官的美妙呢？”

9. 原宪安贫乐道

原宪[①]居鲁，环堵之室，茨以蒿莱，蓬户瓮牖，揉桑而为枢，上漏下湿，匡坐而弦歌。子贡乘肥马，衣轻裘，中绀而表素，轩车不容巷，而往见之。原宪楮冠黎杖而应门。正冠则缨绝，振襟则肘见，纳履则踵绝。子贡曰："嘻！先生何病也？"原宪仰而应之，曰："宪闻之，无财之谓贫，学而不能行之谓病。宪贫也，非病也。若夫希世而行，比周而友，学以为人，教以为己，仁义之匿，车马之饰，衣裘之丽，宪不忍为之也。"子贡逡巡，面有惭色，不辞而去。原宪乃徐步曳杖，歌《商颂》而反。声沦于天，如出金石。

——（西汉）韩婴②《韩诗外传》卷一

注释：

①原宪：字子思，春秋时鲁国人，孔子的弟子。②韩婴：汉代经学家、思想家。燕人。汉孝文帝时为博士，景帝时官至常山太傅。汉初，讲授《诗经》者有鲁、齐、韩三家，后均被列为学官，韩诗一派的创立者即韩婴。

译文：

原宪在鲁国居住时，一间低矮的小屋，用土墙垒成，上面搭着茅草，门是用草编的，破坛子做成窗户，门轴是由桑条弯曲后做成的，屋顶漏雨，地下潮湿。他却端坐在屋里弹琴唱歌。子贡坐着肥壮的大马拉的车，穿着轻暖的皮袄，雪白的袍子下露出红色的内衣，到了原宪住的地方去看他，结果巷子窄小，连他宽大的车子都进不去。原宪头戴楮树叶编成的帽子，拄着藜茎制成的拐杖出来迎接，他帽子不能扶正，一扶正帽缨就会绷断；抖抖衣襟，胳膊肘就露出来了；一提鞋子，鞋跟就会绽裂。子贡看他如此狼狈，就说道："哎呀！先生莫非病了吗？"原宪仰起头说道："我听说没有钱财叫贫，学了道理却不遵照执行叫病。我只是贫，不是病。至于趋世媚俗、结党营私，求学只是为了装门面给人看，教人只是为了赚学费以中饱私囊，仁义道德忘在脑后，只追求豪华的车马、漂亮的皮袍，我不忍心这么做。"子贡听了进退不得，一脸羞惭，没告辞就溜走了。原宪就缓缓举步回去，拖着拐杖，嘴里唱着《商颂》，歌声像钟磬发出来一样，悠扬激越，响彻天地。

10. 曾子杀猪

曾子①之妻之市，其子随之而泣。其母曰："女还，顾反为女杀彘。”妻适市来，曾子欲捕彘杀之。妻止之曰：“特与婴儿戏耳。”曾子曰：“婴儿非与戏也。婴儿非有知也，待父母而学者也，听父母之教。今子欺之，是教子欺也。母欺子，子而不信其母，非所以成教也。”遂烹彘也。

——《韩非子·外储说左上》

注释：

①曾子（前505—前432）：曾参，字子舆，春秋末年鲁国人。孔子的弟子。被尊称为曾子。

译文：

曾子的夫人到集市上去赶集，他的儿子哭着闹着也要跟着去。他的母亲对他说：“你先回家待着，待会儿我回来杀猪给你吃。”她刚从集市上回来，就看见曾子要捉猪去杀。她就劝止说：“我只不过是跟孩子开玩笑罢了。”曾子说：“这可不能开玩笑啊！小孩子没有思考和判断能力，要向父母亲学习，听从父母亲给予的正确的教导。现在你欺骗他，这就是教孩子骗人啊！母亲欺骗儿子，儿子就不再相信自己的母亲了，这不是正确教育孩子的方法啊。”于是把猪杀了，煮后吃了。

11. 孟母择邻

邹孟轲之母也，号孟母。其舍近墓。孟子之少也，嬉游为墓间之事，踊跃筑埋。孟母曰：“此非吾所以居处子。”

乃去，舍市旁。其嬉戏为贾人炫卖之事。孟母又曰：“此非吾所以居处子也。”

复徙，舍学宫之旁。其嬉游乃设俎豆，揖让进退。孟母曰：“真可以居吾子矣。”遂居之。及孟子长，学六艺，卒成大儒之名。

——（西汉）刘向《列女传·母仪传》[1]

注释：

①《列女传》：人物传记。七卷。西汉刘向撰。现存的七卷本分为：母仪、贤明、仁智、贞顺、节义、辩通、孽嬖七类，每类十五人。记载上起虞舜，下迄西汉。

译文：

邹国孟轲的母亲，被世人称为孟母，他们的家曾经在离墓地很近的地方。当时孟子还小，孟子和小伙伴们以墓地间的入葬和祭祀仪式做游戏节目，高兴地堆起土堆，在里面埋藏着一些东西。孟母看见后自语："这不是我可以在这里居住并且教育儿子的地方。"

于是，孟母搬家到靠近市场的地方。孟子和小伙伴们又把商人夸耀自己所卖物品有多好的吆喝作为游戏节目。孟母发现后再次对自己说："这不是我可以在这里居住并且教育儿子的地方。"

孟母再次搬迁。这次把家搬到了学校的附近，孟子和小伙伴们游戏节目是如何摆放拜祭祖神的器物、如何行礼、如何恭让、什么时候该向前、什么时候该退避。孟母看见后高兴地说："这才是我和孩子能够居住的地方。"于是，孟子和他的母亲就定居在那里。等到孟子稍长大些，孟母就让孟子学习各种经典和知识，孟轲长大后终于成就了一代大思想家的名望。

12．楚惠王吞蛭

楚惠王食寒葅而得蛭，因遂吞之，腹中有疾而不能食。令尹入问，曰："王安得此疾也？"王曰："我食寒葅而得蛭，念谴之而不行其罪乎，是法废而威不立也，非所以使国闻也；谴而行其诛乎，则庖宰食监法皆当死，心又不忍也。故吾恐蛭之见也，因遂吞之。"令尹避席再拜而贺曰："臣闻天道无亲，惟德是辅。君有仁德，天之所奉也，病不为伤。"是夕也，惠王之后蛭出，故其久病心腹之疾皆愈。天之视听，不可谓不察也。

——（西汉）刘向《新序·杂事第四》

译文：

楚惠王吃凉拌酸菜时发现菜中有一条蚂蟥，就将其吞入腹中，结果腹中疼痛不能进食。令尹进宫探望，问道："大王怎么得的这病？"惠王回答："我吃凉拌酸菜时，发现里面有一条蚂蟥。心想，要是将此事张扬出去，就得依法追究当事人的责任。否则就不能维护法律的尊严，国家的法律就会成为一纸空文，这对国家不利；要是将此事揭露出来依法追究当事人的责任，那么厨师、主管膳食的官员以及检查食品的官员都要处死，我又于心不忍。因而我就将那条蚂蟥吞入腹中，以免被别人发现。"令尹听了从座位上站了起来，对惠王拜了两拜，向惠王表示祝贺，他说："我听说老天不偏袒任何人，只帮助有德行的人。大王您是仁德之君，老天一定会保佑您，这点病哪能伤着您呢？"当天晚上，惠王就闹肚子拉出了蚂蟥和许多秽物，内脏多年不愈的许多疾病都一下子不见了。老天的眼睛和耳朵不能不说是明察秋毫公正不倚啊！

13. 楚庄王大度绝缨

楚庄王赐群臣酒，日暮酒酣，灯烛灭，乃有人引美人之衣者，美人援绝其冠缨，告王曰："今者烛灭，有引妾衣者，妾援得其冠缨持之，趣火来上，视绝缨者。"王曰："赐人酒，使醉失礼，奈何欲显妇人之节而辱士乎？"乃命左右曰："今日与寡人饮，不绝冠缨者不欢。"群臣百有余人皆绝去其冠缨而上火，卒尽欢而罢。

居二年，晋与楚战，有一臣常在前，五合五奋，首却敌，卒得胜之，庄王怪而问曰："寡人德薄，又未尝异子，子何故出死不疑如是？"对曰："臣当死，往者醉失礼，王隐忍不暴而诛也；臣终不敢以荫蔽之德而不显报王也，常愿肝脑涂地，用颈血湔敌久矣，臣乃夜绝缨者也。"遂败晋军，楚得以强，此有阴德者必有阳报也。

——（西汉）刘向《说苑·复恩》

译文：

楚庄王摆宴招待大臣。一直喝到日落西山，一阵风把大厅里的蜡烛吹熄了。有人趁机牵扯美人的衣服，美人扯断了那人的帽带，向庄王告状说："蜡烛熄灭的时候有人拉我的衣服，我把那人的帽带扯断了，现在快点拿烛火上来，就能看到没有帽带的人了。"庄王说："我赐群臣饮酒，臣子醉后失礼了，怎么能为显示妇女之节操而责辱将士呢？"于是下令说："今日与我饮酒，不扯断帽带则不能算尽兴！"大臣们一百多人都把帽带摘下来。庄王这才叫人点燃蜡烛，大家尽欢而散。

两年后楚晋交战，有个人总是出阵与敌交战，五次交锋五度奋勇作战。带头把敌人打退，终于获得了战斗的胜利。楚庄王对他的勇敢举动感到奇怪，问道："本王德行浅薄，并没有特别恩宠过你，你为什么这样为我出生入死呢？"那人回答说："我该死，曾经喝醉了对美人失礼，大王隐忍而没有诛杀我，我不能不报大王庇护暗施之恩，很久以来就想以公开奋勇杀敌来报答大王您，肝脑涂地、用颈上的热血溅到敌人身上也在所不辞。我就是先前在殿堂上被美人揪断帽带的人。"于是晋军被打败，楚国得以强盛，这就是说暗中积善的人必然会得到回报啊。

14. 樊於期舍生守信

秦将王翦破赵，虏赵王，尽收入其地，进兵北略地至燕南界。太子丹恐惧，乃请荆轲曰："秦兵旦暮渡易水，则虽欲长侍足下，岂可得哉！"荆轲曰："微太子言，臣愿谒之。今行而毋信，则秦未可亲也。夫樊将军，秦王购之金千斤，邑万家。诚得樊将军首与燕督亢之地图奉献秦王，秦王必说见臣，臣乃得有以报。"太子曰："樊将军穷困来归丹，丹不忍以己之私而伤长者之意，愿足下更虑之！"

荆轲知太子不忍，乃遂私见樊於期曰：“秦之遇将军可谓深矣，父母宗族皆为戮没。今闻购将军首金千斤，邑万家，将奈何？”於期仰天太息流涕曰：“於期每念之，常痛于骨髓，顾计不知所出耳！”荆轲曰：“今有一言可以解燕国之患，报将军之仇者，何如？”於期乃前曰：“为之奈何？”荆轲曰：“愿得将军之首以献秦王，秦王必喜而见臣，臣左手把其袖，右手揕其匈，然则将军之仇报而燕见陵之愧除矣。将军岂有意乎？”樊於期偏袒搤捥而进曰：“此臣之日夜切齿腐心也，乃今得闻教！”遂自刭。太子闻之，驰往，伏尸而哭，极哀。既已不可奈何，乃遂盛樊於期首函封之。

——（西汉）司马迁《史记·刺客列传》

译文：

秦将王翦攻破赵国，俘虏赵王，全部吞并了赵国领土，向北进兵，攻城略地，直逼燕国南界。太子丹很恐惧，便告诉荆轲说：“秦兵即将渡过易水了，这样我即使想长远侍奉足下，又哪里能做得到呢！”荆轲说：“如果太子不说这番话，我也想去拜见您了。只是我现在动身，手里没有信物，那么秦王是无法接近的。那位樊於期将军，秦王悬赏黄金千斤、封邑万家要得到他的首级。如果能得到樊将军的首级和燕国督亢的地图去奉献给秦王，秦王一定乐于接见我，这样我才能有报效您的机会。”太子说：“樊将军走投无路才来投奔我，我不忍因为自己的私事而伤了这位长者的心，希望足下重新考虑！”

荆轲知道太子于心不忍，便背着太子私下去见樊於期，说道：“秦国对待将军可以说是够刻毒的了，父母宗族都被杀害或没入官府为奴。现在听说悬赏黄金千斤、封邑万家来购将军的首级，将军准备怎么办呢？”樊於期仰天长叹，流着眼泪说道：“於期每想到这些事，常常心痛入骨，只是不知想什么办法来对付罢了！”荆轲说：“现在有一句话可以解救燕国的祸患，报将军的深仇，您要听吗？”樊於期挺身上前问道：“怎么做？”荆轲说：“我希望得到将军的首级去献给秦王，秦王一定高兴而接见我，我左手抓住他的衣袖，右手（抽出匕首）直刺他的胸膛，这样将军的仇报了，而燕国受欺侮的耻辱也除去了。将军是否也有此心意呢？”樊於期解衣袒露一臂，一手紧捏着另一只手腕，激愤地上前说道：“这正是我日夜切齿揪心想着的事。直到今天才得以听到您的指教！”便自刎而死。太子听到消息，驾车赶去，伏尸痛哭，十分哀伤。但人已死了，无可奈何，于是把樊於期的首级盛在盒子里封了起来。

15. 甘罗十二为上卿

甘罗者，甘茂孙也。茂既死后，甘罗年十二，事秦相文信侯吕不韦。

秦始皇帝使刚成君蔡泽于燕，三年而燕王喜使太子丹入质于秦，秦使张唐往相燕，欲与燕共伐赵，以广河间之地。张唐谓文信侯曰：“臣尝为秦昭王伐赵，赵怨臣，曰：‘得唐者，与百里之地。’今之燕必经赵，臣不可以行。”文信侯不快，未有以强也。甘罗曰：“君侯何不快之甚也？”文信侯曰：“吾令刚成君蔡泽事燕三年，燕太子丹已入质矣。吾自请张卿相燕，而不肯行。”甘罗曰：“臣请行之。”文信侯叱曰：“去！我身自请之而不肯，女焉能行之？”甘罗曰：“大项橐生七岁为孔子师。今臣生十二岁于兹矣。君其试臣！何遽叱乎？”于是甘罗见张卿曰：“卿之功孰与武安君？”卿曰：“武安君南挫强楚，北威燕、赵，战胜攻取，破城堕邑，不知其数。臣之功不如也。”甘罗曰：“应侯之用于秦也，孰与文信侯专？”张卿曰：“应侯不如文信侯专。”甘罗曰：“卿明知其不如文信侯专与？”曰：“知之。”甘罗曰：“应侯欲攻赵，武安君难之，去咸阳七里而立死于杜邮。今文信侯自请卿相燕而不肯行，臣不知卿所死处矣。”张唐曰：“请因孺子行！”令装治行。

行有日，甘罗谓文信侯曰：“借臣车五乘，请为张唐先报赵。”文信侯乃入言之于始皇曰：“昔甘茂之孙甘罗，年少耳，然名家之子孙，诸侯皆闻之。今者张唐欲称疾不肯行，甘罗说而行之。今愿先报赵，请许遣之。”始皇召见，使甘罗于赵。

赵襄王郊迎甘罗。甘罗说赵王曰：“王闻燕太子丹入质秦欤？”曰：“闻之。”曰：“闻张唐相燕欤？”曰：“闻之。”“燕太子丹入秦者，燕不欺秦也。张唐相燕者，秦不欺燕也，燕、秦不相欺者，伐赵，危矣。燕、秦不相期无异故，欲攻赵而广河间。王不如赍臣五城以广河间，请归燕太子，与强赵攻弱燕。”赵王立自割五城以广河间。秦归燕太子，赵攻燕，得上谷三十城，令秦有十一。甘罗还报，秦乃封甘罗以为上卿，复以始甘茂田宅赐之。

——（西汉）司马迁《史记·樗里子甘茂列传》

译文：

甘罗，是甘茂的孙子。甘茂死后，十二岁的甘罗，跟随秦相国文信侯吕不韦。

秦王派刚成君蔡泽出使到燕国，过了三年燕王喜就派太子丹到秦国做质子。秦派张唐到燕国去做相国，想跟燕国共同攻打赵国，来扩大河间的范围。张唐对吕不韦说：“我曾经为秦昭王攻伐赵国，赵国怨恨我，说：‘捉到张唐的人，赏给方圆一百里的土地。’现在到燕国，必定要经过赵国，我不能去。”吕不韦心里不高兴，但也没有办法勉强他去。甘罗对吕不韦说：“君侯为什么这样不高兴呢？”吕不韦说：“我叫刚成君蔡泽到燕国做了三年相国，燕太子丹就已经来做质子了。我亲自请张唐到燕国担任相国，他却不肯去。”甘罗说：“请让我设法叫他去。”吕不韦喝骂道：“走开！我亲自请他还不答应，你怎能使他去？”甘罗说：“项橐七岁就做了孔子的老师，现在我已经十二岁了。您试试我吧！何必急于叱责我呢？”于是甘罗去见张唐说：“您的功劳比武安君白起怎么样？”张唐说：“武安君向南挫败强大的楚国，向北镇服燕国、赵国，战必胜，攻必克，破城陷邑，不计其数。我的功劳比不上他。”甘罗问：“应侯在秦国受到重用，比起文信侯独揽大权来怎么样？”张唐说：“应侯比不上文信侯的独断专行。”甘罗说：“您真的知道应侯不如文信侯那样专擅吗？”张唐说：“知道。”甘罗说：“当年应侯要攻打赵国，武安君反对他，结果离开京城才七里就立即死在杜邮了。现在文信侯亲自请您做燕的相国你却不肯去，我真不知道您将死在什么地方了！”张唐说：“让我就照你这孩子的意见去吧！”吩咐收拾行装准备出发。

张唐行期已定，甘罗就对吕不韦说：“借给我五辆车，允许我为张唐先到赵国疏通一下。”吕不韦就进宫把这事向秦王报告说：“过去那个甘茂的孙子甘罗，年纪还小，但他是有名望人家的后代，诸侯都知道他。现在，张唐想推托有病不肯到燕国去，甘罗劝说后肯去了。刚才甘罗表示愿意先去赵国疏通，请允许派他去。”秦王召见甘罗，派甘罗出使到赵国。

赵襄王到城外欢迎甘罗。甘罗对赵王说：“大王可听说燕太子丹已到秦国做质子了？”赵襄王说：“听说了。”甘罗问：“可听说张唐将去燕国做相国吗？”回答说：“听说了。”甘罗说：“燕太子丹到秦国，说明燕国忠于秦国。张唐到燕国任相，表明秦国不欺骗燕国。燕国、秦国互相信任，攻打赵国，赵国就危险了。燕、秦两国互守信用没有别的原因，是想攻打赵国来扩大河间的地域，大王不如赠我五座城市来扩大秦国的河间，请求秦国放回燕太子，联合强大的赵国攻击弱小的燕国。”赵王当即亲自割让五城给秦国扩大河间地区。秦国归还了燕太子。赵国攻打燕国，取得上谷地区三十座城池，分给秦国十一座。甘罗回国向秦王汇报，秦王就封甘罗做上卿，又把原先属于甘茂的田地房屋赐给了甘罗。

16. 毛遂自荐救主

秦之围邯郸，赵使平原君求救，合从于楚，约与食客门下有勇力、文武备具者二十人偕。平原君曰：“使文能取胜，则善矣。文不能取胜，则歃血于华屋之下，必得定从而还。士不外索，取于食客门下足矣。”得十九人，余无可取者，无以满二十人。

门下有毛遂者，前，自赞于平原君曰：“遂闻君将合从于楚，约与食客门下二十人偕，不外索，今少一人，愿君即以遂备员而行矣！”平原君曰；“先生处胜之门下几年于此矣？”毛遂曰：“三年于此矣。”平原君曰：“夫贤士之处世也，譬若锥之处囊中，其末立见。今先生处胜之门下三年于此矣，左右未有所称诵，胜未有所闻，是先生无所有也。先生不能，先生留。”毛遂曰：“臣乃今日请处囊中耳。使遂蚤得处囊中，乃颖脱而出，非特其末见而已。”平原君竟与毛遂偕。十九人相与目笑之而未发也。

毛遂比至楚，与十九人论议，十九人皆服。平原君与楚合从，言其利害，日出而言之，日中不决。十九人谓毛遂曰：“先生上！”毛遂按剑历阶而上，谓平原君曰：“从之利害，两言而决耳，今日出而言从，日中不决，何也？”楚王谓平原君曰：“客何为者也？”平原君曰：“是胜之舍人也。”楚王叱曰：“胡不下！吾乃与而君言，汝何为者也！”毛遂按剑而前曰：“王之所以叱遂者，以楚国之众也。今十步之内，王不得恃楚国之众也，王之命县于遂手。吾君在前，叱者何也？且遂闻汤以七十里之地王天下，文王以百里之壤而臣诸侯，岂其士卒众多哉？诚能据其势而奋其威。今楚地方五千里，持戟百万，此霸王之资也。以楚之强，天下弗能当。白起，小竖子耳，率数万之众，兴师以与楚战，一战而举鄢郢，再战而烧夷陵，三战而辱王之先人。此百世之怨而赵之所羞，而王弗知恶焉。合从者为楚，非为赵也。吾君在前，叱者何也？”楚王曰：“唯唯，诚若先生之言，谨奉社稷而以从。”毛遂曰：“从定乎？”楚王曰：“定矣。”毛遂谓楚王之左右曰：“取鸡狗马之血来！”毛遂奉铜盘而跪进之楚王，曰：“王当歃血而定从，次者吾君，次者遂。”遂定从于殿上。毛遂左手持盘血而右手招十九人曰：“公相与歃此血于堂下。公等碌碌，所谓因人成事者也。”

平原君已定从而归。归至于赵，曰：“胜不敢复相士。胜相士多者千人，寡者百数，自以为不失天下之士，今乃于毛先生而失之也。毛先生一至楚，而使赵重于九鼎、大吕。毛先生以三寸之舌，强于百万之师。胜不敢复相士。”遂以为上客。

——（西汉）司马迁《史记·平原君虞卿列传》

译文：

秦军围攻邯郸时，赵国派平原君赵胜搬救兵，打算到楚国订立合纵盟约，并讲好赵胜跟门客中有胆有识能文能武的二十人同行。平原君说：“假使谈判成功，那是最好不过的。如果谈判不成，那么也硬要他在殿堂上歃血为盟，一定要签订好合纵盟约才回国。随行人士不必到外面去找，从我门客中挑选就足够了。”挑选到十九人，其余没有合格的，不能凑满二十人。

门下有个叫毛遂的，走上前去，向平原君自我推荐道：“我听说您将到楚国订立合纵盟约，讲好跟门客二十人同行，不到外面去寻，现在缺少一个人，希望您就用我凑数后出发吧！”平原君说：“先生在我门下至今已有多少年了？”毛遂说：“至今三年了。”平原君说：“有才能的人在社会上，就好比锥子放在口袋中，它那尖端立刻会显露出来。现在您在我门下已经三年了，周围的人没有什么赞扬的话，我也没听说过什么，这该是您一无所长吧。先生不行，先生您留下吧。”毛遂说：“我是今天才请求放在布袋里的。假使我毛遂早就能在袋里的话，那么整个锥锋都会露出来，不光只是露出一点锋尖。”平原君终于和毛遂同行。那十九个人相互挤眉弄眼地讥笑他，只是没有发出声来。

毛遂到了楚国，跟十九位门客谈论商议，十九人都佩服他。平原君跟楚王商谈合纵盟约，说明是否缔结盟约的利弊得失，早晨谈起，直到中午还没有结果。十九人对毛遂说："先生上去吧！"毛遂手握剑把顺着台阶一步一级急速上去，对平原君说："合纵是利是害，两句话就可以解决了！今天太阳升起时商谈合纵，太阳当顶时还没有结果，为什么？"楚王对平原君说："这位是干什么的？"平原君说："是我的门客。"楚王呵斥毛遂："为什么还不下去！我是跟你的主人在谈话，你是干什么的！"毛遂握着剑把走上前去说："大王之所以吆喝我，是倚仗着楚国的人多。如今十步之内，大王已无法依赖楚国的人多势众，大王的性命握在我手中。在我主人面前，你吆喝什么？况且我听说商汤凭着方圆七十里的土地称王天下，周文王靠了方圆一百里的土地使诸侯向他称臣，难道这是因为商汤、文王的士兵众多吗？实在是由于能够把握有利形势，然后发挥他们威力的结果。现在楚国据有方圆五千里土地，拥有百万大军，这是争王图霸的资本啊。凭着楚国的强大，天下没有谁能抵挡的。白起，不过是个顽童罢了，可是他率领数万人马，兴兵来跟楚国交战，第一仗便拿下了楚国的鄢和郢，第二仗焚烧了楚国祖坟夷陵，第三仗竟使大王的祖先受到侮辱。这是楚国世世代代的怨仇，赵国都感到羞耻，然而大王不懂得这是耻辱。合纵抗秦是为了楚国，不是为了赵国呀。在我主人面前，你嚷嚷什么？"楚王说："是，是，的确像你讲的那样，我愿让我的国家来参加合纵盟约。"毛遂说："决定合纵了么？"楚王说："决定了。"毛遂对楚王的侍从们说："拿鸡狗马的血来！"毛遂捧着铜盘跪着进献到楚王跟前，说："请楚王歃血定盟，其次是我主人歃血，接下来是我。"于是就在大殿上订立了合纵盟约。毛遂左手拿着盛牲血的盘而右手招呼十九人道："各位一起在殿堂下歃血吧。你们庸庸碌碌，这也就是所谓的依赖他人、坐享成果吧。"

平原君与楚订立好合纵盟约后就回去了。回到赵国，宣布说："我赵胜不敢再谈鉴别人才了。我鉴别人才多至千人，少说也有数百人，自以为不会埋没天下有才能的人，现在才在毛先生身上看到自己错失了人才。毛先生一到楚国，就使得赵国比天子的传国宝器还受人尊重。毛先生用他口辩才能，胜过了百万雄师。我不敢再鉴别人才了。"于是把毛遂作为上宾。

17. 彼可取而代之

项籍者，下相人也，字羽。初起时，年二十四。其季父项梁，梁父即楚将项燕，为秦将王翦所戮者也。项氏世世为楚将，封于项，故姓项氏。

项籍少时，学书不成，去学剑，又不成，项梁怒之。籍曰："书足以记名姓而已。剑一人敌，不足学，学万人敌。"于是项梁乃教籍兵法，籍大喜，略知其意，又不肯竟学。项梁尝有栎阳逮，乃请蕲狱掾曹咎书抵栎阳狱掾司马欣，以故事得已。项梁杀人，与籍避仇于吴中，吴中贤士大夫皆出项梁下。每吴中有大徭役及丧，项梁常为主办，阴以兵法部勒宾客及子弟，以是知其能。秦始皇帝游会稽，渡浙江，梁与籍俱观。籍曰："彼可取而代也。"梁掩其口，曰："毋妄言，族矣！"梁以此奇籍。籍长八尺余，力能扛鼎，才气过人，虽吴中子弟，皆已惮籍矣。

——（西汉）司马迁《史记·项羽本纪》

译文：

项籍是下相人，字羽。开始起事的时候，他二十四岁。项籍的叔父是项梁，项梁的父亲是项燕，就是被秦将王翦所杀害的那位楚国大将。项氏世世代代做楚国的大将，被封在项地，所以姓项。

项籍小的时候曾学习写字，没有学成就不学了；又学习剑术，也没有学成。项梁对他很生气。项籍却说："写字，能够用来记姓名就行了；剑术，也只能敌一个人，不值得学。我要学习能敌万人的本事。"于是项梁就教项籍兵法，项籍非常高兴，可是刚刚懂得了一点儿兵法的大意，又不肯学到底了。项梁曾经因罪案受牵连，被栎阳县逮捕入狱，他就请蕲县狱掾曹咎写了说情信给栎阳狱掾司马欣，事情才得以了结。后来项梁又杀了人，为了躲避仇人，他和项籍一起逃到吴中郡。吴中郡有才能的士大夫，本事都比不上项梁。每当吴中郡有大规模的徭役或大的丧葬事宜时，项梁经常做主办人，并暗中用兵法部署组织宾客和青年，借此来了解他们的才能。秦始皇游览会稽郡渡浙江时，项梁和项籍一块儿去观看。项籍说："那个人，我可以取代他！"项梁急忙捂住他的嘴，说："不要胡说，要满门抄斩的！"但项梁却因此而感到项籍很不一般。项籍身高八尺有余，力大能举鼎，才气超过常人，即使是吴中当地的年轻人也都很惧怕他了。

18. 张良守时得兵书

良尝闲从容步游下邳圯上，有一老父，衣褐，至良所，直堕其履圯下，顾谓良曰："孺子，下取履！"良鄂然，欲殴之。为其老，强忍，下取履。父曰："履我！"良业为取履，因长跪履之。父以足受，笑而去。良殊大惊，随目之。父去里所，复还，曰："孺子可教矣。后五日平明，与我会此。"良因怪之，跪曰："诺。"五日平明，良往。父已先在，怒曰："与老人期，后，何也？"去，曰："后五日早会。"五日鸡鸣，良往。父又先在，复怒曰："后，何也？"去，曰："后五日复早来。"五日，良夜未半往。有顷，父亦来，喜曰："当如是。"出一编书，曰："读此则为王者师矣。后十年兴。十三年孺子见我济北，谷城山下黄石即我矣。"遂去，无他言，不复见。旦日视其书，乃《太公兵法》也。良因异之，常习诵读之。

——（西汉）司马迁《史记·留侯世家》

译文：

张良在下邳的一座桥上闲逛，一位穿粗布短衣的老人走到他的跟前时，一只鞋掉到了桥底下。老人吩咐张良："小孩子，下去，把我的鞋拾上来！"

张良很惊愕，心里想，这老头子怎么这样不客气呀？几乎要动手打他。但因见他年纪老了，还是忍了下来，到桥下帮他把鞋拾了上来。鞋拾上来以后，老人伸出一只脚，说：“给我穿上！”张良又跪下来，替他把鞋穿好。老人穿上鞋，笑着走了。张良很觉奇怪，两眼注视着老人离去。老人已经走过去很远了，忽然转回来，对张良说：“竖子可教矣！五天后的早晨，到这里来与我会面。”张良点头答应了。第五天早晨，按约前去，老人早已等在桥上了，见他来了，发脾气说：“和老年人约会，还落在老人的后头，这是为什么？”掉转头便走了，说：“五日后再来。”张良接受了上次的教训，五天后的早晨，听到鸡叫声便去，但老人又已经赶在他的前面到达了。老人说：“你又落在后面了，这是为什么？”吩咐他五日后再来，说罢自己便又走掉了。第三次，张良不待夜半便赶到桥上，等了一会儿，老人才来。老人见了张良，很高兴地说：“这样才是嘛！”接着便拿出一编书，对张良说：“读通了它，便可以做得帝王的老师了。十三年后，到济北再会面吧，谷城山下的这块黄石头便是我啊！”说完就走了。从此以后，张良再没有见到过他。天亮以后，张良见老人送给他的那编书，原来是《太公兵法》，张良很是惊喜，常常用心学习钻研。

19. 缇萦赎父刑罪

文帝四年中，人上书言意，以刑罪当传西之长安。意有五女，随而泣。意怒，骂曰：“生子不生男，缓急无可使者。”

于是，少女缇萦伤父之言，乃随父西。上书曰：“妾父为吏，齐中称其廉平，今坐法当刑。妾切痛死者不可复生，而刑者不可复续，虽欲改过自新，其道莫由，终不可得。妾愿入身为官婢，以赎父刑罪，使得改行自新也。”书闻，上悲其意，此岁中亦除肉刑法。

——（西汉）司马迁《史记·扁鹊仓公列传》

译文：

文帝四年中，有人上书告了淳于意。淳于意将因刑罪被用驿站马车西送到长安。淳于意有五个女儿，跟在他后面哭泣。淳于意很生气，骂道："生孩子不生男儿，到危急关头没有人可以派上用场！"

这时，小女儿缇萦听了父亲的话感到很难受，就跟着父亲西至长安。缇萦上书说："我的父亲作为一个官吏，齐地的人都称赞他廉洁公正，现在犯了法将要受刑。我深感痛苦的是人死不能复生，而刑残的肢体不能再连接，父亲虽想改过自新，但通往自新的路不知从哪儿走起，也许始终不能得到。我情愿自己被没入官府做奴婢，来赎我父亲的刑罪，使他能走改过自新的道路。"看到了缇萦的上书，文帝为她的情意所感动，在这一年，也就废除了肉刑法。

20. 朱买臣担薪诵书

朱买臣，字翁子，吴人也。家贫，好读书，不治产业，常艾薪樵，卖以给食。担束薪，行且诵书。其妻亦负戴相随，数止买臣毋歌呕道中。买臣愈益疾歌。妻羞之，求去。

——（东汉）班固《汉书·朱买臣传》

译文：

朱买臣，字翁子，吴县人。家里很穷，但他很喜欢读书，没有积攒下家产，常常去砍柴草，以卖柴填饱肚子。朱买臣挑着两捆柴，一边走一边朗诵书句。他的妻子也背着柴跟在后面，几次三番劝阻买臣不要在路上朗读，买臣却更加提高了嗓门。妻子觉得这是羞耻的事，便要求离婚。

21. 董仲舒三年不窥园

董仲舒广川人也。少治春秋，孝景时为博士，下帷讲诵，弟子传，以久次相授业，或莫见其面。盖三年不窥园，其精如此。

——（东汉）班固《汉书·董仲舒传》

译文：

董仲舒是广川人，年轻时就研究《春秋公羊传》，孝景帝时，任博士，设下帷幕讲诵《春秋公羊传》经义，然后由弟子一期一期传讲，自己不出面，有的学生从来没有见过他一面。因为他在研究的三年时间内，连自家的花园都没有去游览过一次，其治学专诚到这种程度。

22．头悬梁，苦读书

孙敬字文宝，好学，晨夕不休。及至眠睡疲寝，以绳系头悬屋梁。后为当世大儒。

——（宋）李昉等《太平御览》卷三百六十三引《汉书》

译文：

汉朝时的孙敬，表字文宝，十分好学，从早学到晚一直学个不停。到了深夜，疲倦极了，头就要低垂下来打瞌睡。这时候，他就用绳子把头发拴住，然后再把绳子系在屋梁上，这样就没办法打瞌睡了。他就用这种坚强的毅力，坚持长期苦读，终于成了一个很有学问的人。

23．小子安知壮士志

班超，字仲升，扶风平陵人，徐令彪之少子也。为人有大志，不修细节。然内孝谨，居家常执勤苦，不耻劳辱。有口辩，而涉猎书传。永平五年，兄固被召诣校书郎，超与母随至洛阳。家贫，常为官佣书以供养。久劳苦，尝辍业投笔叹曰："大丈夫无它志略，犹当效傅介子、张骞立功异域，以取封侯，安能久事笔研间乎？"左右皆笑之，超曰："小子安知壮士志哉！”

——（南朝宋）范晔《后汉书·班超列传》

译文：

班超，字仲升，扶风郡平陵县人，是徐县县令班彪的小儿子。班超胸有大志，外表上不讲究小节，可是实际上孝顺谨慎。在家常常辛勤操作，从不厌恶体力劳动，能言善辩，并且读了不少古代书籍。永平五年，班超的哥哥班固被召赴校书郎任，班超与母亲跟随着到了洛阳。家境贫困，班超就经常受官府雇佣抄书来供养母亲。长期辛勤工作，有一次停下工作把笔一扔，感叹说：“大丈夫没有别的志愿和谋划，还是应当以傅介子、张骞为榜样在异域建立功勋，博取封侯，怎能长期生活在笔砚之间呢？”周围的人都笑话他，班超说：“你们这些人怎会理解壮士的雄心呢！”

24. 马革裹尸的马援

马援曰：“方今匈奴、乌桓尚扰北边，欲自请击之。男儿要当死于边野，以马革裹尸还葬耳，何能卧床上在儿女子手中耶？”故人孟冀曰：“谅为烈士，当如此矣！”

——（东汉）刘珍等《东观汉记·马援传》①

注释：

①《东观汉记》：旧题东汉刘珍等撰，一百四十三卷。是一部记载东汉历史的纪传体断代史著作。

译文：

马援说：“目前匈奴、乌桓仍在北方侵扰，我正准备向皇帝请求去攻打他们。男子汉应当死在边疆旷野，用马皮裹尸首回来葬埋，怎能卧床上死在儿女跟前呢？”朋友孟冀说：“作为英雄壮士，的确应该如此。”

25. 孔融让梨

兄弟七人，融第六，幼有自然之性。年四岁时，每与诸兄共食梨，融辄引小者。大人问其故，答曰："我小儿，法当取小者。"由是宗族奇之。

——（南朝宋）范晔《后汉书·孔融列传》

译文：

孔融家共有七个孩子，他排行第六，他天生聪颖。四岁的时候，和兄长们一起吃梨，都拣最小的。他的父亲问他为什么，他说："我最小，所以应当拣最小的梨。"族里长辈都感到惊奇。

26. 黄香温席

黄香，字文强，江夏安陆人。父况为郡五官掾。况举孝廉，贫无奴仆，香躬亲勤苦，尽心供养，冬无袴被，而亲极滋味。暑即扇床枕，寒即以身温席。

——（东汉）刘珍等《东观汉记·黄香传》

译文：

黄香，字文强，为江夏安陆（今湖北安陆）人。父亲黄况为郡五官掾，后举孝廉，由于家贫没有奴仆，黄香亲自劳作侍奉父亲，尽心供养。冬天没有裤子穿，没有被子盖，却让父亲吃住舒适。夏天为父亲扇床和枕头，冬天用自己的身体给父亲温热床席。

27. 炊忘箸箪

宾客诣陈太丘[①]宿，太丘使元方、季方炊。客与太丘论议，二人进火，俱委而窃听。炊忘箸箪，饭落釜中。太丘问："炊何不馏？"元方、季方长跪曰："大人与客语，乃俱窃听，炊忘箸箪，饭今成糜。"太丘曰："尔颇有所识不？"

对曰："仿佛志之。"二子俱说，更相易夺，言无遗失。太丘曰："如此，但糜自可，何必饭也？"

——（南朝宋）刘义庆《世说新语·夙惠》

注释：

①陈寔（104—187），字仲弓，颍川许县（今河南许昌）人。因为他做过太丘长，所以又叫陈太丘。

译文：

一次，有客人到陈太丘家中住宿，他叫两个儿子元方、季方去做饭，自己与客人一起高谈纵论。兄弟二人把火生着后，匆匆忙忙地把米放进了甑中，就放下了做饭的活儿来偷听父亲与客人的谈话。没想到蒸饭的时候忘记把竹屉放入甑中，米都落到锅里面去了。陈太丘问："饭怎么还没有蒸熟？"元方、季方二人赶忙跪下，说道："刚才父亲与客人谈话，我们跑来偷听，蒸饭的时候忘记把竹屉放到甑中去，现在饭都煮成粥了。"听到两个儿子这样说，陈太丘又问道："你们听了以后记住了什么没有？"元方、季方回答说："似乎记得一些。"于是兄弟二人争着述说，还互相纠正、补充，没有一点遗漏。陈太丘说："能够记得这么完整，煮成了粥又何妨，何必一定要吃饭呢？"

28. 王符耿介不同于俗

王符字节信，安定临泾人也。少好学，有志操，与马融、窦章、张衡、崔瑗等友善。安定俗鄙庶孽，而符无外家，为乡人所贱。自和、安之后，世务游宦，当途者更相荐引，而符独耿介不同于俗，以此遂不得升进。志意蕴愤，乃隐居著书三十余篇，以讥当时失得，不欲章显其名，故号曰《潜夫论》。其指讦时短，讨谪物情，足以观见当时风政。

——（南朝宋）范晔《后汉书·王符列传》

译文：

王符字节信，安定郡临泾（今甘肃镇原）人。少年时好学上进，志向远大，同当时知名的文人学士马融、窦章、张衡、崔瑗等来往密切，交谊深厚。安定这地方有一个旧风俗，就是鄙薄、轻视小老婆生的孩子，而王符正是小老婆所生，因此被乡里人所看不起。从东汉和帝、安帝以后，世人极力追求仕途官位，当官的互相推荐介绍，而唯独王符坚守节操，不趋时俗，所以在仕途上总得不到升迁。他愤世嫉俗，于是隐居著书三十余篇，讽刺时政。由于王符不愿意显露他的本名，于是把自己的作品集取名为《潜夫论》。书中揭露时政的缺陷，讽刺人情世故，从这本书中可以看到当时的风俗、政治。

29. 宋弘糟糠之妻不下堂

帝姐湖阳公主新寡，帝与共论朝臣，微观其意。主曰："宋公威容德器，群臣莫及。"帝曰："方且图之。"

后弘被引见，帝令主坐屏风后，因谓弘曰："谚言贵易交，富易妻，人情乎？"弘曰："臣闻贫贱之知不可忘，糟糠之妻不下堂。"

帝顾谓主曰："事不谐矣。"

——（南朝宋）范晔《后汉书·宋弘列传》

译文：

光武帝的姐姐湖阳公主新近守寡，光武帝跟她谈论朝廷大臣，悄悄地观察她的心意。湖阳公主说："宋公（弘）容貌威严德才兼备，大臣们没有比得上他的。"光武帝说："我将谋划这件事。"

后来宋弘受到光武帝接见，光武帝叫公主坐在屏风后面，就对宋弘说："俗话说，地位高了就要更换朋友，富裕了就要另娶妻子，这是人之常情吗？"宋弘说："我听说贫贱时的知心朋友是不能忘记的，患难与共的妻子是不可遗弃的。"

光武帝回头对公主说："事情办不成了。"

30. 利用"三余"学习

遇字季直，性质讷而好学。兴平中，关中扰乱，与兄季中依将军段煨。采稆负贩，而常挟持经书，投闲习读。其兄笑之而遇不改。……遇善治《老子》，为《老子》作训注。又善《左氏传》，更为作朱墨别异。人有从学者，遇不肯教，而云"必当先读百遍"。言"读书百遍而义自见"。从学者云："苦渴无日。"遇言"当以三余也"。或问三余之意，遇言："冬者岁之余，夜者日之余，阴雨者时之余也。"

——（西晋）陈寿《三国志·魏书·王朗传》注引《魏略》

译文：

董遇，字季直，生性质朴诚实，语言迟钝，很喜爱学习。兴平年间，关中局势混乱，董遇和他哥哥季中依附将军段煨。后来，董遇在采拾野生禾稻或背着货物做买卖的时候，还是经常带着经典著作，抽空温习阅读。他的哥哥取笑他，但他依然不放松学习。

……董遇对《老子》很有研究，曾经给《老子》作注释。他又精通《春秋左氏传》，并用朱笔和墨笔分别批注。有人跟随董遇学习，董遇不肯讲解，却说"必须先读它一百遍"。董遇说："读书读一百遍，书中的意思也就自然显示出来了。"学生说："我们迫切想学却没有时间。"董遇说："应当利用'三余'。"有的学生问三余是什么意思，董遇说："冬天是一年中的空余时间，晚上是一天的空余时间，阴雨天是随时可以利用的空余时间。"

31. 关羽不忘旧主

建安五年，曹公东征，先主奔袁绍。曹公禽羽以归，拜为偏将军，礼之甚厚。

绍遣大将军颜良攻东郡太守刘延于白马，曹公使张辽及羽为先锋击之。羽望见良麾盖，策马刺良于万众之中，斩其首还。绍诸将莫能当者，遂解白马围。曹公即表封羽为汉寿亭侯。

初，曹公壮羽为人，而察其心神无久留之意，谓张辽曰："卿试以情问之。"既而辽以问羽，羽叹曰："吾极知曹公待我厚，然吾受刘将军厚恩，誓以共死，不可背之。吾终不留，吾要当立效，以报曹公乃去。"辽以羽言报曹公，曹公义之。及羽杀颜良，曹公知其必去，重加赏赐。羽尽封其所赐，拜书告辞，而奔先主于袁军。左右欲追之，曹公曰："彼各为其主，勿追也。"

——（西晋）陈寿《三国志·蜀书·关羽传》

译文：

建安五年，曹操东征刘备，刘备投奔袁绍。曹操俘获关羽而归，授予关羽偏将军之职，对他礼遇优厚。袁绍派遣大将颜良在白马县进攻东郡太守刘延，曹操派大将张辽和关羽为先锋进击颜良。关羽望见颜良的车盖旗号，策马飞奔，在千军万马之中刺杀了颜良，斩下他的首级，返回自己军中。袁绍手下众将没有能抵挡关羽的，就这样解了白马之围。曹操当即给汉献帝上了奏章，封关羽为汉寿亭侯。

当初，曹操很赞赏关羽的为人，但看出他心里没有长期留下的打算，就对张辽说："凭着你和关羽的交情，试着去问问他。"不久，张辽就这件事问起关羽，关羽叹息说："我深知曹公待我极好，但我受到刘备深厚的知遇之恩，并发誓同生死，我不能背弃誓言。我最终不会留下，但是定要在建立功劳报答了曹公以后才会离开。"张辽把关羽的话报告曹操，曹操很钦佩关羽的信义。等到关羽杀了颜良，曹操知道他肯定会离开，就对他重加赏赐。关羽把曹操赐给他的东西全部封存，并留下书信告辞，然后跑到袁绍军中投奔刘备。曹操的近臣要追杀关羽，曹操说："那是各为其主，不要追了吧！"

32. 与周公瑾交，若饮醇醪

普颇以年长，数陵侮瑜。瑜折节容下，终不与校。普后自敬服而亲重之，乃告人曰："与周公瑾交，若饮醇醪，不觉自醉。"时人以其谦让服人如此。

——（西晋）陈寿《三国志·吴书·周瑜传》注引《江表传》

译文：

程普自以为年长资深，屡次凌辱周瑜。周瑜屈己谦让，宽容部下，从不与他计较。程普后来自己敬服周瑜，亲近推崇他。他对别人说："与周公瑾交朋友，就像饮美酒，不知不觉中已沉醉了。"当时人们认为周瑜谦让服人达到如此崇高境界。

33. 闻鸡起舞

逖性豁荡，不修仪检，年十四五犹未知书，诸兄每忧之。然轻财好侠，慷慨有节尚。每至田舍，辄称兄意，散谷帛以周贫乏，乡党宗族以是重之。后乃博览书记，该涉古今，往来京师，见者谓逖有赞世才具。侨居阳平。年二十四，阳平辟察孝廉，司隶再辟举秀才，皆不行。与司空刘琨俱为司州主簿，情好绸缪，共被同寝。中夜闻荒鸡鸣，蹴琨觉曰："此非恶声也。"因起舞。

——（唐）房玄龄等《晋书·祖逖传》

译文：

晋朝祖逖性格豁达开朗，不拘礼节，十四五岁时还不懂得好好读书，他的哥哥们都为他发愁。但他轻财重义，胸怀磊落而志节高尚。每次到乡下，常常以哥哥们的名义，把谷米、布匹分赠周济那些贫困的人，乡亲族人们因而对他很看重。后来祖逖博览群书，广泛涉猎古今史事，在京城来来往往之时，见过他的人都认为他有济世才能。寄居阳平郡（今河北大名县东北），时二十四岁，阳平郡守荐举他为孝廉，司隶又荐举他为秀才，他都推辞了。祖逖和司空刘琨在同为司州主簿官时，交情就已经很深挚了，晚上睡觉同盖一床被子。当睡到半夜时听到郊野鸡啼叫的声音，祖逖就用脚轻轻踢醒了刘琨说："这不是使人厌烦的声音啊！"于是就起床来练习舞剑。

34．凿壁偷光

匡衡，字稚圭，勤学而无烛。邻舍有烛而不逮，衡乃穿壁引其光，以书映光而读之。邑人大姓文不识，家富多书，衡乃与其佣作，而不求偿。主人怪之，衡曰："愿得主人书遍读之。"主人感叹，资给以书，遂成大学。

——（东晋）葛洪①《西京杂记》②卷二

注释：

①葛洪（284—341）：东晋道教理论家、医学家、炼丹术家。字稚川，号抱朴子，丹阳句容（今属江苏）人。他是早期道教理论的系统整理者和集大成者。②《西京杂记》：古小说。此书作者历来有刘歆、葛洪、吴均三说，一般研究者多取葛洪作的说法。"西京"指西汉的都城长安，故书中所载故事起于萧何营造未央宫事，迄于汉成帝、哀帝时代。

译文：

匡衡，字稚圭，青少年时爱好学习，却没有钱买蜡烛。他的邻居有蜡烛，可烛光射不过来。于是他就在墙壁上挖了一个洞，把邻居家的烛光引过来，在烛光的映照下读书。当地有一大户人家不识字，可是家里富有，藏有很多的书。匡衡于是就到他家去做工而不要报酬。主人就很惊奇地问他这是为什么，他说："希望能得到主人的书，全部读完它。"主人很受感动，就用书作为报酬资助他。这样匡衡就学到了很多知识，成为学识渊博的人。

35. 孙康映雪读书

孙康家贫，常映雪读书，清介，交游不杂。

——（唐）徐坚《初学记》①卷二引《宋齐语》

注释：

①《初学记》：类书。三十卷。唐徐坚等奉玄宗敕撰。此书为便于玄宗诸子赋诗作文时寻检事类，以其为初学者所用，故名。汇辑群经诸子、历代诗赋及唐初诸家作品。

译文：

晋代人孙康，家境贫寒。他勤奋好学，可是没有油点灯，他便常常在晚上映着雪光读书。孙康清淡寡欲，不随便与人交往。

36. 外坦荡而内淳至

籍嫂尝归宁，籍相见与别。或讥之，籍曰："礼岂为我设邪！"

邻家少妇有美色，当垆沽酒。籍尝诣饮，醉，便卧其侧。籍既不自嫌，其夫察之，亦不疑也。

兵家女有才色，未嫁而死。籍不识其父兄，径往哭之，尽哀而还。

其外坦荡而内淳至，皆此类也。

——（唐）房玄龄等《晋书·阮籍传》

译文：

阮籍的嫂嫂有一次回娘家省亲，阮籍就去见嫂嫂跟她告别。有人讥笑他，阮籍说："礼教难道是我设置的么？"

邻家的年轻妇女很美丽，坐在垆边卖酒。阮籍去那儿喝酒，醉了，就躺在她的身旁。他一点也不避嫌，那妇女的丈夫发现了，也并不介意。

有位军人家的女儿才貌双全，还没有出嫁就死了。阮籍并不认识她的父兄尊长，却直接前往吊唁痛哭，哀悼够了才回去。

阮籍的外表任性坦率而内心十分质朴，就是这种情形。

37. 车胤囊萤照读

胤恭勤不倦，博学多通。

家贫，不常得油，夏月则练囊盛数十萤火以照书，以夜继日焉。

——（唐）房玄龄等《晋书·车胤传》

译文：

车胤认真勤勉不知疲倦，博学多能。

他的家境贫寒，无法经常得到灯油，夏天里他就用白色纱袋装上几十只萤火虫来照亮书本，夜以继日地不停学习。

38. 不为五斗米折腰

陶潜，字渊明，或云渊明字元亮，寻阳柴桑人也。曾祖侃，晋大司马。

潜少有高趣，尝著《五柳先生传》以自况，曰：“先生不知何许人，不详姓字，宅边有五柳树，因以为号焉。闲静少言，不慕荣利。好读书，不求甚解，每有会意，欣然忘食。性嗜酒，而家贫不能恒得。亲旧知其如此，或置酒招之。造饮辄尽，期在必醉。既醉而退，曾不吝情去留。环堵萧然，不蔽风日，短褐穿结，箪瓢屡空，晏如也。尝著文章自娱，颇示己志，忘怀得失，以此自终。”其自序如此，时人谓之实录。

亲老家贫，起为州祭酒，不堪吏职，少日，自解归。州召主簿，不就。躬耕自资，遂抱羸疾。复为镇军、建威参军，谓亲朋曰："聊欲弦歌，以为三径之资，可乎？"执事者闻之，以为彭泽令。公田悉令吏种秫稻，妻子固请种粳，乃使二顷五十亩种秫，五十亩种粳。郡遣督邮至，县吏白应束带见之。潜叹曰："我不能为五斗米折腰向乡里小人。"即日解印绶去职。

——（南朝梁）沈约《宋书·陶潜传》

译文：

陶潜（约365—427），字渊明，一说字元亮，浔阳柴桑（今江西九江市）人。他的曾祖父陶侃曾在晋朝任大司马。

陶潜年轻时就有高尚的志趣，曾经著《五柳先生传》来自比，说："先生不知是什么地方的人，也不清楚他的姓名表字，住宅旁边有五棵柳树，因此就用'五柳'作他的称号了。他性情恬静很少说话，不贪图荣誉利禄。爱好读书，却不拘泥字句，每当有些心得体会，就会高兴得忘记吃饭。生性喜好喝酒，可是家境贫寒不能经常得到。亲戚朋友知道他的情形，有时准备了酒请他。他去喝总是要尽量，非要喝醉不可。醉了就退席，一点也不在意地离开。家徒四壁，不能遮风蔽日，身上粗布短衣破烂不堪，家中经常缺吃少喝，他却安然自得。写写文章自寻乐趣，颇能展示自己的志向，从不把得失放在心上，就这样度过一生。"他作这样的介绍，当时人们称为是真实的记录。

因为母亲衰老家中贫困，陶渊明就出来当了州的祭酒，可是他受不了官场的束缚，不多几天，就自动离职回家。州里招聘他做主簿，他不去。亲自耕种供给自家生活，于是就得了病。后来他又担任了镇军将军和建威将军的参军，对亲戚朋友说："我想任职地方官用来供应隐居费用，行吗？"当权的官知道了陶渊明的心思，就任用他为彭泽县令。他吩咐下属在官府的田里全都种上秫稻，妻子坚持请他种粳稻，他才让两顷五十亩地种秫，五十亩地种粳稻。郡守派督邮到彭泽县来，县中小吏告诉他应当整顿冠带去拜见督邮。陶渊明长叹一声说："我不能为了五斗米的薪俸弯腰拜迎乡里小人。"当天他就解下印绶离职而去。

39. 昼读夜诵

约年十三而遭家难，潜窜，会赦乃免。既而流寓孤贫。

笃志好学，昼夜不离书。母恐其以劳生疾，常遣减油灭火。而昼之所读，夜辄诵之，遂博通群籍，善属文。

——（唐）李延寿《南史·沈约传》

译文：

沈约十三岁时家里遭受灾难，只得躲藏逃亡，后来遇上大赦才免遭迫害。不久流落他乡过着孤苦穷困的生活。沈约专心刻苦学习，白天黑夜手不释卷。母亲担心他积劳成疾，常常叫他减油熄灯。沈约白天读的内容，夜晚就默诵它，于是博通群书，长于撰写文章。

40. 宁为玉碎，不为瓦全

初永①兄祚袭陈留王，祚卒，子景皓嗣。天保②时，诸元帝世近者多被诛戮③，疏宗如景安④之徒，议欲请姓高氏。景皓云："岂得弃本宗，逐他姓，大丈夫宁可玉碎，不能瓦全。"景安遂以此言白显祖，乃收景皓诛之，家属徙彭城。由是景安独赐姓高氏。

——（唐）李百药《北齐书·元景安传》

注释：

①永：元永，北魏贵族，元景安父。②天保：北齐文宣帝高洋年号。③550年东魏权臣高洋篡位，定国号为齐，杀戮魏元姓宗亲氏族。

译文：

元永的哥哥元祚袭爵陈留王，他死了以后，他的儿子元景皓继承了这个位置。天宝年间，（因高洋灭魏），元姓皇亲多数被杀害，作为远亲的元景安，便商量自己宗族改姓高姓。但元景皓说："怎么能背叛自己的祖宗，而改成别的姓呢？大丈夫宁愿像玉器一样被打碎，也不要像瓦片一样求苟存。"元景安于是把这话告诉了高洋，高洋便把元景皓抓到监狱杀死了，他的家属也被贬到彭城。只有元景安一个人从此改姓高了。

41. 皇甫绩克躬励己

绩三岁而孤，为外祖父韦孝宽所鞠养。尝与诸外兄博弈，孝宽以其惰业，督以严训，悯绩孤幼，特舍之。绩叹曰："我无庭训，养于外氏，不能克躬励己，何以成立？"深自感激，命左右自杖三十。孝宽闻而对之流涕。于是精心好学，略涉经史。

——（唐）魏徵等《隋书·皇甫绩传》

译文：

皇甫绩三岁时就死了父母，被外祖父韦孝宽所收养。他曾经和表兄弟们一起下棋，韦孝宽因为他们荒废学业，严厉地训斥了他们，但怜悯皇甫绩是个孤儿，年纪又小，就特意地没有责罚他。皇甫绩感叹地说："我不能受父母的亲自训诫，被外祖父收养，还不能自己严格要求、激励自己，怎么能成就一番事业呢？"深深地自我激励，叫左右的人打了自己三十杖。韦孝宽听说了这件事，对着皇甫绩流下了眼泪。从此以后皇甫绩认真学习，大略地涉猎了经书和史籍。

42. "铁门限"与"退笔冢"

右军孙智永禅师自临八百本散与人外，江南诸寺各留一本。永公住永欣寺，积年学书，后有笔头十瓮，每瓮皆数万。人来觅书兼请题头者如市。所居户限为之穿穴，乃用铁叶裹之，人谓之“铁门限”。后取笔头瘗之，号“退笔冢”，自制铭志。

——（唐）韦绚[1]《刘宾客嘉话录》[2]

注释：

①韦绚：唐代文章家。字文明，京兆（今陕西西安）人。唐顺宗朝宰相韦执谊之子。生卒年不详。大约唐穆宗长庆至唐懿宗咸通年间在世。②《刘宾客嘉话录》：轶事小说集，又名《刘公嘉话录》。唐韦绚撰。作者纂集长庆时在夔州从学于刘禹锡（曾官太子宾客）所作笔录，合成此编。多记唐杂事及诗人、书画家轶闻，间及异梦志怪。

译文：

隋朝和尚智永禅师是晋代大书法家王羲之（曾官右军将军，世称王右军）的后裔，也是一位书法家。他曾经临摹了八百本字帖散给各地寺院，江南诸寺院都各留存有一本。智永禅师居住在永欣寺，一年到头都是在学习书法，所存积下的笔头共有十大缸，每缸都有几万个。四面八方前来请教书法及请题字的人如同赶集一样多，他所居住的门槛也因而被踩破了，于是就用铁皮包裹起来，人们称之为“铁门限”。后来智永禅师把笔头埋掉了，并把埋笔头的地方称作“退笔冢”，自己还为之写了墓志铭。

43. 李密挂角读书

密以荫为左亲卫府大都督、东宫千牛备身。额锐角方，瞳子黑白明澈。炀帝见之，谓宇文述曰：“左仗下黑色小儿为谁？”曰：“蒲山公李宽子密。”帝曰：“此儿顾盼不常，无入卫。”他日，述谕密曰：“君世素贵，当以才学显，何事三卫间哉！”密大喜，谢病去，感厉读书。闻包恺在缑山，往从之。以蒲鞯乘牛，挂《汉书》一帙角上，行且读。

越国公杨素适见于道，按辔蹑其后，曰：“何书生勤如此?”密识素，下拜。问所读，曰：“《项羽传》”。因与语，奇之。归谓子元感曰：“吾观密识度，非若辈等。”元感遂倾心结纳。

——（北宋）欧阳修、宋祁等《新唐书·李密传》

译文：

李密因为祖上的荫庇而被任命为左亲卫府大都督和东宫千牛备身之职。他额头尖眼角方，眼瞳黑白分明。隋炀帝看见后，对宇文述说：“左边仪卫下面那个黑色小子是谁?”宇文述说：“是蒲山公李宽的儿子李密。”隋炀帝说：“这个小子四顾张望的神色不同一般，不能让他做卫士。”有一天，宇文述告诉李密说：“你们家中一向显贵，应当凭自己的才学扬名，何必到三卫之中来谋差呢?”李密听后十分高兴，于是自称有病而离开了，而且发愤读书。他听说包恺在缑山，于是准备前往拜他为师。他坐在牛背上面的蒲垫上，在牛角上挂一函《汉书》，一边行走一边阅读。越国公杨素在路上碰见后，勒紧马缰慢慢地跟在他的后面。杨素说：“是哪个书生竟然这样勤奋?”李密认识杨素，连忙下拜行礼。杨素问李密读的是什么书，李密说：“是《项羽传》。”杨素于是与李密交谈，对他的才学十分惊异。杨素回家后对儿子杨玄感说：“我看李密的见识和风度，不是你们所比得上的。”杨玄感于是倾心结交李密。

44. 铁杵磨针

磨针溪，在眉州象耳山下。世传李太白读书山中，未成，弃去。过小溪，逢老媪，方磨铁杵，问之，曰：‘欲作针。’太白感其意，还卒业。媪自言姓武，今溪旁有武氏岩。

——（清）王琦[①]《李太白全集》[②]卷三十六引《方舆胜览》

注释：

①王琦（1696—1774）：字载韩，号琢崖，绛庵（载庵），晚号胥山老人，浙江钱塘人。他在文学史上以注释李白、李贺诗文而著名。②《李太白全集》：唐代大诗人李白诗文集的注本。凡三十六卷。清王琦注。体例谨严，详尽审慎，特别是对名物典故考释精赅。

译文：

磨针溪，在眉州象耳山下。传说李白曾经在这个山里读书，他因为过于清苦，产生了放弃的念头，在准备离开的时候，遇到了一个老婆婆，在磨一个铁杵，李白问她干什么，她说："想要磨成一支针。"李白悟出老婆婆是在警示他，回去认真读书直到学有所成。老婆婆自称姓武，现在水溪旁还有一个地方叫武氏岩。

45. 郑虔红叶学书

郑广文[①]学书而病无纸。知慈恩寺有柿叶数间屋，遂借僧房居止，日取红叶学书。岁久殆遍。后自写所制诗，并画同为一卷封进。元宗御笔书其尾曰"郑虔三绝"。

——（唐）韦绚《刘宾客嘉话录》

注释：

①郑广文：即郑虔，唐代书画家。字弱齐，曾为广文馆博士，世称郑广文。

译文：

唐代书画家郑虔学习书法但苦于没有纸张。他了解到长安慈恩寺储存有几屋子的柿叶后，就去借用寺中的房间居住，每天就在红柿子叶上面练习书法。日子久了，几间屋子的柿子叶几乎给他写完了。后来郑虔书写了自作的诗，连同自作的画合为一卷进呈给朝廷。当时的唐玄宗看了他的作品，在卷尾后御批"郑虔三绝"（即指郑虔的诗、书、画俱为极品）。

46. 有若无，实若虚

贞观三年，太宗问给事中孔颖达曰：“《论语》云：‘以能问于不能，以多问于寡，有若无，实若虚。’何谓也?”颖达对曰：“圣人设教，欲人谦光，己虽有能，不自矜大，仍就不能之人，求访能事。己之才艺虽多，犹病以为少，仍就寡少之人更求所益。己之虽有，其状若无；己之虽实，其容若虚。非惟匹庶，帝王之德，亦当如此。夫帝王内蕴神明，外须玄默，使深不可知。故《易》称，‘以《蒙》养正，以《明夷》莅众’，若其位居尊极，炫耀聪明，以才陵人，饰非拒谏，则上下情隔，君臣道乖，自古灭亡，莫不由此也。”太宗曰：“《易》云：‘劳谦，君子有终，吉。’诚如卿言。”诏赐物二百段。

——（唐）吴兢《贞观政要·谦让》

译文：

唐贞观三年（629），太宗问给事中孔颖达说：“《论语》中说：‘虽然自己有能力做却向没有能力做的人请教，虽然自己知识渊博却向知识少的人请教，有就像没有一样，充实也就像空虚一样。’说的是什么意思?”孔颖达回答说：“圣人设立教化，是想使每个人都谦虚有才，自己即使有才能，也不自高自大，仍然去向没有能力的人请教，去探求寻访能做的事情。自己的才学技艺虽然多，但仍然忧虑不够，仍去寡少的人那里去学习，再求增加。自己虽然有，但表现出来却像没有的样子；自己虽然充实，但包容、容纳他人的意见就像空虚一样。不只是匹夫庶民这样，帝王的德行，也应该这样。作为帝王，身体内蕴蓄着聪明才智，但对外仍然要深沉、静默，使别人不能知道你的深度。所以《周易》里说，‘以《蒙》养正，以《明夷》莅众’，如果是身处尊贵至极的地位，却炫耀聪明，依恃自己的才能欺凌他人，文过饰非，拒绝接纳劝谏，就会上下之情相互阻隔，背离了君臣之间的道德，自古以来灭亡的君王，没有一个不是因为这样的。”太宗说：“《周易》说：‘劳谦，君子有终，吉。’确实像你说的一样。”就下诏赐给孔颖达帛物二百段。

47. 业精于勤，行成于思

国子先生晨入太学，招诸生立馆下，诲之曰：“业精于勤荒于嬉，行成于思毁于随。方今圣贤相逢，治具毕张，拔去凶邪，登崇俊良，占小善者率以录，名一艺者无不庸，爬罗剔抉，刮垢磨光。盖有幸而获选，孰云多而不扬？诸生业患不能精，无患有司之不明；行患不能成，无患有司之不公。”

——（唐）韩愈[①]《昌黎先生集·进学解》[②]

注释：

①韩愈（768—824）：唐代著名的文学家、古文理论家。字退之，河南河阳（今河南省孟县）人。祖籍昌黎（今河北省昌黎县），世称韩昌黎。②《昌黎先生集》：诗文集。唐韩愈撰，愈门人李汉编。四十卷，凡文三十卷，诗赋十卷。

译文：

国子监的国子博士先生早晨到太学去，召集众位学生站在学馆前，对他们教诲说：“学业在勤奋中精进，在嬉戏中被荒废；品行在独立思考中取得成就，在随随便便、人云亦云中被毁弃。现在国家兴盛，圣君贤臣共同执政，各种治理国家的政策法规都很齐全。除去凶残邪恶的小人，推荐选用优秀的人才，品德有一点突出的，都得到录用，有一技之长的无不被派上用场。对人才的培养造就是极力改正他们身上的缺点，使他们的才能更加发出光彩，使他们的品德更加完善。这其中有存在着没有什么本事却被侥幸选用的情况，但谁说人才多了就不能够得到发扬呢？你们要担心的是学业不能够精通，不要担心主管官长们的不明察；要担心的是品行修养方面不能取得成就，而不要担心主管官长们的不公正。”

48. 杜佑虽贵，犹夜分读书

佑资嗜学，虽贵犹夜分读书.

先是，刘秩摭百家，侔周六官法，为《政典》三十五篇，房琯称才过刘向。佑以为未尽，因广其阙，参益新礼，为二百篇，自号《通典》。奏之，优诏嘉美，儒者服其书约而详。

——（北宋）欧阳修、宋祁等《新唐书·杜佑传》

译文：

杜佑酷爱学问，虽然身居高位还总是读书到深夜。

在他之前，刘秩兼采百家，按照《周礼》的六官法，撰成《政典》三十五篇，房琯称刘秩的才学超过刘向。杜佑却认为《政典》的内容不完善，因此广泛地补正其缺失，并参考增加了《开元新礼》的内容，编撰成二百卷，杜佑称自己的这部巨著为《通典》。他把《通典》呈报朝廷，皇帝特颁诏书大加嘉奖称赞，当时的读书人也都佩服杜佑的著作简明而又详备。

49. 心正则笔正

穆宗政僻。尝问公权：“笔何尽善？”对曰：“用笔在心，心正则笔正。”

上改容，知其笔谏也。

——（后晋）刘昫等《旧唐书·柳公权传》

译文：

唐穆宗政治上失误明显。有一次他问柳公权：“你写字的笔法怎会如此完美？”柳公权回答说：“用笔受心的支配，心端正笔法也就正了。”

穆宗神色严肃起来，懂得这是柳公权在借论笔法规劝自己。

50. 赵普半部《论语》治天下

普少习吏事，寡学术，及为相，太祖常劝以读书。晚年手不释卷，每归私第，阖户启箧取书，读之竟日。及次日临政，处决如流。既薨，家人发箧视之，则《论语》二十篇也。

普性深沉有岸谷，虽多忌克，而能以天下事为己任。宋初，在相位者多龌龊循默，普刚毅果断，未有其比。尝奏荐某人为某官，太祖不用。普明日复奏其人，亦不用。明日，普又以其人奏，太祖怒，碎裂奏牍掷地。普颜色不变，跪而拾之以归。他日补缀旧纸，复奏如初。太祖乃悟，卒用其人。

——（元）脱脱等《宋史·赵普传》

译文：

赵普年轻时熟悉官吏事务，学问上却很欠缺，等到做了宰相，宋太祖常常劝他多读书。到了晚年赵普手中常不离书，每次退朝后回到自己的住宅，就关上门打开书箱取出一本书来读。常常整天读那一本书。等到第二天处理政务，决断很快，毫不犹豫。他死后，其家人打开箱子一看，原来是《论语》二十篇。

赵普性情沉着，严肃刚正，虽然有时对人忌妒刻薄，但能把天下大事作为自己的责任。宋代初年，当宰相的人大多过分谨慎，拘于小节，按常规办事，不多言语，赵普却刚毅果断，没有谁能与他相提并论。他曾经上奏推荐某人担任某个官职，太祖不用这人。赵普第二天又上奏章举荐这人，太祖还是不用。第三天，赵普还是上报这个人。太祖十分生气，把赵普呈上的奏章撕碎了扔在地上。赵普脸不变色，跪着捡起撕碎的奏章回家了，过了些日子，（赵普）粘补连接好原来的奏章，重新像当初一样拿去上奏。太祖这才醒悟过来，终于任用了赵普推荐的那个人。

51．吕蒙正不计私怨

蒙正初入朝堂，有朝士指之曰：“此子亦参政耶？”蒙正阳为不闻而过之。

同列不能平，诘其姓名，蒙正遽止之曰：“若一知其姓名，则终身不能忘，不若毋知之为愈也。”时皆服其量。

——（元）脱脱等《宋史·吕蒙正传》

译文：

吕蒙正最初进入朝廷时，有个朝官指着他说：“这小子也能参知政事吗？”吕蒙正假装没听见就走了过去。

可是朝中同事深感不平，要去查问那个官员的名字，吕蒙正急忙阻止同事说：“如果一旦知道了他的姓名，那么我就终身不能忘记了，还不如不知道来得更好。”当时的人们都十分钦佩他的宏大气量。

52．踏雪践约

有牛家族首奴讹者，屈强自处，未尝出见官长，闻君之声，始来郊迎。君戒曰：“吾诘朝行劳尔族。”奴讹曰：“诺。”是夕大雪三尺，左右曰：“此羌凶诈，尝与高使君继嵩挑战，又所处险恶、冰雪，非可前。”君曰：“吾方与诸羌树信，其可失诸？”遂与士众缘险而进。奴讹初不之信，复会大雪，谓君必不来，方坦卧帐中，君已至，蹴而起之，奴讹大惊曰：“我世居此山，汉官无敢至者，公了不疑我耶？”乃与族众拜伏喧呼曰：“今而后惟父所使！”自是属羌咸信于君。君戒诸族各置烽火，夏戎时来抄掠，则举烽相告，众必介马而待之，破贼数四……属羌为吾用自此始。

——（北宋）范仲淹[①]《范文正公集·东染院使种君墓志铭》[②]

注释：

①范仲淹（989—1052）：北宋著名政治家、文学家。字希文，苏州吴县（今江苏苏州）人。谥文正，世称“范文正公”。②《范文正公集》：北宋范仲淹撰。共二十九卷，《文集》二十卷，《别集》四卷，《奏议》二卷，《尺牍》三卷。后有补编。

译文：

（宋仁宗朝，种世衡调到环州召抚归顺的羌族，）有个牛氏家族，其首领叫奴讹，性格倔强而傲慢，从未出来拜见过行政长官，听说种世衡的名声，才出来迎接新到任的长官。种世衡告诉他：“我明天要到你们那里慰问你们家族的百姓。”奴讹说：“明白了。”当晚天降大雪，有三尺深。左右官员劝种世衡说：“这些羌人凶狠狡诈，曾向高继嵩等长官挑战，再说他们住的地方地势险要复杂，现在到处冰雪覆盖，不能贸然前去。”种世衡说：“我正要取得羌人的信任，怎么能因此失信呢？”于是率领士兵冒险前去。奴讹一开始就不相信种世衡的话，又碰上天降大雪，认为种世衡一定不会来，正在帐中酣睡，种世衡已到，用脚将奴讹踢醒，奴讹大惊，说：“我们世代住在这座山中，汉族官吏没有敢上这儿来的，您一点也不怀疑我吗？”于是率领全族老幼拜伏于地异口同声地说：“从今以后我们听从您的指挥！”从此归顺的羌人都信任种世衡。种世衡要求羌人各个家族都设置烽火台，西夏军队入境抢掠时就举火相告，大家都披挂上马迎敌，就这样多次击退了西夏的侵扰……归顺的羌人服从宋朝的调遣就是从这时开始的。

53. 自傲蒙辱

柳永耆卿以歌词显于仁宗朝，官为屯田员外郎，故世号柳屯田。其词虽极工致，然多杂以鄙语，故流俗人尤喜道之。其后，欧、苏诸公继出，文格一变，至为歌词，体制高雅。柳氏之作，殆不复称于文士之口；然流俗好之自若也。

刘季高侍郎，宣和间，尝饭于相国寺。因谈歌词，力诋柳氏，旁若无人者。有老宦者闻之，默然而起，徐取笔纸跪于季高之前，请曰："子以柳词不佳者，盍自为一篇示我乎?"刘默然无以应。而后，知稠人广众中，慎不可有所臧否也。

——（南宋）徐度[①]《却扫编》[②]卷下

注释：

①徐度：生卒年不详。宋代文学家、史学家。字敦立，应天府谷熟（河南商丘东南）人。宋钦宗朝宰相徐处仁幼子。南渡后，寓居吴兴。官至吏部侍郎。②《却扫编》：三卷。北宋末南宋初徐度撰。主要记述北宋至南宋绍兴以前朝廷典章、大臣逸事及故家遗俗，间及宋以前制度及遗文琐事等。

译文：

北宋著名词人柳永，字耆卿，他以歌词扬名于宋仁宗朝。因为他曾经做过屯田员外郎一官，所以世人又叫他柳屯田。柳永的词虽然非常工巧精致，但是多混杂有乡里俗语，所以深得普通老百姓的喜爱。柳永以后，欧阳修、苏轼等人相继出现，词风为之一变，至于写作的歌词，也都是体制高雅。柳永的作品，差不多不再被文人们所称道了，然而一般的普通百姓，仍然像以前一样地喜爱。宋徽宗宣和年间，刘季高侍郎曾经在相国寺里吃饭，因为谈起歌词来，就极力地诋毁柳永的词，旁若无人。旁边有一个上了年纪的宦官听了，一句话没说，站起来，从容地取出纸笔，跪在刘季高面前，请求说："你认为柳永词不好，为什么不自己写一篇给我拜读呢?"刘季高无言以对。从此以后，知道了在大庭广众之中要谨慎小心，不能随意说长道短的道理。

54. 勤读书而多为之

顷岁孙莘老[①]识欧阳文忠公[②]，尝乘间以文字问之，云："无它术，唯勤读书而多为之，自工。世人患作文字少，又懒读书，每一篇出，即求过人，如此少有至者。疵病不必待人指摘，多作自能见之。"

此公以其尝试者告人，故尤有味。

——（北宋）苏轼[③]《东坡志林》[④]卷一

注释：

①孙莘老：北宋人孙觉，官至御史中丞，莘老是他的号。②欧阳文忠公：即欧阳修，文忠为他的谥号。③苏轼（1037—1101）：北宋著名文学家、思想家。字子瞻，号东坡居士，四川眉山人。他是蜀学的奠基者与代表人物之一，“唐宋八大家”之一。④《东坡志林》：北宋苏轼撰。通行本为五卷。分为记游、怀古、修养等二十九类，共二百多篇。所记皆为北宋年间亲身经历和所见所闻之事。

译文：

近年来孙莘老结识了欧阳修，并曾经私下就写文章的事询问过他。欧阳修回答说：“没有别的秘诀，只要勤奋读书，多练习写作，文章自然就会好。现时的人要担心的是练习作文少，又懒得读书，每每写出一篇文章，就想要超过别人，这样文章就很难写得好。文章的毛病不一定要等待别人来指摘，写多了自已就能看出来。”

欧阳修以他写文章的经验告诉别人，所以听起来才更是味道十足。

55. 梅圣俞寝食游观皆吟咏

梅圣俞寝食游观，未尝不吟咏。时于坐上忽引去，奋笔书一小纸，纳算袋，同人窃取视之，皆诗句也。或一联，或一句，他日作诗有可用者入之。

——丁传靖[①]《宋人轶事汇编》[②]卷九

注释：

①丁传靖（1870—1930）：近代藏书家、学者。字秀甫，号闇公，江苏丹徒（今江苏镇江）人。宣统年间为礼学馆纂修。有《闇公文存》、《闇公诗存》、《宋人轶事汇编》等。②《宋人轶事汇编》：二十卷。丁传靖辑。从宋元明清约五百余种著述中辑录宋代六百余人的遗闻轶事。

译文：

北宋著名诗人梅尧臣耽于吟咏，不论睡觉、吃饭还是游玩、观赏，总忘记不了写诗。有时候在座位上突然起身离开，提起笔在一张小纸上快速地书写，然后把小纸条装进小布袋里。同伴感到很奇怪，偷偷地把小纸条拿出来，发现纸条上写的都是诗句。有的是一联，有的是一句，以后再写诗如果有用得上的他就引用进去了。

56. 程门立雪

见程颐于洛，时盖年四十矣。一日见颐，颐偶瞑坐，时与游酢侍立不去，颐既觉，则门外雪深一尺矣。

——（元）脱脱等《宋史·杨时传》

译文：

杨时在洛阳见到程颐时，年纪大概是四十岁了。有一天，杨时与游酢冒雪去见程颐，恰巧碰上程颐瞑目而坐。两人不敢惊动他，便恭恭敬敬地站在那里，不肯离去。直到程颐醒来时，门外积雪已经一尺深了。

57. 肘不离案与双趺之迹

胡澹庵见杨龟山，龟山举两肘示之曰：“吾此肘不离三十年，然后于道有进。”

张无垢谪横浦，寓城西宝界寺。其寝室有短窗，每日昧爽，辄执书立窗下就明而读，如是者十四年。洎北归，窗下石上，双趺之迹隐然，至今犹存。

前辈为学，勤苦如此。然龟山盖少年事，无垢乃晚年，尤难也。

——（南宋）罗大经[①]《鹤林玉露》甲编卷一

注释：

①罗大经（约1196—约1252）：南宋文学家。字景纶，庐陵（今江西吉安市）人。宋理宗宝庆二年（1226）进士。曾为容州（今广西容县）法曹掾。著有《鹤林玉露》十八卷，分甲、乙、丙三编，另有十六卷本，为后人所重编，杂记读书所得，多引南宋道学家之语，也评论诗文。

译文：

南宋名臣胡铨，有一次去拜见当时的著名学者杨时先生，杨时先生举起自己的两肘对胡铨说："我这两条胳膊三十年没有离开过读书的几案，然后在道德学问方面才有所进步。"

著名大臣张九成因反对秦桧，被贬到广东的横浦，他住在城西的宝界寺。在他的卧室里有一个狭小的窗户，他每天当天刚刚放亮，就捧着书站在窗下就着微弱的光线读书，就这样坚持了十四年。等到秦桧死后，他被重新起用动身北归的时候，窗下的石头地上，磨出了两个隐约可见的脚印，直到现在还保存着。

前辈们读书做学问，就是这样的勤奋艰苦。然而，杨时先生当时还是青少年；而张九成先生，当时已到了晚年，能够做到这种程度，尤其难能而可贵。

58. 岳飞力学苦练

岳飞，字鹏举，相州汤阴人。世力农，父和，能节食以济饥者。有耕侵其地，割而与之，贳其财者不责偿。飞生时，有大禽若鹄，飞鸣室上，因以为名。未弥月，河决内黄，水暴至，母姚抱飞坐瓮中，冲涛及岸得免，人异之。

少负气节，沈厚寡言，家贫力学，尤好《左氏春秋》、孙吴《兵法》。生有神力，未冠，挽弓三百斤，弩八石。学射于周同，尽其术，能左右射。同死，朔望设祭于其家。父义之，曰："汝为时用，其徇国死义乎。"

——（元）脱脱等《宋史·岳飞传》

译文：

岳飞，字鹏举，相州汤阴（今河南安阳汤阴县）人。他家世代致力农事，父亲岳和，常能省下自己的食物来救济饥饿的人。有人耕地时侵占了他家的田地，岳和就把这块地让给他，有人欠了他家钱财，岳和也不索讨。岳飞出生时，有只像天鹅似的大鸟，在屋顶上飞鸣，因此用飞字为名。岳飞未满月时，黄河在内黄决口，洪水汹涌而至，母亲姚氏抱着岳飞坐在瓮中，波涛将他们冲到岸上幸免灭顶之灾，人们对此感到惊异。

岳飞年轻时就很有志气节操，稳重少言，家境贫困而学习勤勉，特别喜欢读《左传》、《孙子兵法》和《吴起兵法》。岳飞天生力气大，不到二十岁，就能挽三百斤的硬弓、八石的硬弩。他向周同学习射技，把周同的本领全部学到手，能够左右开弓。周同逝世后，每逢初一、十五岳飞就到老师墓前祭奠。岳和认为儿子很重恩义，就对他说："你如被朝廷所用，大概是能为国家献身的吧。"

59. 大凡为善，不可不勉

上亲祭孔子庙，北面再拜。

退谓侍臣曰："朕幼年游佚，不知志学，岁月逾迈，深以为悔。孔子虽无位，其道可尊，使万世景仰。大凡为善，不可不勉。"自是颇读《尚书》、《论语》及《五代》、《辽史》诸书，或以夜继焉。

——（元）脱脱等《金史·熙宗本纪》

译文：

金熙宗亲自祭孔子庙，执学生礼拜了又拜。

离开孔庙后，熙宗对侍臣说："我小时候游荡没有节制，不懂得专心学习，岁月流逝，年纪渐老，深深感到后悔。孔子虽然没做过大官，但他的思想学问应该受到尊崇，让千秋万代敬重仰慕。凡要做好事情，不能不尽心竭力。"从此他用心读《尚书》、《论语》以及《五代史》、《辽史》等书，有时甚至夜以继日。

60. 唐括多保真歌释忿争

后虽喜宾客，而自不饮酒。景祖与客饮，后专听之。翌日，枚数其人所为，无一不中其綮肯。有醉而喧呶者，辄自歌以释其忿争。军中有被笞罚者，每以酒食慰谕之。景祖行部，辄与偕行，政事狱讼皆与决焉。

景祖没后，世祖兄弟凡用兵，皆禀于后而后行，胜负皆有惩劝。农月，亲课耕耘刈获，远则乘马，近则策杖，勤于事者勉之，晏出早休者训励之。

后往邑屯村，世祖、肃宗皆从。会桓赧、散达偕来，是时已有隙，被酒，语相侵不能平，遂举刃相向。后起，两执其手，谓桓赧、散达曰："汝等皆吾夫时旧人，奈何一旦遽忘吾夫之恩，与小儿子辈忿争乎？"因自作歌，桓赧、散达怒乃解。

——（元）脱脱等《金史·景祖昭肃皇后传》

译文：

昭肃皇后多保真很好客，但她自己不饮酒。景祖乌古迺与宾客喝酒时，她专心听他们谈话，第二天，她一一评论那些人的言行，都很中肯。碰上喝醉了喧哗争吵的，她总是用自己的歌声来消除他们的愤怒争执。军队中有受到笞刑处罚的，她总是带着酒食去劝勉告诫。乌古迺巡视部属时，每每与她同行，政治问题、诉讼案件她都参与处理决定。

乌古迺去世后，世祖劾里钵及其兄弟颇刺淑、盈歌每当举行军事行动，都先禀告昭肃皇后之后才出兵，对于结果的胜败她都有恰当的惩罚和奖励。农忙时，她亲自去督查耕耘收获，远的地方就乘马前往，近的地方就拄杖而行，对勤奋工作的称赞慰问，对晚出工早收工的批评激励。

她到邑屯村去，荔里钵、颇剌淑一起随行。恰逢桓赧、散达一起到来，这时两兄弟已有矛盾，带有酒意，相互语言冲撞不肯罢休，以致拔刀相对。昭肃皇后站起身来，抓住双方的手，对桓赧、散达说："你们都是我丈夫的故交旧友，怎么一下子就忘了我丈夫的恩情，与小孩子们争吵呢。"于是她唱起歌来，桓赧、散达的怒气这才消除。

61. 孔思晦[①]以俭约自将

（孔思晦）举茂才，为范阳儒学教谕。延祐初，调宁阳学。先是，两县校官率以廪薄不能守职，而思晦以俭约自将，教养有法。比代去，学者皆不忍舍之。

——（明）宋濂等《元史·孔思晦传》

注释：

①孔思晦（1267—1333）：字道明，孔子第五十四代孙。

译文：

孔思晦参加科举，中了秀才以后，做了范阳的儒学教谕。延祐初年（1314），调任宁阳教谕。开始的时候，这两县负责教育的官员大抵因为俸禄薄少不能尽职，然而孔思晦以勤俭、节约自律，教养得法，到他离开的时候，学生们都不忍心让他离去。

62. 吴澄燃火复诵习

吴澄[①]字幼清，抚州崇仁人……三岁，颖悟日发。教之古诗，随口成诵。五岁，日受千余言，夜读书至旦。母忧其过勤，节膏火，不多与。澄候母寝，燃火复诵习。九岁，从群子弟试乡校，每中前列。

——（明）宋濂等《元史·吴澄传》

注释：

①吴澄（1249—1333）：元代哲学家、文学家。字幼清。号一吾山人，抚州崇仁（今属江西）人。

译文：

吴澄，字幼清，抚州崇仁（今江西崇仁）人……三岁时，一天比一天聪悟，教给他古诗，他随口就能背诵出来。五岁时，每天能学习一千多字的诗文，夜晚读书都是通宵达旦。他的母亲担心他过于勤奋而影响身体，因此节制灯火，不多给他灯油。吴澄就等母亲睡觉以后，又偷偷点灯学习。九岁时，吴澄随同一班学生参加省里考试，每次都是名列前茅。

63．簿录其为，激厉为学

其后汝白举进士，以书督责之曰："汝得一第，吾不为喜，而以为忧，此后必骎放肆。可录逐日言行寄我。"汝白叹曰："吾终身在侧，岂不我知？而忧我放哉！"试问一老家人，曰："比旧渐不同矣。"乃警惧置一簿，录其所为，试自简点，其过不可胜书，乃大惧。激厉为学，卒为善士。

——（清）陈弘绪[①]《寒夜录》[②]卷上

注释：

①陈弘绪（1597—1665）：清代文学家、史学家、藏书家。字士业，江西新建人。②《寒夜录》：明代陈弘绪撰写的小曲。

译文：

后来高汝白中了进士，他的叔父写信督促他说："你中了进士，我不因此而高兴，反而为你担忧，从此以后你一定会一天比一天对自己放松要求。你要每天写下你的一言一行寄给我。"高汝白感叹地说："我从小在您老人家身边长大，您还不了解我？却担忧我会放纵自己！"他又试着问一个年老的家人，老人回答说："比起以前，是逐渐有些不一样了。"他才警觉害怕起来，于是专门准备了一个本子，记录下每日的所作所为，进行检查对照，发现自己的小毛病多得写不完，才非常地惧怕。从此激励自己努力学习，最终成为一个品行高尚的人。

64．一峰先生

罗伦，字彝正，吉安永丰人。五岁尝随母入园，果落，众竞取，伦独赐而后受。家贫樵牧，挟书诵不辍。及为诸生，志圣贤学，尝曰："举业非能坏人，人自坏之耳。"知府张瑄悯其贫，周之粟，谢不受。成化二年，廷试，对策万余言。直斥时弊，名震都下。擢进士第一，授翰林修撰……伦为人刚正，严于律己。义所在，毅然必为，于富贵名利泊如也。里居倡行乡约，相率无敢犯。衣食粗恶，或遗之衣，见道殣，解以覆之。晨留客饮，妻子贷粟邻家，及午方炊，不为意。以金牛山人迹不至，筑室著书其中，四方从学者甚众……学者称一峰先生。

——（清）张廷玉等《明史·罗伦传》

译文：

罗伦字彝正，吉安永丰人。五岁时跟母亲一块儿去果园，果子从树上掉下来，众人就争先去拣，罗伦却站立不动，等主人给的时候才拿。罗伦家境贫寒，打柴放牧为生，身边总是带着书，一有空就念诵不停。后来入县学读书，立志读书济世，曾说："科举不会害人，而是人自己败坏了自己。"知府张瑄对他的贫困深感同情，周济他粮食，他辞谢不受。成化二年(1466)，罗伦参加皇帝亲自主考的殿试，当场写下了洋洋万言的对策，猛烈地抨击了当时社会的种种弊端，一下子名满京城内外。被皇帝选拔为进士第一名，任命为翰林修撰……罗伦为人正直，严格要求自己。凡是觉得正确的事情，他一定会义无反顾地去做，而对于富贵名利则看得很淡。他居住在乡里，倡导乡规民约，邻里之间都遵约而行，和睦相处。他的衣食很粗陋，有人送他一件新衣服，他看见饿死在路边的人，就脱下来盖在尸首身上。早晨留客喝酒，妻子到邻居家借米，到中午才能做饭，罗伦不以为意。金牛山人迹罕至，罗伦就在山中盖房居住，著书立说，四面八方的人纷纷前来求学……学者都称他为一峰先生。

65. 博学而抉其要

公少灵芒，眉宇逼人。数岁能韵语，及操制艺，矫拔惊长老。幼时与兄元孔公同学，馆师限每晨读生文七篇。一日公起迟，而元孔公限文已熟背。馆师责公，公脱口成诵，馆师惊问。公跪告曰："兄背文时，星适梦觉耳，听一过便熟矣。"师由此益奇公夙慧。稍长即肆力十三经传，于关闽濂洛书，无不抉其精液脉胳之所存，故自周、秦、汉、唐及龙门、《左》、《国》，下至诸子百家，靡不淹贯，又能排宕渊邃以出之。

——丁文江[①]《奉新宋长庚先生传》

注释：

①丁文江（1887—1936）：中国地质学家、地质教育家。字在君，江苏泰兴人。著有《中国之造山运动》、《中国矿业纪要》、《科学与玄学》等，是我国地质科学事业的奠基人之一。

译文：

宋应星少年的时候就灵敏聪颖，眉宇之间英气逼人。很小的时候就能够吟诵诗赋，到学习写作八股文章时，他写的文章矫健峻拔，使年老的饱学之士都感到震惊。宋应星有一个哥哥叫宋应升，小时候，兄弟两人在一起读书。私塾先生限定学生每天早晨必须熟读未学过的文章七篇。有一天早晨，宋应星起床迟了，而他的哥哥宋应升已经熟练地背完了老师规定背诵的文章。私塾老师责备宋应星，没想到宋应星出口成诵，流利地把文章背了出来。老师感到很惊奇，问他没有读过怎么还能背诵得出来。宋应星跪着告诉老师说："我的哥哥背书时，我正好做梦醒来了，听一遍就记熟了。"老师于是更赏识他的早慧。年龄稍大一些以后，宋应星就致力于研究十三经传，对张载、朱熹、周敦颐和程颢、程颐等宋代理学的四个主要学派，都抓住他们著作的精髓和线索，对自周、秦、汉、唐及司马迁、《左传》、《国语》，以至诸子百家，无不淹博贯通，而又能排除障碍，把深奥的道理用浅显的话讲出来。

66. “铁崖”读书

少时，日记书数千言。父宏，筑楼铁崖山中，绕楼植梅百株，聚书数万卷，去其梯，俾诵读楼上者五年。因自号“铁崖”。

——（清）张廷玉等《明史·杨维桢传》

译文：

明代学者杨维桢年少时，每天能背下几千字的文章。他的父亲杨宏，在铁崖山里盖了一所楼房，楼房四周种植了上百株梅树，楼上藏有几万卷书籍。他让杨维桢在楼上读书，并搬走了梯子，杨维桢就在这楼里苦读了五年。后来杨维桢自号“铁崖”，就是由此而来。

67. 七录斋

溥幼嗜学。所读书必手钞，钞已朗诵一过，即焚之；又钞，如是者六七始已。右手握管处，指掌成茧。冬日手皲，日沃汤数次。后名读书之斋曰“七录”，以此也……溥诗文敏捷。四方征索者，不起草，对客挥毫，俄顷立就，以故名高一时。

——（清）张廷玉等《明史·张溥传》

译文：

明代著名学者张溥从小就酷爱学习。凡是所读的书他一定要亲自抄写一遍，抄写完以后朗诵一遍，就把它烧了；又再抄写……像这样抄写、朗诵要六七遍才肯停止。他右手握笔管的地方，指、掌已经长成了一层厚厚的老茧。冬天天气寒冷，他的手被冻裂，每天都要把手放在热水里浸泡好几回才能抄书写字。后来他把读书的书屋名为“七录斋”，就是由此而来的……张溥作文写诗，思路敏捷。各个地方的人都纷纷向他索要诗文作品，张溥从来不用打草稿，而是当着来要他诗文作品的客人挥笔疾书，一会儿工夫就写成了，因此在当时他的声名很高。

68. 海瑞勤俭

海瑞①，字汝贤，琼山人。举乡试……署南平教谕。御史诣学宫，属吏咸伏谒，瑞独长揖，曰：“台谒当以属礼，此堂，师长教士地，不当屈。”迁淳安知县。布袍脱粟，令老仆艺蔬自给。总督胡宗宪尝语人曰：“昨闻海令为母寿，市肉二斤矣。”宗宪子过淳安，怒驿吏，倒悬之。瑞曰：“曩胡公按部，令所过毋供张。今其行装盛，必非胡公子。”发橐金数千，纳之库，驰告宗宪，宗宪无以罪。都御史鄢懋卿行部过，供具甚薄，抗言邑小不足容车马。懋卿恚甚。然素闻瑞名，为敛威去……

……

历两京左、右通政。三年夏，以右佥都御史巡抚应天十府。属吏惮其威，墨者多自免去。有势家朱丹其门，闻瑞至，黝之。中人监织造者，为减舆从。瑞锐意兴革，请浚吴淞、白茆，通流入海，民赖其利。素疾大户兼并，力摧豪强，抚穷弱。贫民田入于富室者，率夺还之。徐阶罢相里居，按问其家无少贷。下令飚发凌厉，所司惴惴奉行，豪有力者至窜他郡以避。而奸民多乘机告讦，故家大姓时有被诬负屈者。又裁节邮传冗费。士大夫出其境率不得供顿，由是怨颇兴。都给事中舒化论瑞迂滞不达政体，宜以南京清秩处之，帝犹优诏奖瑞。已而给事中戴凤翔劾瑞庇奸民，鱼肉搢绅，沽名乱政，遂改督南京粮储。瑞抚吴甫半岁。小民闻当去，号泣载道，家绘像祀之。将履新任，会高拱掌吏部，素衔瑞，并其职于南京户部，瑞遂谢病归……帝屡欲召用瑞，执政阴沮之，乃以为南京右都御史。诸司素偷惰，瑞以身矫之。有御史偶陈戏乐，欲遵太祖法予之杖。百司惴恐，多患苦之。提学御史房寰恐见纠擿，欲先发，给事中钟宇淳复怂恿，寰再上疏丑诋。瑞亦屡疏乞休，慰留不允。十五年，卒官。

瑞无子。卒时，佥都御史王用汲入视，葛帏敝籝，有寒士所不堪者。因泣下，醵金为敛。小民罢市。丧出江上，白衣冠送者夹岸，酹而哭者百里不绝。赠太子太保，谥忠介。

——（清）张廷玉等《明史·海瑞传》

注释：

①海瑞（1515—1587）：明代著名清官。字汝贤，琼山人。举人出身。历任知县、州判官、户部尚书、兵部尚书、尚书丞、右佥都御史等职。

译文：

海瑞，字汝贤，琼山人。中举人……代理南平县教谕。御史到学官，部属官吏都伏地通报姓名，海瑞单独长揖而礼，说："到御史所在的衙门当行部属礼仪，这是学堂，是老师教育学生的地方，不应屈身行礼。"后到淳安做知县，穿布袍，吃粗粮糙米，让老仆人种菜自给。总督胡宗宪曾告诉别人说："昨天听说海县令为老母祝寿，才买了二斤肉啊。"胡宗宪的儿子路过淳安县，向驿吏发怒，把驿吏倒挂起来。海瑞说："过去胡总督按察巡部，命令所路过的地方不要供应太铺张。现在这个人行装丰盛，一定不是胡公的儿子。"打开袋子有金子数千两，收入到县库中，派人乘马报告胡宗宪，胡宗宪没有因此治罪。都御史鄢懋卿巡查路过淳安县，酒饭供应十分简陋，海瑞高声宣言县邑狭小不能容纳众多的车马。懋卿十分气愤，然而他早就听说过海瑞的大名，只得收敛威风而离开。

经历南京、北京左、右通政。隆庆三年夏天，以右佥都御史身份巡抚应天十府。属吏害怕他的威严，贪官污吏很多自动离去。有显赫的权贵把门漆成红色的，听说海瑞来了，改漆成黑色的。宦官在江南监织造，因海瑞来减少了舆从。海瑞一心一意兴利除害，请求整修吴淞江、白茆河，通流入海，百姓得到了兴修水利的好处。海瑞早就憎恨大户兼并土地，全力摧毁豪强势力，安抚穷困百姓。贫苦百姓的土地有被富豪兼并的，大多夺回来交还原主。徐阶罢相后在家中居住，海瑞追究徐家也不给予优待。推行政令气势猛烈，所属官吏恐惧奉行不敢有误，豪强甚至有的跑到其他地方去躲避的。而有些奸民多乘机揭发告状，世家大姓不时有被诬陷受冤枉的人。又裁减邮传冗费。士大夫路过海瑞的辖区大都得不到很好的张罗供应，因此怨言越来越多。都给事中舒化说海瑞迂腐滞缓不通晓施政的要领，应当用南京清闲的职务安置他，皇帝还是用嘉奖的语言下诏书鼓励海瑞。不久给事中戴凤翔弹劾海瑞庇护奸民，鱼肉士大夫，沽名乱政，遂被改任南京粮储。海瑞巡抚吴地才半年。平民百姓听说海瑞解职而去，呼号哭泣于道路，家家绘制海瑞像祭祀他。海瑞要到新任上去，正遇高拱掌握吏部，早就仇恨海瑞，把海瑞的职务合并到南京户部当中，海瑞因此谢病引退，回到琼山老家。

皇帝屡次要召用海瑞，主持国事的阁臣暗中阻止，于是任命为南京右都御史。诸司向来苟且怠慢，海瑞身体力行矫正弊端。有的御史偶尔陈列戏乐，海瑞要按明太祖法规给予杖刑。百官恐惧不安，都怕受其苦。提学御史房寰恐怕被检举揭发，要先告状，给事中钟宇淳又从中怂恿，房寰再次上疏诽谤诬蔑海瑞。海瑞也多次上疏请求退休，皇帝下诏慰留不允许。万历十五年，死于任上。

海瑞没有儿子。去世时，佥都御史王用汲去看望海瑞，只见用葛布制成的帏帐和破烂的竹器，有些是贫寒的文人也不愿使用的，因而禁不住哭起来，凑钱为海瑞办理丧事。海瑞的死讯传出，南京的百姓因此罢市。海瑞的灵柩用船运回家乡时，穿着白衣戴着白帽的人站满了两岸，祭奠哭拜的人百里不绝。朝廷追赠海瑞太子太保，谥号忠介。

69. 吕文懿勤学，至老不倦

吕文懿勤学，至老不倦。居秘阁，图书左右，有得即识之，手录口诵，自晨至昃不辍。暮归，少暇，即为门人诵解书史。退则“吾伊”声复达于外，盖寝不移时而起。所修《宋元通鉴续编》，义例精甚，有先儒所未到者。书成，须发殆白。尝考一事不获，不怿者昕夕；一旦考得之，谓门人曰：“进我二阶，殊不若得此可喜。”其好学类此。

——（明）焦竑[①]《玉堂丛语·文学》

注释：

①焦竑（1540—1620）：明代著名学者。字弱侯，又字从吾，号澹园，又号漪园，江宁（今江苏南京）人。

译文：

明代吕原（字文懿）勤奋好学，到老乐此不倦。当他官居秘阁时，图书不离左右，一有所得就记下来，手记录的同时，口中在背诵，从早上到晚上，从不间断。晚上回家，稍有空闲，就为弟子们诵讲经传、史书。弟子们告辞回家，他一个人在屋里咿咿唔唔的读书声还传到门外；晚上他只睡一会儿就起来读书。由于这样苦读用功，吕原所编修的《宋元通鉴续编》，从主旨和体例都十分精当严密，有先代学者所未曾达到的成就。书写成后，吕原的须发几乎全斑白了。他曾经考证一条材料，由于考证不出结果，一连好几天都不高兴，而一旦考证出结果来，他就会对学生们说：“即使提升我两级官职，也还不如能得到一条考证材料那样令我欢喜。”吕原就是这样努力好学的。

70. 许衡嗜学如饥渴

许衡，字仲平，怀之河内人也。世为农。父通，避地河南，以泰和九年九月生衡于新郑县。幼有异质，七岁入学，授章句，问其师曰："读书何为？"师曰："取科第耳！"曰："如斯而已乎？"师大奇之。每授书，又能问其旨义。久之，师谓其父母曰："儿颖悟不凡，他日必有大过人者，吾非其师也。"遂辞去，父母强之不能止。如是者凡更三师。稍长，嗜学如饥渴，然遭世乱，且贫无书。尝从日者家见《书》疏义，因请寓宿，手抄归。既逃难徂崃山，始得《易》王辅嗣说。时兵乱中，衡夜思昼诵，身体而力践之，言动必揆诸义而后发。

——（明）宋濂等《元史·许衡传》

译文：

许衡字仲平，怀庆路河内（今山西沁阳）人。他出生在一个世代务农的家中。父亲许通，因逃难来到河南，于金泰和九年（1209）九月，在河南新郑生下许衡。许衡年幼时就很聪明，七岁时入学，老师教他分析古书的章节句读，他问老师："读书是为了什么呢？"老师告诉他："读书是为了考取科举。"许衡又问："仅仅是这样吗？"许衡的问话，使老师感到非常惊奇。以后，每当老师教他读书，他总要探究文章的主旨大义。时间久了，老师对他的父母说："你们的儿子聪颖非凡，日后一定会超过常人，非同一般，我不能胜任他的老师啊。"于是辞职不干了。许衡的父母一再挽留也没有办法留住老师。像这样请来了又走，走了又再请，许衡总共换了三个老师。等到许衡年纪稍微大一点，他更加热爱学习，如饥似渴。然而由于时逢乱世，再加上他家境贫困，无书可读。有一次，他在占卜先生家里看见一本有注释解说的《尚书》，便要求在占卜先生家借宿，用手抄写完后才回家。后来许衡逃难到徂崃山，才得到王辅嗣的《易经》解说。当时兵荒马乱，许衡夜里思索白天诵记，亲身体验，并且付诸实践，努力使自己的一言一行符合理义。

71. 陈椒峰用艾灼臂

陈椒峰读书至夜分，两眸欲阖如线，辄用艾灼臂，久之成痂，每一顾，益自奋不敢怠。

——（清）王晫《今世说·文学》[①]

注释：

①《今世说》：笔记。八卷。清王晫撰。仿《世说新语》体例，记录清初士大夫的言行逸事。

译文：

陈椒峰，（名玉瑾，字赓明，清武进人。他少有大志，好学上进，）经常读书至夜半时分。当双眼疲倦得合成一条缝时，他就用艾炷烧自己的手臂，时间一长，烧伤的地方就变成了疤痕。只要一看到疤痕，陈玉瑾就更加勤奋，不敢懈怠。

72. 腹有诗书气自华

戴名世，字田有，桐城人。生而才辨隽逸，课徒自给。以制举业发名廪生，考得贡，补正蓝旗教习。授知县，弃去。自是往来燕、赵、齐、鲁、河、洛、吴、越之间，卖文为活。喜读《太史公书》，考求前代奇节玮行，时时著文以自抒湮郁，气逸发不可控御。诸公贵人畏其口，尤忌嫉之。尝遇方苞京师，言曰："吾非役役求有得于时也，吾胸中有书数百卷，其出也，自忖将有异于人。然非屏居深山，足衣食，使身无所累，未能诱而出之也。"因息别去。

——赵尔巽等《清史稿·戴名世传》

译文：

戴名世，字田有，桐城（今属安徽省）人。生来才华出众、才情横溢，靠教书维持生活。由于对科举考试的热心而在廪生之中小有名气，后考取贡生，补授正蓝旗教习，又授予知县职位，他推辞了。从此以后就在燕、赵、齐、鲁、河、洛、吴、越（即河北、河南、山东、江浙）一带来来往往，靠卖文过活。他喜欢读《史记》，并探求前代人独特操守、高风亮节等事迹，时时写文章以抒发自己抑郁不得志的怀抱，文章意气风发，咄咄逼人，不可阻挡。王公贵人们都畏惧他的言辞，甚至嫉恨他。他曾经在京都遇到当时的古文学家方苞，对他说："我并不是在营营汲汲谋取一时的名利，我胸怀之中藏有几百卷书，一旦著述出来，自认为和别人有所不同。但如果不是隐居在深山，丰衣足食，免去一切生活之累，是没办法把它们写出来的啊！"说完，他连连叹息着走开了。

73. 诵读不辍

武亿，字虚谷……少喜读书。年十七，丧父；十九，母孟、生母郭皆逝。时伊、洛溢，庐舍毁圮，架席处污泥中，诵读不辍，折朽木焚火以御寒，斧伤指及足，流血殷地，终不废读也。年二十二，入学。乾隆庚寅，举乡试。庚子，会试中式，赐同进士出身，以知县用。

——（清）江藩[①]《国朝汉学师承记·武亿》[②]

注释：

①江藩（1761—1831）：清经学家。字子屏，号郑堂，晚号节甫，江苏甘泉（今江苏扬州）人。博综群经，尤深汉诂，家藏书万余卷，阮元督漕淮安时，聘为丽正书院山长。②《国朝汉学师承记》：又名《汉学师承记》，清江藩撰，八卷。作者坚守汉学门户，站在汉学家立场上来甄录文献资料，收录了自清初至嘉庆时期的著名汉学家六十余人，一一为之作传，阐述他们的思想、著述、师承渊源。

译文：

武亿，字虚谷……从小喜欢读书。十七岁时，父亲去世；十九岁时，母亲孟氏及生母郭氏也相继逝世。当时河南境内的伊水和洛水泛滥横溢，岸上的房屋被水冲毁，武亿家的房子也不例外。武亿就在污泥浊水之中架设铺席，继续诵读不止。还有一次，武亿因劈朽木生火来御寒而被斧头伤了手指和脚，血流下来把地面都染红了，但他始终也没有放下书本、停止读书。武亿二十二岁时进了学堂。清乾隆庚寅年（1770），参加省试，中了举人。庚子年（1780），参加京师会试及第，朝廷赐同进士出身，任用他为知县。

74. 读书一字必求其义

戴震，字慎修，一字东原，休宁人。祖宁仁，父弁，皆不仕。

君年十岁乃能言，就傅读书，过目成诵。塾师授以《大学章句》右经一章，问其师曰："此何以知为孔子之言而曾子述之？又何以知为曾子之意而门人记之？"师曰："此子朱子云尔。"又问朱子何时人，曰："南宋。"又问曾子何时人，曰："东周。"又问周去宋几何时，曰："几二千年。"曰："然则子朱子何以知其然？"师不能答。

读书一字必求其义，塾师略举传注训解之，意不释。师恶其烦，乃取许慎《说文解字》令检阅之。学之三年，通其义，于是《十三经》尽通矣。

——（清）江藩《国朝汉学师承记·戴震》

译文：

戴震，字慎修，一字东原，休宁（今安徽休宁）人。他的祖父戴守仁、父亲戴弁都没有做官。

戴震十岁时才学会说话，跟从老师读书，过目成诵。私塾老师教他《大学章句》经书中的一章，戴震问老师说："怎么知道这一章是孔子的言论而他的学生曾参把它记录下来的？又从何知道这是曾参的意思而他的学生把它记录下来的?”老师说:“这是朱熹先生说的。”戴震又问朱熹是什么时候的人，老师回答说:“南宋。”戴震又再问曾参是什么时候的人，老师回答说:“东周。”戴震紧接着又问东周距离南宋多长时间，老师说:“大约两千多年。”戴震说:“那么朱熹先生又怎么知道是谁的言论、谁记录这些情况呢?”老师回答不出来。

戴震在读书时，对于每一个字都非要寻求它的意义不可，私塾先生只能是大致举出解释经义的注疏材料解释给他听，但戴震心里的疑问还是没法消除。私塾先生嫌恶他的烦扰，于是就拿出东汉人许慎写的《说文解字》让他自己去检阅。戴震学了三年，把《说文解字》的全部意义都弄懂了，于是《十三经》(即儒家的经典著作《易》、《诗》、《书》、《礼》、《春秋》、《周礼》、《仪礼》、《公羊传》、《穀梁传》、《孝经》、《论语》、《尔雅》、《孟子》等)也就都精通了。

75. 吴汉槎一目十行

吴汉槎最耽书，一目数行。然短于视，每鼻端有墨，则是日读书必数寸矣。同学以此验其勤惰。

——(清)王晫《今世说·文学》

译文:

吴汉槎，(名兆骞，清吴江人。)他最喜欢看书学习，而且阅读速度很快，经常是一目十行。但他的眼睛近视，只要看到他的鼻子尖上有墨迹，那么这一天读的书一定有几寸厚。他的同学总是凭这一点来判断他是勤奋还是懒惰。

哲理规律

1. 未雨绸缪

鸱鸮鸱鸮，既取我子，无毁我室！恩斯勤斯，鬻子之闵斯！

迨天之未阴雨，彻彼桑土，绸缪牖户。今女下民，或敢侮予！

——《诗经·豳风·鸱鸮》①

注释：

①《诗经》：中国第一部诗歌总集。原称《诗》，包括自西周至春秋中期约五百年间的作品三百零五篇，分为《风》、《雅》、《颂》三大类。《风》又称《国风》，绝大部分是各地的民歌。《雅》又分为《大雅》和《小雅》，《大雅》都是贵族作品，《小雅》中有贵族作品，也有民歌。《颂》分为《周颂》、《鲁颂》和《商颂》，都是贵族祭神、祭祖的诗歌。

译文：

猫头鹰呀猫头鹰！你已经夺取了我的孩子，就不要再来毁坏我的屋子！我为了爱孩子，终日辛勤工作，年幼的小孩真可怜呀！趁着天还没下雨，赶紧出去衔取来桑枝泥土，把门窗缠扎牢靠，看你们这些在树下面的人，还有谁敢欺负我？

2. 南橘北枳

晏子将使楚，楚王闻之，谓左右曰："晏婴，齐之习辞者也，今方来，吾欲辱之，何以也？"

左右对曰："为其来也，臣请缚一人，过王而行，王曰：'何为者也？'对曰：'齐人也。'王曰：'何坐？'曰：'坐盗。'"

晏子至，楚王赐晏子酒，酒酣，吏二缚一人诣王，王曰："缚者曷为者也？"对曰："齐人也，坐盗。"王视晏子曰："齐人固善盗乎？"

晏子避席对曰："婴闻之，橘生淮南则为橘，生于淮北则为枳，叶徒相似，其实味不同。所以然者何？水土异也。今民生长于齐不盗，入楚则盗，得无楚之水土使民善盗耶？"

王笑曰："圣人非所与熙也，寡人反取病焉。"

——《晏子春秋·内篇·杂下》

译文：

晏子将要出使楚国，楚王听说后，对左右近臣说："晏婴是齐国能言善辩的人，现在他要来，我想侮辱他，怎么做呢？"

左右回答说："在他来时，臣请求绑一个人，在大王的面前走过，大王可以问：'这是什么人？'我们回答说：'齐国人。'大王说：'犯了什么罪？'我们回答：'犯了盗窃罪。'"

晏子到了楚国，楚王设宴款待晏子，酒兴正浓时，有两个小臣绑着一个人走到楚王面前，楚王说："被绑的人是干什么的？"回答说："他是齐国人，犯了盗窃罪。"楚王看着晏子说："齐国人本来就善于盗窃吗？"

晏子离开坐席站起来回答说："我听说，橘生长在淮南就是橘，若是长在淮北就变成枳，其叶子虽然相似，但果实的味道却不相同。何以如此呢？是因为水土的不同呀。如今老百姓生活在齐国不偷窃，到了楚国就偷窃，莫不是楚国的水土使百姓变得善于偷盗吗？"

楚王笑着说："圣人是不能戏弄的，我反而自取其辱了。"

3. 田忌赛马

忌[①]数与齐诸公子驰逐重射。孙子[②]见其马足不甚相远，马有上、中、下辈。于是孙子谓田忌曰："君弟重射，臣能令君胜。”田忌信然之，与王及诸公子逐射千金。及临质，孙子曰：“今以君之下驷与彼上驷，取君上驷与彼中驷，取君中驷与彼下驷。”既驰三辈毕，而田忌一不胜而再胜，卒得王千金。

——（西汉）司马迁《史记·孙子吴起列传》

注释：

①田忌：战国初期齐国著名军事将领。又作田期、田期思、田臣思、陈忌、陈臣思。因封于徐州（今山东滕州东南），又称徐州子期。②孙子：即指孙膑。战国初期著名军事家。著有《孙膑兵法》。

译文：

田忌在闲暇之时经常与齐国的公子们赌赛马。孙膑经过观察之后，发现他们的马匹足力相差不是很大，都大致可分为上、中、下三等。于是，他对田忌说：“您很喜欢赌赛马，我能让您赢得比赛。”田忌相信孙膑所说的话，因而便与齐威王及各位公子再次打赌赛马，并且把赌注定为千金。待到临近比赛的时候，孙膑对田忌说：“请您用自己的下等马与对方的上等马比赛，用自己的上等马与对方的中等马比赛，用自己的中等马与对方的下等马比赛。”三轮比赛下来，田忌输一局而赢两局，果然赢了齐威王千金。

4. 揠苗助长

宋人有闵其苗之不长而揠之者，芒芒然归。谓其人曰：“今日病矣！予助苗长矣！”其子趋而往视之，苗则槁矣。天下之不助苗长者寡矣。以为无益而舍之者，不耘苗者也；助之长者，揠苗者也，非徒无益，而又害之。

——《孟子·公孙丑上》

注释：

①《孟子》：战国时代思想家孟子的言论汇编。体裁与《论语》大致相

似。司马迁认为，《孟子》是孟子和他的学生们共同编纂而成的。

译文：

宋国有个人忧愁禾苗不长而把禾苗拔高，他十分疲倦地回到家，对家里人说：“今天累坏了，我帮助禾苗长高了！”他儿子赶快去看，结果禾苗都枯萎了。天下不拔苗助长的人是很少的。以为培养没有用处而放弃的，是不为禾苗生长而除草的人；主动助长的，是拔高禾苗的人，不但对禾苗没有好处，反而伤害了它。

5. 缘木求鱼

曰：“王①之所大欲，可得闻与？”

王笑而不言。

曰：“为肥甘不足于口与？轻煖不足于体与？抑为采色不足视于目与？声音不足听于耳与？便嬖不足使令于前与？王之诸臣皆足以供之，而王岂为是哉？”

曰：“否，吾不为是也。”

曰：“然则王之所大欲可知已，欲辟土地，朝秦楚，莅中国而抚四夷也。以若所为，求若所欲，犹缘木而求鱼也。”

王曰：“若是其甚与？”

曰：“殆有甚焉。缘木求鱼，虽不得鱼，无后灾；以若所为，求若所欲，尽心力而为之，后必有灾。”

曰：“可得闻与？”

曰：“邹人与楚人战，则王以为孰胜？”

曰：“楚人胜。”

曰：“然则小固不可以敌大，寡固不可以敌众，弱固不可以敌强。海内之地方千里者九，齐集有其一。以一服八，何以异于邹敌楚哉？盖亦反其本矣。今王发政施仁，使天下仕者皆欲立于王之朝，耕者皆欲耕于王之野，商贾皆欲藏于王之市，行旅皆欲出于王之涂，天下之欲疾其君者皆欲赴愬于王。其若是，孰能御之？”

——《孟子·梁惠王上》

注释：

①王：指齐宣王。

译文：

孟子说：“大王最大的愿望是什么呢，可以讲给我听听吗？”

齐宣王只是笑了笑，却没有说话。

孟子便问道：“是为了肥美可口的食物不能满足您的胃吗？是为了轻柔暖和的衣服不够穿吗？还是为了艳丽的色彩不够看呢？是为了美妙的音乐不够听吗？还是为了身边伺候的人不够您使唤呢？而这一切，您手下的大臣都能够尽量满足您的需求，难道您就是为了追求这些吗？”

齐宣王说：“不，我不是为了这些。”

孟子说：“那么，您的最大愿望便可以知道了，您是想要扩张国土，使秦、楚这些大国都来向您朝贡，君临中原，安抚周围的边疆民族。不过，以您现在的做法想要实现您现在的愿望，就好比爬到树上去捉鱼一样。”

齐宣王说：“竟然有这样严重吗？”

孟子说：“恐怕比这还要严重得多呢。爬上树去捉鱼，虽然捉不到鱼，却也没有什么后患。但是以您现在的做法来实现您现在的愿望，费劲心力地去干，一定会有灾祸在后头。”

齐宣王说：“可以把道理说给我听听吗？”

孟子说：“如果邹国和楚国打仗，大王认为哪一国会打胜呢？”

齐宣王说：“当然是楚国胜。”

孟子说：“显然，小国的确不可以与大国为敌，人口少的国家的确不可以与人口众多的国家为敌，弱国的确不可以与强国为敌。中国的土地，方圆千里的共有九块，齐国不过占有其中一块罢了。想用这一块去征服其他八块，这跟邹国和楚国打仗有什么区别呢？大王为什么不回过来好好想一想，从根本上着手呢？现在大王如果能施行仁政，使天下士大夫都想到您的朝廷上来做官，农民都想到您的国家来种地，商人都想到您的国家来做生意，来往的旅客都想经过您的国家，天下痛恨其本国国君的人都想到您这里来控诉。果真做到了这些，还有谁能够与您为敌呢？”

6. 近朱者赤，近墨者黑

孟子谓戴不胜曰：“子欲子之王之善与？我明告子。有楚大夫于此，欲其子之齐语也，则使齐人傅诸？使楚人傅诸？”

曰：“使齐人傅之。”

曰：“一齐人傅之，众楚人咻之，虽日挞而求其齐也，不可得矣；引而置之庄岳之间数年，虽日挞而求其楚，亦不可得矣。子谓薛居州，善士也，使之居于王所。在于王所者，长幼卑尊皆薛居州也，王谁与为不善？在王所者，长幼卑尊皆非薛居州也，王谁与为善？一薛居州，独如宋王何？”

——《孟子·滕文公下》

译文：

孟子对戴不胜说：“你希望你的君王学好吗？我明白告诉你。假如这里有位楚国的官员，希望他的儿子会说齐国话，那么，是找齐国人来教他呢，还是找楚国人来教他呢？”

戴不胜答道：“找齐国人来教。”

孟子说：“一个齐国人教他，却有许多楚国人在打扰，纵使每天鞭打他，逼他说齐国话，也是做不到的。假若带他到齐都临淄庄岳街里的闹市住上几年，纵使每天鞭打他逼他说楚国话，也是做不到的。你说薛居州是个好人，让他住在王宫中。如果王宫中的人无论年龄大的小的，地位高的低的，都是好人，那王还能同谁干出坏事来呢？如果在王宫中，无论年龄大的小的、地位高的低的都不是好人，那王又能同谁干出好事来呢？区区一个薛居州又能把宋王怎么样呢？”

7. 圣人之言先迕后合

宋人有好行仁义者，三世不懈。家无故黑牛生白犊，以问孔子。孔子曰：“此吉祥也，以荐上帝。”居一年，其父无故而盲。

其牛又复生白犊。其父又复令其子问孔子。其子曰：“前问之而失明，又何问乎？”父曰：“圣人之言先迕后合。其事未究，姑复问之。”

其子又复问孔子。孔子曰：“吉祥也。”复教以祭。其子归致命。其父曰：“行孔子之言也。”居一年，其子又无故而盲。

其后楚攻宋，围其城。民易子而食之，析骸而炊之；丁壮者皆乘城而战，死者大半。此人以父子有疾皆免。及围解而疾俱复。

——《列子·说符》

译文：

宋国有个喜爱施行仁义的人，连续三代坚持不懈。他家的黑牛无缘无故生下一头白色的小牛，他便去请教孔子。孔子说：“这是吉祥的事，用小牛祭献天帝吧。”过了一年，他的父亲无缘无故失明了。

那头黑牛又生了一头白色的小牛。父亲又要儿子去请教孔子。儿子说：“上次去问孔子，结果您眼睛失明了，又何必再问呢？”父亲说：“圣人的预言同事实先是相违背然后才吻合的。这件事还没有完结，还是再去请教他吧。”

他儿子便又去问孔子。孔子说：“吉祥啊！”又教他们用小牛祭献天帝。

儿子回家转达孔子的意思。父亲说："按孔子的话去做。"过了一年，儿子的眼睛也无缘无故地失明了。

后来楚国攻打宋国，包围了宋国都城。宋国老百姓饿得交换子女来充饥，劈开骨头生火做饭；成年男子都登上城墙作战，死亡的人超过一半。这家父子因为眼睛失明而得以幸免。等到都城解围后，他俩的眼睛竟然又都复明了。

8. 日凿一孔

南海之帝为儵，北海之帝为忽，中央之帝为浑沌。儵与忽时相与遇于浑沌之地，浑沌待之甚善。儵与忽谋报浑沌之德，曰："人皆有七窍以视听食息。此独无有，尝试凿之。"日凿一窍，七日而浑沌死。

——《庄子·应帝王》[①]

注释：

①《庄子》：庄周学派的著作总集。《庄子》曾经汉朝刘向编定，为五十二篇。今本《庄子》仅三十三篇，分三部分，其中内篇七，外篇十五，杂篇十一，是晋人郭象的定本。

译文：

南海的帝王名叫儵，北海的帝王名叫忽，中央的帝王名叫浑沌。儵和忽常常到浑沌那里相会，浑沌待他们很好。儵和忽商量报答浑沌的厚意，说："大家都有耳朵、眼睛、鼻孔和嘴七个孔窍，用来观看、聆听、饮食和呼吸，唯独浑沌没有，我们试着给他凿出这七个孔窍吧。"

于是他们每天给浑沌凿开一个窍，到了第七天，七窍凿成了，而浑沌却死了。

9. 螳螂捕蝉

庄周游于雕陵之樊，睹一异鹊自南方来者，翼广七尺，目大运寸，感周之颡，而集于栗林。

庄周曰：“此何鸟哉！翼殷不逝，目大不睹。”蹇裳躩步，执弹而留之。睹一蝉，方得美荫而忘其身。螳螂执翳而搏之，见得而忘其形。异鹊从而利之，见利而忘其真。

庄周怵然曰：“噫！物固相累，二类相召也。”捐弹而反走，虞人逐而谇之。庄周反入，三日不庭。

——《庄子·山木》

译文：

庄周到雕陵的栗园里游玩，看见一只怪异的鸟鹊从南方飞来，它的翅膀有七尺宽，眼睛直径有一寸长，碰到庄周的额头上，然后停息在栗园中。

庄周说：“这是什么鸟呀！翅膀这么大却飞不远，眼睛那么大连人都看不见。”于是庄周提起衣裳，快步走过去，手持弹弓，窥视着它的动静。这时庄周看见一只知了，由于正在享受美叶荫蔽而忘了自身的安危。一只螳螂则依靠树叶的遮蔽从后面捉住了知了，螳螂抓到猎物得意忘形也忘了自身的安危，那只怪鸟见此，乘机捕住了螳螂，可是也因捞到好处而忘了自身的危险。

庄周见了，惊惧地说：“唉！世间万物本就是相互牵连的，这是因为两种事物之间总是以利害相互招引。”说罢，庄周丢下弹弓回头就跑了，守园人以为庄周偷了栗子，一边追逐，一边责骂他。庄周回到家里，好长时间都很不快乐。

10. 坎井之蛙

子独不闻夫坎井之蛙乎？谓东海之鳖曰：“吾乐与！出跳梁乎井干之上，入休乎缺甃之崖。赴水则接腋持颐，蹶泥则没足灭跗。还［视］虷蟹与科斗，莫吾能若也。且夫擅一壑之水，而跨跱坎井之乐，此亦至矣。夫子奚不时来入观乎？”

东海之鳖左足未入，而右膝已絷矣。于是逡巡而却，告之海曰："夫千里之远，不足以举其大；千仞之高，不足以极其深。禹之时十年九潦，而水弗为加益；汤之时八年七旱，而崖不为加损。夫不为顷久推移，不以多少进退者，此亦东海之大乐也。"

于是坎井之蛙闻之，适适然惊，规规然自失也。

——《庄子·秋水》

译文：

你难道没有听说过浅井之蛙的故事吗？浅井里的青蛙对东海里的鳖说："我快乐极了！我想出来就在井栏上跳来跳去，想休息就回到破损的井壁边。游到水里，水能浮起我的两腋，托起我的两腮；跳进泥中，泥浆只淹没我的脚背。回头看看井里的水虫、螃蟹、蝌蚪，没有谁能比得上我。况且我独占一坑水、盘踞一口浅井的快乐，这也是达到顶端了。你为什么不常来看看呢？"

东海鳖的左脚还没有伸进去，右脚就已经被进口绊住了。于是，东海鳖徘徊不进，缩脚后退，把大海的情形告诉浅井中的青蛙说："你知道大海吗，用千里路的遥远，也不足以形容大海的广大；一千丈的高度，也不足以穷极大海的深度。大禹时代，十年就有九年水灾，可是海水并没有因此而增加；商汤时代，八年就有七年大旱，而海水也没有因此而减少。不因为时间的长短而有所改变，不因为雨水的多少而有所增减，这也算是东海的最大快乐啊。"

于是，浅井中的青蛙听了，惊慌失措，茫然自失。

11. 邯郸学步

子独不闻夫寿陵余子之学行于邯郸与？未得国能，又失其故行矣，直匍匐而归耳。

——《庄子·秋水》

译文：

你难道没有听说过寿陵的少年到赵国邯郸学走路的故事吗？他不但没有学会赵国人的走路本领，反而把自己原来的步法也忘了，结果只好爬着回去了。

12. 不龟手之药

宋人有善为不龟手之药者，世世以洴澼绒为事。客闻之，请买其方百金。聚族而谋曰："我世世为洴澼绒，不过数金。今一朝而鬻技百金，请与之。"客得之，以说吴王。越有难，吴王使之将。冬与越人水战，大败越人，裂地而封之。

能不龟手一也，或以封，或不免于洴澼绒，则所用之异也。

——《庄子·逍遥游》

译文：

宋国有个人，善于制造能够不让手上皮肤龟裂的药物，他家世世代代以漂丝絮为业。有位顾客听说了，愿意出百金收买他的药方。于是他把全家人集合起来商量说："我家世世代代以漂丝絮为业，所得到不过很少的钱；现今卖出这个药方，便可得百金，就卖给他吧。"这位顾客得了这个药方，便用它去游说吴王。恰逢越国发难侵略吴国，吴王就派他统帅军队，在冬天与越国进行水战，因为有能使手不龟裂的药而大败越国。吴王便划定一块土地封赏给他。

同是一个能使手不龟裂的药方，有人因此得到封赏，有人却只是用来漂洗丝絮，这就是对药方的使用方法不同。

13. 丑女效颦

西施病心而矉其里，其里之丑人见之而美之，归亦捧心而矉其里。其里之富人见之，坚闭门而不出；贫人见之，挈妻子而去走。彼知矉美，而不知矉之所以美。

——《庄子·天运》

译文：

西施患了心痛病，紧皱着眉头在村子里走。村子里有一个丑陋的女子看见了，认为西施的皱眉很漂亮，回来也模仿西施捧住心口，皱紧眉头在村子里走。村里的富人看见她，紧闭着门不出来；穷苦的人看见她，拉着老婆孩子赶忙逃离。这个丑女只知道西施皱眉很美，却不知道西施皱眉为什么美。

14. 庖丁解牛

庖丁为文惠君解牛，手之所触，肩之所倚，足之所履，膝之所踦，砉然向然，奏刀騞然，莫不中音。合于《桑林》之舞，乃中《经首》之会。

文惠君曰："嘻，善哉！技盖至此乎？"

庖丁释刀对曰："臣之所好者道也，进乎技矣。始臣之解牛之时，所见无非全牛者；三年之后，未尝见全牛也；方今之时，臣以神遇而不以目视，官知止而神欲行。依乎天理，批大郤，导大窾，因其固然。技经肯綮之未尝［微碍］，而况大軱乎！良庖岁更刀，割也；族庖月更刀，折也。今臣之刀十九年矣，所解数千牛矣，而刀刃若新发于硎。彼节者有间而刀刃者无厚，以无厚入有间，恢恢乎其于游刃必有余地矣。是以十九年而刀刃若新发于硎。虽然，每至于族，吾见其难为，怵然为戒，视为止，行为迟，动刀甚微，謋然已解，如土委地。提刀而立，为之四顾，为之踌躇满志，善刀而藏之。"

文惠君曰："善哉，吾闻庖丁之言，得养生焉。"

——《庄子·养生主》

译文：

庖丁为文惠君宰牛，手抓肩顶，脚踩膝抵，各种动作无不精确利索。此时牛体被肢解发出哗啦哗啦的或重或轻的响声，庖丁进刀发出的阵阵刷刷声，都无不符合音乐的节奏，合乎《桑林》舞曲的节拍，同于《经首》乐章的韵律。

文惠君说："啊。太好了！你的技术怎么会达到这般地步？"

庖丁放下刀，回答说："我所爱好的是道，已经超过技术了。我刚开始宰牛时，眼前所见的无非是一头完整的牛；三年之后，我就再也不去观看整头牛了。到了现在，我再宰牛时，全凭心神去运作，而不用眼睛来观察，感官的认知作用早已停止了，而只是心神的活动罢了。我依据牛体的天然纹理劈开筋骨间的空隙，把刀引入骨节之间的空隙，完全是顺着牛体的自然结构来操作。像那些经络交错、筋骨盘结的地方都不曾有什么妨碍，何况对付大骨头呢！好的厨师一年换一把刀，他们是用刀割肉；普通的厨师一个月换一把刀，他们是用刀砍骨头。如今我的这把刀已经用了十九年了，宰牛的数量也有几千头了，而刀口还像是刚从磨刀石磨过的一样锋利。因为牛的骨节是有间隙的，而这刀刃却薄得犹如没有厚度，用没有厚度的刀刃切入有间隙的骨节，这其中宽宽绰绰的，当然会游刃有余了。所以这把刀子用了十九年还是像新磨的一样。尽管这样，每次碰到筋骨聚集的地方，我知道其中的难度，便小心警惕，眼神专注，动作缓慢，操刀轻微，哗啦一声，牛体就会解开，如同泥土一样散落一地。这时我就会提刀站立，环顾四周，悠然自得，心满意足，把刀子擦净收好。"

文惠君说："好啊！我听了庖丁的这番话，懂得养生的道理了。"

15. 扁鹊见蔡桓公

扁鹊见蔡桓公，立有间，扁鹊曰："君有疾在腠理，不治将恐深。"桓侯曰："寡人无疾。"扁鹊出，桓侯曰："医之好治不病以为功。"

居十日，扁鹊复见曰："君之病在肌肤，不治将益深。"桓侯不应。扁鹊出，桓侯又不悦。

居十日，扁鹊复见曰："君之病在肠胃，不治将益深。"桓侯又不应。扁鹊出，桓侯又不悦。

居十日，扁鹊望桓侯而还走。桓侯故使人问之，扁鹊曰："疾在腠理，汤熨之所及也；在肌肤，针石之所及也；在肠胃，火齐之所及也；在骨髓，司命之所属，无奈何也。今在骨髓，臣是以无请也。"

居五日，桓公体痛，使人索扁鹊，已逃秦矣。桓侯遂死。

——《韩非子·喻老》

译文：

扁鹊去见蔡桓侯，在旁边站了一会儿，对桓侯说："君王有病在皮肤里，如果不及时医治，恐怕病情要加重。"桓侯说："我没有病。"扁鹊走了以后，桓侯对人说："这些医生喜欢医治没有病的人，以此来显示自己的本领。"

过了十天，扁鹊又去见蔡桓侯，说："君王的病已经进入到肌肉里了，再不医治将会更加严重。"桓侯不理睬他。扁鹊走了之后，桓侯很不高兴。

再过了十天，扁鹊又去见蔡桓侯，说："君王的病已经发展到肠胃里去了，再不抓紧医治，将会更加厉害。"桓侯仍旧不理睬他。扁鹊走后，桓侯更加不高兴。

又过了十天，扁鹊去见桓侯时，只看了桓侯一眼，掉头就跑了。桓侯特意派人去问是什么缘故。扁鹊解释说："疾病在皮下，用汤药洗或者热敷，药力是可以达到的；疾病在肌肉里，用针刺是有疗效的；疾病在肠胃里，服火剂汤药也可以治好；疾病到了骨髓里，那是属于掌管生命的神所管的事了，人是无可奈何了。现在君王的病已经深入骨髓，所以我不敢要求给他医治了。"

五天过去了，桓侯突然觉得全身疼痛，立即派人寻找扁鹊，可是扁鹊已经逃往秦国去了。很快，桓侯便死去了。

16. 郑人买履

郑人有欲买履者，先自度其足而置之其坐，至之市而忘操之。已得履，乃曰："吾忘持度。"反归取之。及反，市罢，遂不得履，人曰："何不试之以足？"曰："宁信度，无自信也。"

——《韩非子·外储说左上》

译文：

郑国有个人想买鞋子，他首先量好自己脚的大小，却把量脚的尺码放在座位上了，到了市场才发现自己忘了带尺码。他已经把挑好的鞋子拿到手上了，却说："我忘了带量好的尺码了。"便又返回家去取。等他回到市场时，市场已经关门了，这个人便没有买到鞋子。有人问他："为什么不用脚试一试呢？"他说："我宁可相信量好的尺码，也不相信我的脚。"

17. 三人成虎

庞恭与太子质于邯郸，谓魏王曰："今一人言市有虎，王信之乎？"曰："不信。""二人言市有虎，王信之乎？"曰："不信。""三人言市有虎，王信之乎？"王曰："寡人信之。"庞恭曰："夫市之无虎也明矣，然而三人言而成虎。今邯郸之去魏也远于市，议臣者过于三人，愿王察之。"

庞恭从邯郸反，竟不得见。

——《韩非子·内储说上》

译文：

庞恭陪同太子到邯郸做人质，临行前对魏王说：“现在有个人说街市上有猛虎，大王您相信吗？”魏王说：“不相信。”“有两个人说街市上有猛虎，您相信吗？”魏王说：“不相信。”“有三个人说街市上有猛虎，您相信吗？”魏王说：“我相信。”庞恭说：“街市上不会有猛虎是明摆着的，然而有三个人说有猛虎，您就信以为真了。如今邯郸离魏国比街市远得多，非议我的人何止三个，希望大王要明察啊！”

但后来，庞恭从邯郸回国后，却始终没有再受到魏王的召见。

18. 远水不救近火

鲁穆公使众公子或宦于晋，或宦于荆。犁钼曰：“假人于越而救溺子，越人虽善游，子必不生矣。失火而取水于海，海水虽多，火必不灭矣，远水不救近火也。今晋与荆虽强，而齐近，鲁患其不救乎？”

——《韩非子·说林上》

译文：

鲁穆公让公子们有的到晋国去做官，有的到楚国去做官。犁钼说：“假如到越国请人来救落水的孩子，越国人虽然善于游泳，而孩子肯定救不活。失火了要到海里取水灭火，海水虽然很多，火肯定不会被扑灭，这是因为远处的水救不了近处的火呀。现在晋国和楚国虽然强大，但离鲁国太远了；而齐国距鲁国近，如果把公子们送到齐国做官，与齐国结为友好，鲁国有难还担心齐国不来救援吗？”

19. 刻舟求剑

楚人有涉江者，其剑自舟中坠于水，遽契其舟，曰：“是吾剑之所从坠。”舟止，从其所契者入水求之。舟已行矣，而剑不行，求剑若此，不亦惑乎？以故法为其国与此同。时已徙矣，而法不徙，以此为治，岂不难哉？

——《吕氏春秋·察今》[①]

注释：

①《吕氏春秋》：又称《吕览》。战国末期秦相国吕不韦组织其门客编写的论文集。

译文：

楚国有一个人乘船渡江，他的剑从船上掉进水里，急忙在船边刻了一个记号，说："这是我的剑掉下去的地方。"当船停下了，他就从刻着记号的地方跳进水里去寻找剑。船已经行驶了，而剑却在原地不动，像这样去寻找他的剑，岂不是太糊涂吗？用以前的法律治理国家就与这个故事一样。时势已经变化了，而法度却没有依时修订，这样治理国家，难道不是很难吗？

20. 唇竭齿寒

昔者晋献公使荀息假道于虞以伐虢。荀息曰："请以垂棘之璧与屈产之乘，以赂虞公，而求假道焉，必可得也。"

献公曰："夫垂棘之璧，吾先君之宝也；屈产之乘，寡人之骏也。若受吾币而不吾假道，将奈何？"

荀息曰："不然。彼若不吾假道，必不吾受也；若受我而假我道，是犹取之内府而藏之外府也，犹取之内皂而著之外皂也。君奚患焉？"

献公许之。乃使荀息以屈产之乘为庭实，而加以垂棘之璧，以假道于虞而伐虢。

虞公滥于宝与马而欲许之，宫之奇谏曰："不可许也。虞之与虢也，若车之有辅也，车依辅，辅亦依车。虞虢之势是也。先人有言曰：'唇竭而齿寒。'夫虢之不亡也，恃虞；

虞之不亡也，亦恃虢也。若假之道，则虢朝亡而虞夕从之矣。奈何其假之道也?”虞公弗听，而假之道。

荀息伐虢，克之。还反伐虞，又克之。荀息操璧牵马而报。

献公喜曰：“璧则犹是也，马齿亦薄长矣。”

——《吕氏春秋·权勋》

译文：

从前，晋献公派荀息向虞国借路，以便攻打虢国。荀息说：“请您把垂棘出产的玉璧和屈邑出产的马送给虞公，向他要求借路，一定可以得到允许。”

晋献公说：“那垂棘出产的玉璧，是我们先君的珍宝啊；屈邑产的马，是我的骏马啊。如果虞国接受了我们的礼物而不借给我们道路，那将怎么办呢?”

荀息说：“不是这样的。如果虞国不借路给我们，必定不会接受我们的礼物；如果接受了我们的礼物，就会借路给我们。这就如同我们把宝物从宫中府库取出放到宫外的府库里去，把骏马从宫中的马槽旁牵出来拴到宫外的马槽里。大王您还忧虑什么呢?”

晋献公答应了。于是派荀息把屈邑出产的骏马，再加上垂棘出产的玉璧，作为礼物献给虞公，来向虞国借路攻打虢国。

虞国君主贪求宝玉和骏马，想答应荀息的要求。宫之奇劝谏说：“不可以答应。虞国和虢国的关系，就像车轮上的牙床和直木一样，牙床依赖直木；直木也依赖牙床。虞国和虢国的形势就是这样。古人说过：‘嘴唇没有了，牙齿就会感到寒冷。’虢国没有被灭亡，是靠着有虞国；虞国没有被灭亡，也是靠着有虢国啊。如果借路给晋国，那么虢国早晨灭亡，虞国晚上也就会跟着灭亡了。怎么可以借路给晋国呢?”可是虞公不听劝谏，还是借路给了晋国。

荀息率军队攻打虢国，战胜了虢国。返回时顺势攻打虞国，又战胜了虞国。荀息带着宝璧、牵着骏马回来禀报。

晋献公高兴地说：“玉璧还是老样子，只是马的年龄稍长了一点。”

21. 掩耳盗钟

范氏之亡也，百姓有得其钟者，欲负而走，则钟大不可负。以椎毁之，钟况然有音。恐人闻之而夺己也，遽掩其耳。恶人闻之可也，恶己自闻之，悖矣。

——《吕氏春秋·自知》

译文：

晋国大夫范氏灭亡后，有一个人得到了范氏的一座钟，想背着跑，但钟太大，背不起来，这人就用木槌想把它敲破，木槌敲击钟发出声响，他害怕别人听见钟响会把钟从自己手中夺走，就急忙把自己的耳朵捂了起来。害怕别人听到钟声是可以的，但是不想让自己也听到钟声就太糊涂了。

22. 百步射叶

楚有养由基者，善射，去柳叶者百步而射之，百发百中，左右皆曰善。

有一人过曰："善射，可教射也矣？"

养由基曰："人皆曰善，子乃曰可教射，子何不代我射之也？"

客曰："我不能教子支左屈右。夫射柳叶者，百发百中，而不以善息，少焉气衰力倦，弓拨矢钩，一发不中，前功尽矣！"

——（西汉）刘向《战国策·西周策》

译文：

楚国有一位善于射箭的人名叫养由基，他能距离柳树百步之远射中柳叶，百发百中，身边人都称赞他善于射箭。

有一位过路人看见了，说：“你善于射箭。我可以教你射箭了。”

养由基奇怪地说：“别人都说我善于射箭，你却说可以教我射箭，你为何不替我来射射这柳叶呢？”

过路人说：“我不能教给你支左屈右的射箭方法。你射柳叶百发百中，却不趁时好好休息，一会儿力气用完就会疲倦，弓身不正，箭杆弯曲，一次没有射中，先前的功绩全完了。”

23. 画蛇添足

楚有祠者，赐其舍人卮酒。舍人相谓曰：“数人饮之不足，一人饮之有余。请画地为蛇，先成者饮酒。”

一人蛇先成，引酒且饮之，乃左手持卮，右手画蛇，曰：“吾能为之足。”未成，一人之蛇成，夺其卮曰：“蛇固无足，子安能为之足？”遂饮其酒。

为蛇足者，终亡其酒。

——（西汉）刘向《战国策·齐策二》

译文：

楚国有个举行祭祀的人，赏给他的门客们一壶祭酒。门客们互相商量说：“如果大家都喝这壶酒的话就不够，如果一个人喝它就绰绰有余。我们在地上画蛇吧，谁先画成谁就喝酒。”

有一人先画好了蛇，拿起酒壶要喝酒时，却用左手拿着酒壶，右手又去画蛇，说：“我再给蛇画上脚。”蛇脚还没画成，另一个人的蛇画成了，夺过他手中的酒壶说：“蛇本来就没有脚，你怎么能给它添上脚呢？”于是就喝了那壶酒。

那个给蛇画脚的人，最后还是失去了那壶酒。

24. 亡羊补牢

庄辛谓楚襄王曰：“君王左州侯，右夏侯，辇从鄢陵君与寿陵君，专淫逸侈靡，不顾国政，郢都必危矣。”襄王曰：“先生老悖乎？将以为楚国祆祥乎？”庄辛曰：“臣诚见其必然者也，非敢以为国祆祥也。君王卒幸四子者不衰，楚国必亡矣。臣请辟于赵，淹留以观之。”庄辛去之赵，留五月，秦果举鄢、郢、巫、上蔡、陈之地，襄王流掩于城阳。于是使人发驺，征庄辛于赵。庄辛曰：“诺。”

庄辛至，襄王曰：“寡人不能用先生之言，今事至于此，为之奈何？”庄辛对曰：“臣闻鄙语曰：‘见兔而顾犬，未为晚也；亡羊而补牢，未为迟也。’臣闻昔汤、武以百里昌，桀、纣以天下亡。今楚国虽小，绝长续短，犹以数千里，岂特百里哉？”

——（西汉）刘向《战国策·楚策四》

译文：

庄辛对楚襄王说：“大王您左边有州侯，右边有夏侯，车后跟随着鄢陵君和寿陵君，一味地过着淫乱、放荡、奢侈、靡乱的生活，不过问国家大事，郢都一定危险了。”楚襄王说：“先生老糊涂了吗？还是把我看成是楚国的不祥之兆？”庄辛说：“臣下只是看到您这种行为的必然结果，不敢把您看成是楚国的不祥之兆。如果大王始终宠幸这四个人不变，楚国一定要灭亡了。臣下请求到赵国躲避，居留在那里观看事态的发展。”庄辛离廾楚国到了赵国，在赵国住了五个月，秦国果然攻取了楚国的鄢、郢、巫、上蔡、陈等地，襄王流亡躲藏在城阳。这时候襄王才让人派出骑士到赵国召回庄辛。庄辛说：“好。”

庄辛回到楚国，襄王说：“我没有听先生的话，如今事情到了这种地步，该怎么办呢？”庄辛回答说：“臣下曾听俗话说过：‘看到兔子再回头唤狗，还不算晚；羊跑了再修补羊圈，还不算迟。’臣下听说，从前，商汤、周武王凭借方圆百里的地方昌盛起来，夏桀、商纣王拥有着天下却灭亡了。如今楚国虽然小了，但取长补短还有方圆几千里，何止方圆百里呢？”

25. 南辕北辙

魏王欲攻邯郸，季梁闻之，中道而反，衣焦不申，头尘不去，往见王曰："今者臣来，见人于大行，方北面而持其驾，告臣曰：'我欲之楚。'臣曰：'君之楚，将奚为北面？'曰：'吾马良。'臣曰：'马虽良，此非楚之路也。'曰：'吾用多。'臣曰：'用虽多，此非楚之路也。'曰：'吾御者善。'此数者愈善，而离楚愈远耳！今王动欲成霸王，举欲信于天下。恃王国之大，兵之精锐而攻邯郸，以广地尊名。王之动愈数，而离王愈远耳。犹至楚而北行也。"

——（西汉）刘向《战国策·魏策四》

译文：

魏王准备攻打邯郸，季梁听到这件事，半路上就返回来，来不及舒展衣服皱折，顾不得洗去头上的尘土，就忙着去谒见魏王，说："今天我回来的时候，在大路上遇见一个人，正在向北面赶他的车，他告诉我说：'我想到楚国去。'我说：'你既然要到楚国去，为什么往北走呢？'他说：'我的马好。'我说：'马虽然不错，但是这也不是去楚国的路啊！'他说：'我的路费多。'我说：'路费即使多，但这不是去楚国的方向啊。'他又说：'我的车夫善于赶车。'这几样越好，反而会使他离楚国越远！如今大王的每一个行动都是想建立霸业，每一个行动都是想在天下取得威信。然而依仗魏国的强大、军队的精良，而去攻打邯郸，以使土地扩展，名分尊贵，大王这样的行动越多，那么距离大王的事业就越来越远。这不是和那位想到楚国去却向北走的人一样的吗？"

26. 鹬蚌相争，渔翁得利

蚌方出曝，而鹬啄其肉。蚌合而拑其喙。鹬曰："今日不雨，明日不雨，即有死蚌。”蚌亦谓鹬曰：“今日不出，明日不出，即有死鹬。”两者不肯相舍，渔者得而并擒之。

——（西汉）刘向《战国策·燕策二》

译文：

一只河蚌刚刚爬上河滩张开壳儿晒太阳，一只鹬鸟就扑过来啄它的肉。蚌灵敏地合拢自己坚硬的壳，把鹬鸟尖尖的长嘴紧紧夹住。鹬对蚌说：“今天不下雨，明天不下雨，你就会晒死。”蚌也对鹬说：“你的嘴今天拔不出，明天拔不出，你就要渴死饿死！”鹬和蚌谁也不让谁，结果被渔夫毫不费力地都抓住了。

27. 塞翁失马，焉知非福

近塞上之人有善术者，马无故亡而入胡，人皆吊之。其父曰：“此何遽不为福乎？”居数月，其马将胡骏马而归。人皆贺之。其父曰：“此何遽不为祸乎？”家富良马，其子好骑，堕而折其髀，人皆吊之。其父曰：“此何遽不为福乎？”居一年，胡人大入塞，丁壮者引弦而战，近塞之人，死者十九，此独以跛之故，父子相保。故福之为祸，祸之为福，化不可极，深不可测也。

——（西汉）刘安《淮南子·人间训》

译文：

靠近边塞有一户人家，父亲精通道术。一次，他家的马无缘无故地失散跑到胡人居住的地方，人们都来安慰他。父亲说：“怎么知道这就不会变成福事呢？”几个月过后，那匹马带着一匹胡人的骏马跑了回来，人们都来祝贺他。这位父亲说：“怎么知道这不是祸害呢？”他家有许多匹良马，他的儿子喜欢骑马，结果坠下马摔断了大腿骨。人们听说了，都来安慰他，这位父亲说：“怎么知道这就不会变成福事呢？”过了一年，胡人大举侵入边塞，青壮男子都拿起武器去参战，靠近边塞的人死了十分之九，只有这家人的儿子因为腿跛而没有去打仗，因此父子都保全了性命。所以福可以转化为祸，祸也可以变成福，转化没有终止，奥妙深不可测。

28. 满则覆，虚则欹

孔子观于周庙，有欹器焉。孔子问于守庙者曰："此谓何器也？"

对曰："此盖为宥座之器。"

孔子曰："吾闻宥座之器满则覆、虚则欹、中则正，有之乎？"

对曰："然。"

孔子使子路取水试之，满则覆、虚则欹、中则正。孔子喟然而叹曰："呜呼，恶有满而不覆者哉？"

子路曰："敢问持满有道乎？"

孔子曰："持满之道，抑而损之。"

子路曰："损之有道乎？"

孔子曰："德行宽裕者，守之以恭，土地广大者，守之以俭，禄位尊盛者，守之以卑，人众兵强者，守之以畏，聪明睿智者，守之以愚，博闻强记者，守之以浅。夫是之谓抑而损之。"

——（西汉）韩婴《韩诗外传》卷三

译文：

孔子参观周朝先君的宗庙，看到一件欹器，便向守庙的人问道："这是什么器具？"

守庙的人回答说："这是国君放在座右用来警戒自满的器具。"

"听说这种器具盛满水就会倒覆，不盛水就会倾斜，盛水一半才会正立，是这样的吗？”孔子又问。

“是的。”

孔子叫子路取些水来，试验了一下，果然，这器具盛满水就倒覆，不盛水就倾斜，只有盛水一半才会正立。于是孔子叹息说：“啊呀，世间岂有满而不覆的道理呢？”

子路听了，连忙问道：“请问先生，要保持盈满，有什么方法呢？”

“保持盈满的方法，就是抑制而使之减少。”孔子回答道。

“那抑制而使之减少，又有什么方法呢？”子路又问。

“有啊。”孔子回答说，“德行宽厚的人，用恭敬礼让来保持盈满；疆土广大的人，用节约俭省来保持盈满；地位尊贵的人，用卑屈低下来保持盈满；人多兵强的人，用畏缩避让来保持盈满；聪明智慧的人，用愚拙蠢笨来保持盈满；知识渊博的人，用浅白易晓来保持盈满。这就叫做抑制而使之减少。”

29. 失之东隅，收之桑榆

玺书劳异曰：“赤眉破平，士吏劳苦，始虽垂翅回溪，终能奋翼黾池，可谓失之东隅，收之桑榆。方论功赏，以答大勋。”

——（南朝宋）范晔《后汉书·冯异列传》[1]

注释：

①冯异：东汉初将领。字公孙，颍川父城（今河南宝丰东）人。

译文：

（光武帝刘秀）发诏书给冯异说：“打败赤眉军，将士们都很劳累辛苦。虽然开始在回溪一战中失利了，但最终在渑池取得了胜利，可以说是失之东隅，收之桑榆。我将要依据军功给予赏赐，酬劳你们的大功。”

30. 因地制宜

阖闾[1]曰：“安君治民，其术奈何？”子胥曰：“凡欲安君治民、兴霸成王、从近制远者，必先立城郭，设守备，实仓廪，治兵库。斯则其术也。”

阖闾曰：“善。夫筑城郭、立仓库，因地制宜，岂有天气之数以威邻国者乎？”子胥曰：“有。”阖闾曰：“寡人委计于子。”

——（东汉）赵晔《吴越春秋·阖闾内传》②

注释：

①阖闾：春秋末吴国君主。②《吴越春秋》：古代历史笔记小说，东汉赵晔撰。

译文：

阖闾说：“要使国君安定、使民众有秩序，那手段是什么呢？”子胥说：“凡是想要使国君安定、使民众有秩序、建立霸业、成就王业，既使近处的人服从，又制服远方的人，那就一定得先筑起内城外城，设置防守的器具，充实粮仓，整治好军用府库。这就是那些手段啊。”阖闾说：“好！那修筑内城外城，建造粮仓兵库，根据各地的具体情况而制定适宜的办法，是否还有利用天气等自然因素来威慑邻国的呢？”子胥说：“有。”阖闾说：“我把修筑内外城、建造粮仓兵库的事就委托给您了。”

31．头尾之争

昔有一蛇，头尾自相与诤。头语尾曰：“我应为大！”尾语头曰：“我亦应大！”头曰：“我有耳能听，有目能视，有口能食，行时最在前，是故可为大。汝无此术，不应为大。”尾曰：“我令汝去，故得去耳。若我以身绕木三匝，三日而不已。”头遂不得去求食，饥饿垂死。头语尾曰：“汝可放之，听汝为大。”尾闻其言，即时放之。复语尾曰：“汝既为大，听汝在前行。”尾在前进，未经数步，堕火坑而死。

——《杂譬喻经·蛇头尾共诤喻》[①]

注释：

①《杂譬喻经》：汉译佛经。比丘道略集，一卷。收寓言故事四十则。

译文：

从前有一条蛇，头和尾互相争吵。头对尾说："我应该是老大！"尾对头说："我也该是老大！"头说："我有耳朵，能够听；有眼睛，能够看；有嘴，能吃东西；行走时我走在最前面，因此我应该是老大。你没有这些本领，不该当老大。"尾说："我让你往前走，你才可以往前走。我要用身子绕树三圈，三天不放你走。"头因此不能去取食吃，饿得快死了。头对尾说："你放了我吧！我让你当老大。"尾听了这话，立刻放了头。头又对尾说："你既然是老大，让你走在前面。"尾走在前面，还没走几步，就掉进火坑里烧死了。

32. 一叶障目

楚人贫居，读《淮南方》："得螳螂伺蝉自障叶，可以隐形。"遂于树下仰取叶。螳螂执叶伺蝉，以摘之。叶落树下，树下先有落叶，不能复分别。扫取数斗归，一一以叶自障，问其妻曰："汝见我不？"

妻始时恒答言见，经日乃厌倦不堪，绐云："不见。"

嘿然大喜，赍叶入市，对面取人物，吏遂缚诣县。

县官受辞，自说本末；官大笑，放而不治。

——（三国魏）邯郸淳《笑林》[①]

注释：

①《笑林》：古代笑话集。三国魏邯郸淳撰，共三卷。所记都是诙谐的故事，是我国古代最早的笑话专书。原书已佚，今存二十余则。鲁迅《古

小说钩沉》辑本较完备。

译文：

楚国有一个人穷居困处，读了《淮南方》一书中有“得到螳螂守候蝉时隐蔽过的树叶，可以用来隐身”的说法。于是就到树下仰头寻找这种叶子。一只螳螂正趴在一片叶子上伺机候蝉，他就采摘这片叶子。叶子忽然落到树下，树下原先就有许多落叶，混在一起不能分辨清楚。他只得扫了好几斗落叶带回家去，然后拿着树叶一片一片地遮住自己，问他的妻子说：“你看见了我没有？”

他的妻子开始时总是回答：“看得见。”但是整天如此，他的妻子厌烦得难以忍受，就骗他说：“看不见了。”

此人沉默无言，但心中大喜，就拿着这片树叶到集市去，当着人家的面拿取人家的东西，官吏就把他绑起来送到县衙去。

县官听取了他的供词，又让这人从头到尾把事情说了一遍；县官听了后大笑，就把他放了，没有处置他。

33. 盲人摸象

有王告一大臣：“汝牵一象，以示盲者。”尔时大臣受王敕已，多集众盲，以象示之。时彼众盲各以手触。大臣即还，而白王言：“臣已示竟。”尔时大王即唤众盲，各各问言：“汝见象耶？”众盲各言：“我已得见。”王言：“象为何类？”其触牙者即言：“象形如芦菔根。”其触耳者言：“象如箕。”其触头者言：“象如石。”其触鼻者言：“象如杵。”其触脚者言：“象如木臼。”其触背者言：“象如床。”其触腹者言：“象如瓮。”其触尾者言：“象如绳。”

——《大般涅槃经》[①]卷三十二

注释：

①《大般涅槃经》：佛教经典名，常略称《涅槃经》。有大乘、小乘两

种。小乘《涅槃经》三卷，晋法显译。大乘则有两个译本，一为北凉昙无谶译本，四十卷，称北本；一为南朝宋惠严译本，三十六卷，称南本。通过形象化、通俗易懂的故事来阐释深奥的佛理。

译文：

有个国王告诉他的一位大臣说："你去牵一头大象来，让盲人们认识一下它的模样。"大臣领受了国王的旨意，就找来许多盲人，将大象展示在他们面前。于是那些盲人就各自用手去触摸大象。大臣便回去禀告国王说："我已经向盲人们展示过大象的形状了。"国王就把那群盲人召唤过来，挨个儿问他们说："你知道大象是什么样子了吗？"盲人们都回答说："已经知道了。"国王说："那么大象究竟像什么呢？"摸到象牙的盲人就回答说："大象就好似一根大萝卜。"摸到象耳朵的盲人回答说："像一只大簸箕。"摸到象头的盲人说："像一块大石头。"摸到象鼻子的盲人说："像一根大棒槌。"摸到象腿的盲人说："像一个大木臼。"摸到脊背的盲人说："像一张大床。"摸到肚子的盲人说："像一只大水瓮。"摸到尾巴的盲人说："像一根绳子。"

34. 鉴药

刘子闲居，有负薪之忧，食精良弗知其旨。血气交沴，炀然焚如。

客有谓予："子疾病积日矣，乃今我里有方士，沦迹于医，厉者造焉而美肥，跛者造焉而善驰，矧常病邪，将子谒诸？"予然之，之医所。切脉、观色、聆声，参合而后言曰："子之病，其兴居之节舛、衣食之齐乖所由致也。今夫藏鲜能安谷，府鲜能母气，徒断美疹之橐橐耳。我能攻之。"乃出药一丸，可兼方寸，以授予曰："服是足以瀹昏烦而锄蕴结，销蛊慝而归耗气。然中有毒，须其疾瘳而止，过当则伤和，是以微其剂也。"予受药以饵，过信而腿能轻，痹能和，涉旬而苛痒绝焉，抑搔罢焉；逾月而视分纤，听察微，蹈危如平，嗜粝如精。

或闻而庆予，且关言曰："子之获是药，几神乎！诚能遭已。顾医之态，多啬术以自贵，遗患以要财，盍重求之，所至益深矣。"予昧者也，泥通方而狃既效，猜至诚而惑劓说，卒行其言。逮再饵半旬，厥毒果肆，岑岑周体，如痁作焉。悟而走诸医，医大诧曰："吾固知夫子未达也！"促和蠲毒者投之，滨于殆而有喜；异日，进和药，乃复初。

——（唐）刘禹锡《刘梦得文集·杂著·鉴药》①

注释：

①刘禹锡（722—843）：中唐时期杰出的哲学家、文学家、诗人。字梦得，河南洛阳人，祖籍中山无极（今河北定县）。刘禹锡与柳宗元交谊甚厚，人称"刘柳"。后与白居易齐名，并称"刘白"。著作有《刘梦得文集》四十卷，传于世。

译文：

我在家闲居的时候，生了一场病，即使是精美的食物，也吃不出它的味道。气血紊乱不顺，像火燃烧一样。

一位客人对我说："您的病已累积了一些日子，而今我们乡里有一位方士，隐姓埋名，靠行医过日子。生重病的人就诊后，变得又美又壮；跛脚的人就诊后，可以快步奔跑，何况您的病只是寻常疾病，我带您去拜访他。"我答应了。到那位医生诊疗的地方，他为我把脉，看我的气色，听我的声音，综合所有现象然后说："你的病是因为工作、休息的调节错乱，饮食、穿着的调理错误所导致的。如今你的五脏不能消化食物，六腑不能顺理中气，只是一个长满斑疹的臭皮囊而已。但我可以治好你的病。"于是拿出一颗药丸，大约两寸，然后交给我说："服用它可以疏通你的昏沉烦躁，除去你的郁结之气，消除气虚，使耗损的元气复原。然而这种药含有毒性，病好了以后就必须停止服用，过量了又会损伤和气，因此只能使用小的剂量。"我拿回药并服用后，过了两夜，原来肿胀的脚变得轻盈，麻痹的地方也有所缓和，经过十天奇痒消失，也停止了搔痒；一个月后，视觉可以分辨纤细的东西，听觉可以觉察微小的声音，踩在高的地方也像在平地一样，吃粗糙的食物也像是山珍海味。

有朋友听说后，来为我庆贺，并关心地说：“你得到这种药几乎可以说是神奇，实在是可遇不可求。但是一般医生的态度，大多吝惜自己的医术以提高珍贵性，留下一些小毛病来索要钱财，你何不再多要些药丸？所达到的疗效可能更大。”我真是一个愚昧的人，拘泥于通用的药方，贪爱已见的效果，猜疑医生真诚的态度，而迷惑于胡说八道，最后真的按照朋友的说法去做了。等到再服药五天，它的毒性果然发作，头昏脑涨，全身不适，就像疟疾发作了。我警觉出不对，赶紧找医生，医生非常诧异，说：“我原来就知道您尚未了解我的意思。”赶紧调制可以和缓原来毒性的解药给我服用，使我这个濒临死亡的人又回复生机。过了几天，又继续服用一些解药，身体才完全恢复到像以前那样健康。

35. 苟拘于形器，用极则忧

刘子行其野，有叟牵跛牛于蹊。偶问焉：“何形之瑰欤？何足之病欤？今觳觫然将安之欤？”叟揽縻而对曰：“瑰其形，饭之至也。病其足，役之过也。请为君毕词焉。我僦车以自给。尝驱是牛，引千钧，北登太行，南至商岭，掣以回之，叱以耸之，虽涉淖跻高，毂如蓬而辀不偾。及今废矣，顾其足虽伤而肤尚腯，以畜豢之则无用，以庖视之则有赢，伊禁焉莫敢尸也。甫闻邦君飨士，卜刚日矣。是往也，当要售于宰夫。”

余尸之曰：“以叟言之则利，以牛言之则悲，若之何？予方窭，且无长物，愿解裘以赎，将置诸丰草之乡，可乎？”叟輾然而咍曰：“我之沽是，屈指计其直可以持醪而啖肥，饴子而衣妻，若是之逸也。奚事裘为？且昔之厚其生，非爱之也，利其力；今之致其死，非恶之也，利其财。子恶乎落吾事？”

刘子度是叟不可用词屈，乃以杖叩牛角而叹曰："所求尽矣，所利移矣。是以员能罢吴属镂赐，斯既帝秦五刑具，长平威震杜邮死，垓下敌擒钟室诛，皆用尽身贱，功成祸归，可不悲哉！可不悲哉！呜呼！执不匮之用而应夫无方，使时宜之，莫吾害也。苟拘于形器，用极则忧，明已。"

——（唐）刘禹锡《刘梦得文集·杂著·叹牛》

译文：

刘子在郊外行走，小路上有一位老翁牵着一头跛脚的牛。刘子偶然问老翁说："为何这头牛的形体如此魁伟？脚却如此有毛病，如今害怕发抖成这个样子，您又打算带它到哪里去呢？"老翁拉着缰绳回答说："它的形体如此魁伟，是喂养得好；脚有毛病，是劳累过度。请您听完我的话：我以拉车运输为生，曾经赶着这头牛拉着千钧重的货物，向北登上太行山，向南到达商岭；牵着它回来，叱喝它以保持警觉，即使是跋山涉水，车毂像蓬草一般松散，车辅还是不会坏掉。现在不能用了，看它的脚也只是受伤，身体还算肥壮，如果作为畜生喂养，已经没有作用，但是若从厨师的角度看，还胜过一般可宰杀的牛。只因为禁止私自宰杀，所以不敢杀它。最近听说县令长官要设宴款待人，已经卜算好日子，因此前往，想将牛卖给屠夫。"

刘子正言道："从您的角度来说是有利，可是从牛的角度则是悲哀。该怎么办呢？我正贫穷而且家里也没有多余的东西，但是我愿意脱下我的皮衣来赎它，把它放在水草丰美的地方，可以吗？"老翁哈哈大笑说："我要卖它，本来打算正可以用来打酒吃肉，给儿子吃糖，给妻子买衣服。这样做多舒适，我要你的皮衣做什么？而且我从前好好喂养它，并非真的爱它，只是利用它的气力；如今把它杀死，也并非厌恶它，只是贪求钱财利益。你为什么要妨碍我的好事？"

刘子推想不可能用道理说服老翁，于是用木杖敲牛角叹息地说："对你的需求完了，所追求的利益也就转移了。因此伍员能帮助吴王称霸，却得到一把赐死的剑；李斯帮助秦始皇称帝，却遭到五刑处死；白起在长平大破赵军立威，却在杜邮被逼自尽；韩信在垓下击败项羽，却被诱骗到钟室之中被杀害。这些例子都是价值利用完了，身体也就低贱不值钱了。大功告成，却大祸临头，难道不悲哀吗？难道不悲哀吗？唉！秉持着永不匮乏的善巧运用，应对没有固定形式、方向的世事，并让它因时制宜，就没有人能加害我了。如果拘泥于有形的具体事物，利用价值完了，忧患就来了，这是很明白的道理。”

36. 在此为美，在彼为蚩

楚人俗巫而好术兮，叟有鬻卜而来思。乃招而讯之曰：“嘻！人莫不塞，有时而通，伊我兮久而愈穷；人莫不病，有时而间，伊我兮久而兹蔓！吾闻人肖五行，动止有则；四时转续，变于所极。一岁之旱，人斯具舟；三月之热，人斯具裘。极必反焉，其犹合符。余首圆而足方，余腹阴而背阳，胡形象之有肖，而变化之殊常？《经》曰剥极则贲，居贲而未尝剥者其谁？否极受泰，居否而未尝泰者又其谁？鹤胡不截？凫胡不裨？夔何罚而踸踔？蚿何功而扶持？纷纭恣睢，交作舛驰，似予似夺，似信似欺，孰主张之？问于子龟。”

卜者曰：“招我以粗，问我以微。有天下之是非，有人人之是非。在此为美兮，在彼为蚩。或昔而成，或今而亏。君问曷由，主张其时。时乎时乎！去不可邀，来不可逃，淹淹兮孰舍孰操？乌喙之毒堇，鸡首之贱毛，各于其时，而伯其曹。屠龙之伎，非曰不伟；时无所用，莫若履狶。作踊之工，非曰可珍；时有所用，贵于斲轮。络首縻足兮，骥不能逾跬。前无所阻兮，跛鳖千里。同涉于川，其时在风；沿者之吉，溯者之凶，同蓺于野，其时在泽；伊穜之利，乃穋之厄。故曰是耶非耶，主者时耶。谅淑恶之同出兮，顾所丁之若何。夫如是，得非我美，失非我耻。其去曷思，其来曷期。姑蹈常而俟之，夫何卜为？”

——（唐）刘禹锡《刘梦得文集·赋·何卜》

译文：

楚人的风俗是相信巫术而且喜欢卜卦，有个靠卜卦为生的老头正好来到这里，于是我就把他招来，问他说：“喂！人没有不受挫折的，但有时也会运气亨通，我怎么却是越来越困穷；人没有不生病的，但也有稍微病愈的时候，我却是越来越严重。我听说人就像五行说一样，运动和静止都有一定的准则，一年四季的转换接续，到了极点就会改变。大旱一年，人们就要准备舟船；炎热了三个月，人们就要准备皮衣。物极必反，就像合符一样精确无误。我头圆脚方，我腹阴背阳，为何我的形躯和大家相像，变化、遭遇却如此不同呢？《易经》上记载，贲卦发展到极点就会转为剥卦，如果一直居于贲卦的极盛状况，是谁不曾转向衰败？否卦是受泰卦发展到极点而来，一直处于否卦的闭塞状态，未曾亨通的又是谁？为什么不截短鹤的脚？为什么不增补凫的脚？夔为何受罚，所以走路一跛一跛的？蚿又有什么功劳，得到多脚的扶持而走路稳当？这些现象如此纷乱纵横，交错出现又背道而驰，像给予又像夺走，像相信又像欺骗，究竟由谁主宰？我想向您的龟甲请教。”

占卜的人说：“把我招来的态度很随便，问我的问题却很精微。世界上本来就有大家公认的是非，也有各人认为的是非。在这里被视为美的，在那里可能被视为丑。有的在过去能成功，在今天却可能是亏损的。您问这是什么原因，主宰整个变化的就是时运。时运，时运！离去时不能拦阻，来临时也不可逃避。当它停留的时候，谁会舍弃？谁又会把握？像乌喙那样有剧毒的药草，像鸡首那样温和的药草，若能各自发挥它们的作用时，就可以成为一味药剂的主药。杀龙的技巧并非不伟大，如果没有得到时机的运用，还不如屠夫用脚踩着猪。制作木鞋的手艺并非珍贵稀奇，如果得到时机的适当运用，就比造车轮的手艺还珍贵。手脚都被控制，即使是千里马也没有办法走半步。如果前面没有任何阻碍，跛足的鳖也能爬行千里。在同一条河里行船，它的时运就在风，顺风而行就大吉，逆风而行就大凶。在同一块田野里种植，它的时运就在雨水，对生长期较长的穜谷有利，对生长期较短的穋谷就可能有害。所以任何事是对还是错，主要的决定在时运。相信好、坏同出一源，就看这个人如何做。如果真是这样，得到并非我个人的美事，失去也并非我个人的耻辱。时运去了何须思念，时运要来又何须期待。姑且遵循常理等待它，何须占卜呢？”

37．本猫说

昔有兔类而小，食谷于田。及谷熟，农者获而归之。兔类而小者亦随而至，遂潜于农氏之室。善为盗，每窃食，能伺人出入时。主人恶之，遂题曰鼠，乃选才可捕者而举焉。

人曰：“苍莽之野有兽，其名曰狸。有爪牙之用，食生物，善作怒，才堪捕鼠。”遂俾往，须其乳时，探其子以归畜。既长，果善捕，遇之必怒而捕之。为主人搏鼠，既杀而食之；而群鼠皆不敢出穴。虽为己食而捕，人获赖无鼠盗之患，即是功于人，何不改其狸之名？遂号之曰猫。猫者末也。苍莽之野为本，农之事为末。见驯于人，是陋本而荣末，故曰猫。

猫乃生育于农氏之室。及其子，已不甚怒鼠。盖得其母所杀鼠，食而食之，以为不搏而能食，不见捕鼠之时，故不知怒。又其子，则疑与鼠同食于主人，意无害鼠之心；心与鼠类，反与鼠同为盗。

农遂叹曰：“猫，本用汝怒，为我制鼠之盗。今不怒鼠，已是诚失汝之职，又反与鼠同室，遂亡乃祖爪牙之为用，而诱鼠之为盗，失吾望甚矣。”乃载以复诸野，又探狸之新乳归而养。既长，遂捕鼠如曩之者。

——（唐）陈黯[1]《本猫说》

注释：

①陈黯（约805—877）：字希儒，号昌晦，唐泉州南安（今福建南安陈

丰州）人，郡望颍川（今河南许昌）。原集已亡佚，《全唐文》存其文十篇，《本猫说》为其中一篇。

译文：

从前有一种动物像兔子，但比兔子小一点，在田里吃稻谷。到稻谷成熟时，农民收割装回家。那种比兔子小的动物也跟着来到，就潜藏在农民的家里。它很会偷盗，每次偷盗食物，都等待人出去的时候。主人非常厌恶它，就命名为鼠，于是就物色有捕鼠本事的动物来喂养。

有人说："广阔无边的野外有种野兽，它的名字叫狸，善于使用爪子和牙齿，吃小动物，经常发出生气的声音，它的本领能够捉老鼠。"于是让农民前去，等到它生子时，摸取它的孩子回来饲养。到长大的时候，果然很善于抓捕，遇到老鼠必定发怒而抓捕它。它为主人捕捉老鼠，都杀死吃掉，许多老鼠都不敢出洞。它虽然为了自己吃而捕鼠，但是人却受到没有老鼠偷食物之害的好处，这也是有功于人。为什么不改一下狸的名字呢？于是就叫它为猫。猫的意思是末梢。广阔无边的野外是根，农民家里的事是梢。它被人驯养了之后，就轻视山野之事而以农家之事为荣耀，所以就叫做猫。

猫就生养在农民的家里。到它的儿子，对老鼠已经不太发怒了。因为它可以得到它的母亲所杀的老鼠，母亲咬死老鼠来喂养它，就以为自己不抓捕老鼠也能吃得到。它看不到它的母亲捕鼠时的样子，所以它也不知道发怒。又到了它的儿子，就疑惑猜测自己跟老鼠都是主人喂养的，心里更没有捉杀老鼠的想法；心里的想法与老鼠一样，反而跟老鼠一起去偷盗食物了。

农民就慨叹着说："猫呀，本来我是用你发怒来帮我制服老鼠的。现在你对老鼠已不发怒了，已经丧失了你的职能，反而跟老鼠吃住一起，你已失去了祖先的尖爪利齿，却引诱老鼠一起偷盗，我太失望了。"就装着它又返回野外，再物色狸的新生儿回来喂养。到长大时，又能跟以前一样捕捉老鼠。

38. 鱼说

河有龙门，隶古晋地，禹所凿也，悬水数十仞，淙其声雷然。一舍间，河之巨鱼，春则连群集下，力而上泝，越其门者，则化为龙，于是拏云拽雨焉。

河壖纤鳞，望之相谓曰："彼亦鱼也，而超变如此，岂与我拨拨然，壖而游，戢戢然，穴而藏哉！"

其一曰："惑矣！汝之思也。夫天地之内，物之颁形者千万焉，形之巨细，分之大小，相副焉，随其形，足其分，各适矣！超变者，河之时，波则与之惊，澄则与之平，意顺力浑，沉浮安定。及其思变也，连群而妒，泝瀑而怒，意疲力困，乃云乃雨。夫云雨来，随蒸润之气，自相感尔，于彼何有哉？彼若有心，于云雨之间有时而堕矣；无心，自感又何功乎？角其上，足其下，与吾鬐鬣一也。吾鬐鬣而游，彼角足而腾，未尝不顺也，岂以吾壖游之无争，穴藏之无虞，人不知而害不加之，乐易其角足云雨之劳乎？"

——《无能子·鱼说》①

注释：

①《无能子》：《四库全书简明目录》记载，《无能子》三卷，不著撰人名字，盖唐僖宗（874—888）时人也。原本四十二篇，今存者三十四篇。其说原本老、庄，而传以佛理。

译文：

河津地方有个龙门，隶属古时晋国之地，是大禹治水时所挖凿的，上头有座数十仞高的瀑布，水流声像打雷般轰轰然。瀑布三十里内的河里有巨大的鱼类，每到春天就会聚集在瀑布下头，奋力地逆流而上，只要能穿越龙门，就能变化成龙，所以巨鱼们都可以引动云雨。

居住在河畔的小鱼群看着巨鱼跃龙门的情形，便互相谈论着："它们也是鱼呀，却能如此超越鱼类限制而成为龙，怎会像我们一样，只会聚集在浅浅的河畔，拨拨地游着，而藏身于洞穴之中。"

其中有条鱼说了："你们的想法真令人困惑啊！天地之间，上天所赋予的万物形体有千千万万，形体的巨大与细小，与其本分的大小是相符合的，万物宜随着其形体的大小而负起合适的本分。超越变化的，是河流的时节变化，河水波涛汹涌时，便跟着惊险的波浪浮沉；河面平静时，便随着平静的河面悠游，随着河水的变力而沉浮悠游，不必费太大的力气。等它们想要有所变化时，彼此就互相猜忌，发怒般的逆着瀑布上游，直到精疲力竭，于是云雨也兴起了。其实云雨是随着湿润的热气上升，自己感应而产生的，与那些巨鱼逆流而上有何关系呢？它们若真有心，有时就会在云雨变化之间往下掉；若没有心，自相感应又能有什么效用呢？虽然它们头上长着角，底下长有脚，和我们鱼族其实也没什么不同。我们靠着脊鳍游水，它靠着角足而飞腾，也没什么不顺意的，难道像我们这样在河畔与世无争的悠游，安全无虞的藏身在洞穴中，人类没有发现我们，自然也就没有灾害加在我们身上，这样的快乐又岂是它们以角足在云雨之间辛苦的飞腾可以代替的呢？”

39. 月晕而风，础润而雨

事有必至，理有固然。惟天下之静者，乃能见微而知著。月晕而风，础润而雨，人人知之。人事之推移，理势之相因，其疏阔而难知，变化而不可测者，孰与天地阴阳之事，而贤者有不知。其故何也？好恶乱其中，而利害夺其外也！

——（北宋）苏洵[①]《辨奸论》

注释：

①苏洵（1009—1066）：北宋散文家。字明允，号老泉，世称“苏文公”，眉州眉山（今四川眉山县）人。苏洵与其子苏轼、苏辙合称“三苏”，均在“唐宋八大家”之列。著有《嘉祐集》十五卷及《谥法》三卷。

译文：

事物有它必然发展到的程度，道理有它本来就有的规律。只有天下那些冷静睿智的人，才能看到一点苗头就知道事物发展的趋势与结果。月亮周围出现光圈就要刮风，柱石的基础发潮湿润就会下雨，这是人人都懂得的道理。至于人事的变化，情理形势的相互影响，曲折复杂难以了解，千变万化无法预料，这怎能与天地阴阳的变化相比呢？然而贤能的人也有不明白的。

这是什么缘故呢？这是因为爱憎扰乱了他的判断，而利害得失又左右着他的行动啊。

40. 钟莛说

甲问于乙曰："铸铜为钟，削木为莛，以莛叩钟，则铿然而鸣。然则声在木乎？在铜乎？"

乙曰："以莛叩垣墙，则不鸣；叩钟则鸣，是声在铜。"

甲曰："以莛叩钱积，则不鸣，声果在铜乎？"

乙曰："钱积实，钟虚中，是声在虚器之中。"

甲曰："以木若泥为钟，则无声，声果在虚器之中乎？"

——（北宋）欧阳修《欧阳文忠公集·笔说》

译文：

甲问乙道："用铜铸成大钟，把木头削作撞木，用撞木敲打铜钟就发出铿铿的响声。这么说来，声音是发自木头呢，还是发自铜呢？"

乙说："用撞木敲打矮墙，就发不出响声；敲打铜钟，就发出响声。那么，这声音就是发自铜了。"

甲说："用撞木敲打堆积的铜钱，就发不出声音。那么声音果然是发自铜吗？"

乙说："堆积的铜钱是实心的，而铜钟中间是虚空的，这声音应当发自虚空的器物中。"

甲说："用木头或者泥巴做成钟，不会发出声音，那么，声音果真是发自虚空的器物中吗？"

41. 扣盘扪烛

生而眇者不识日，问之有目者，或告之曰："日之状如铜盘。"扣盘而得其声。他日闻钟，以为日也。或告之曰：

“日之光如烛。”扪烛而得其形。他日揣籥，以为日也。日之与钟、籥亦远矣，而眇者不知其异，以其未尝见而求之人也。

道之难见也甚于日，而人之未达也，无以异于眇。达者告之，虽有巧譬善导，亦无以过于盘与烛也。自盘而之钟，自烛而之籥，转而相之，岂有既乎？故世之言道者，或即其所见而名之，或莫之见而意之，皆求道之过也。然则道卒不可求欤？苏子曰：“道可致而不可求。”何谓致？孙武曰：“善战者致人，不致于人。”子夏曰：“百工居肆以成其事，君子学以致其道。”莫之求而自至，斯以为致也欤！

——（北宋）苏轼①《日喻说》②

注释：

①苏轼（1037—1101）：北宋文学家、书画家。字子瞻，又字和仲，号东坡居士，眉州眉山（今属四川）人。与父苏洵、弟苏辙合称“三苏”。为“唐宋八大家”之一。②《日喻说》：北宋苏轼撰，作于宋神宗元丰元年（1078），文中以“盲人识日”和“北人学没”两个浅显的比喻，阐明“道可致而不可求”和“学以致其道”的见解，指出掌握客观事物必须通过亲身实践，沉潜其中，才能心领神会事物的真谛，若幻想不学而就，结果必然是失之千里。

译文：

一个天生失明的瞎子不认识太阳，就问眼睛明亮的人。有人告诉他说：“太阳的形状像铜盘。”瞎子敲击铜盘，听到了声音。有一天，瞎子听到钟声响，以为那就是太阳了。又有人告诉他说：“太阳发光像蜡烛。”瞎子摸了摸蜡烛，知道了形状。有一天，瞎子摸到了管乐器籥，又以为那是太阳了。其实，太阳与钟、籥差得远呢，而瞎子却不知道它们的不同，这是因为瞎子从未见过太阳而只是向人求教的缘故。

抽象的道理比起太阳来就更是难以认识清楚了，一般人不明白这些道理，就如同瞎子不知道太阳。懂得道的人要告诉别人什么是道，即使用巧妙的比喻去很好地开导，也并不比铜盘与蜡烛的比喻更形象。从铜盘到钟，从蜡烛到籥，类似的比喻可以无休止地接转下去，这还有完结的时候吗？所以世上讲道的人，有的是就其眼睛看到的物体来解释它，有的是就眼睛看不见的东西来猜想它，这都是求道的弊病。那么，道是永远不可求得的吗？我说："道可以顺其自然地得到，而不可以强求。"什么叫顺其自然地得到？孙武子说："善于用兵打仗的人能使敌人自投罗网，而不让自己陷入敌人的圈套。"子夏说："各行各业的手工艺人是在作坊里完成他们的工作的，君子是在学习体会中得到道的。"顺其自然，不必强求，我想这就是求"道"的境界吧！

42. 求鸭搦兔

昔人将猎而不识鹘，买一凫而去。原上兔起，掷之使击，凫不能飞，投于地；又再掷，又投于地，至三四。凫忽蹒跚而人语曰："我鸭也，杀而食之，乃其分，奈何加我以掷之苦乎？"其人曰："我谓尔为鹘，可以猎兔耳，乃鸭耶！"凫举掌而示，笑以言曰："看我这脚手，可以搦得他兔否？"

——（北宋）苏轼《艾子杂说》[①]

注释：

①《艾子杂说》：北宋苏轼著，中国历代笑话集成。共三十九则。

译文：

从前有个人想去打猎但不认识捕猎的鹘，结果将鸭子当做鹘买去。草原上兔子被惊起，此人扔鸭子让它去抓兔子，鸭子不会飞，摔在地上；他又扔，鸭子又摔，这样反复了三四次。鸭子忽然跌跌撞撞地说出了人话："我是鸭子，你把我杀了吃肉，才是对的，为什么让我受摔打之苦？"那人说："我把你当做可以捕猎兔子的鹘，没想到你是一只鸭子啊！"鸭举起鸭掌让那人看，并笑着说："你看看我这手脚，能捉得住兔子吗？"

43. 斗牛图

马正惠公尝珍其所藏戴嵩《斗牛图》，暇日展曝于厅前。有输租氓见而窃笑，公疑之，问其故。

对曰："农非知画，乃识真牛。方其斗时，夹尾于髀间，虽壮夫膂力不能出之。此图皆举其尾，似不类矣。"

公为之叹服。

——（南宋）曾敏行①《独醒杂志》②卷一

注释：

①曾敏行（1118—1175）：南宋笔记作家。字达臣，自号浮云居士，又号独醒道人，还自称归愚老人、庐陵吉水，吉水（今江西）人。②《独醒杂志》：南宋曾敏行撰，宋代逸事典故类笔记，共十卷。

译文：

马知节珍藏有一幅唐代著名画家戴嵩的《斗牛图》。有一天，他趁着有空闲，便将这轴画放在厅堂前晾晒。一位前来交租的农夫，瞧见此画后，偷偷地发笑。马知节心中疑惑，便问农夫："你为什么发笑？"

农夫说："我不懂画，但我熟悉真牛。当牛搏斗时，总是非常有力地将尾巴夹在大腿中间，即使再强壮的汉子也休想把它拽出来。这幅画上的牛翘着尾巴，同真牛不一样！"

马知节听了，觉得有道理，连连点头称许。

44. 梧丘农夫

梧丘之野人，种稻以为食，岁储旧而待其新，新未尝不敢竭其旧。旦日之亩，视其禾皆颖而且栗，喜而归曰："新可期矣！"则皆发其旧，与其人饱之。旧且尽，而新未熟，不胜其觖望，与其子及妻更往而迭视。蹊其亩，而禾愈青。

是非禾之返青也，望之切也。

——（明）刘基[①]《郁离子·石羊先生》[②]

注释：

①刘基（1311—1375）：中国元明时期思想家、文学家、军事家、政治家。字伯温，处州青田（今浙江青田）人。②《郁离子》：刘基撰。郁，有文采的样子；离，八卦之一，代表火；郁离，就是文明的意思，其谓天下后世若用斯言，必可抵文明之治。“郁离子”是刘基的托称，他写作《郁离子》的时候，正值人生的低谷，半生郁郁不得志，不能施展抱负，遂弃官归隐家乡青田山中，发愤而著《郁离子》。

译文：

梧丘这里有一个农民，以种水稻为生，每年总是储藏着陈粮等着接上新粮，新粮不到手，就不敢吃完陈粮。有一天他到田间去，看到新苗已经吐穗快要结实了，高高兴兴地走回家，说：“新粮丰收在望了！”于是把陈粮全部取出，跟他的家人大吃起来。陈粮快要吃光了，可新稻还没成熟，大家抱怨起来。他便同他的儿子、妻子轮流到地里反复察看，由于去的次数太多，田垄都快被他们踩坏了，可是稻苗却好像越来越青了。其实，这不是禾苗返青，而是盼望新稻成熟的心情太急切了。

45. 冯妇之死

东瓯之人谓“火”为“虎”，其称“火”与“虎”无别也。其国无陶冶而覆屋以茅，故多火灾，国人咸苦之。

海隅之贾人适晋，闻晋国有冯妇，善搏虎。冯妇所在，则其邑无虎。归以语东瓯君，东瓯君大喜，以马十驷，玉二瑴，文锦十纯，命贾人为行人，求冯妇于晋。

冯妇至，东瓯君命驾虚左，迎之于国门外，共载而入。馆于国中，为上客。

明日市有火，国人奔告冯妇，冯妇攘臂从国人出，求虎弗得。火迫于宫肆，国人拥冯妇以趋火，灼而死。

于是贾人以妄得罪，而冯妇死弗寤。

——（明）刘基《郁离子·冯妇》

译文：

东瓯人“火”和“虎”的发音相同，他们说“火”和“虎”时没有区别。当时，他们的国家没有制造砖、瓦等的陶器工业和锻造铁器的冶炼工业，盖屋顶只能用茅草苫，所以经常发生火灾，这地方的人都为此而苦恼。

海边有个商人到晋国去，听说晋国有个冯妇善于打虎，只要冯妇在哪里，哪里就没有虎。这商人回来后就把这情况告诉东瓯君。东瓯君听了非常高兴，就用十辆马车，两双白玉，十匹锦缎，派这商人当使者，到晋国去请冯妇。

冯妇请来了，东瓯君命令驾车去迎接，空出车上左边的尊位，到京城门外去接他，和他共坐一辆车进了城，让他住在京城里的客栈，奉为上宾。

第二天，街上失了火，京城的人跑来告诉冯妇。冯妇捋起袖子伸出胳膊，立即跟着大家跑出门外，却没有找到老虎。这时，大火已逼近宫殿附近的店铺，众人簇拥着冯妇快步跑去，大火把冯妇烧死了。

因此，那商人因虚报情况而被判罪，而冯妇至死也弄不明白是怎么回事。

46. 梁折屋塌

臣之里有巨室，梁蠹且压，将易之，召匠尔，匠尔曰：“梁实蠹，不可以不易，然必先得材焉，不则未可也。”其人不能堪，乃召他匠，束群小木以易之。其年冬十有一月，大雨雪，梁折而屋圮。

——（明）刘基《郁离子·论相》

译文：

我的家乡有个大户人家，家里的屋梁被虫蛀坏，快塌了，主人想更换它，于是请来一个叫尔的工匠。这位工匠看了之后说：“这房梁确实被蛀坏了，不能不换了。但是一定要先找好新的大梁，不然就不能换。”主人认为王尔不能胜任这工作，就去找来别的工匠。这个工匠就把一些小料捆在一起，换下了大梁。这年冬天十一月，天降大雪，屋梁承受不住，结果梁断屋坍。

47. 赵人患鼠

赵人患鼠，乞猫于中山。中山人予之。猫善捕鼠及鸡，月余，鼠尽而其鸡亦尽。

其子患之，告其父曰：“盍去诸?”其父曰：“是非若所知也，吾之患在鼠，不在乎无鸡。夫有鼠，则窃吾食，毁吾衣，穿吾垣墉，坏伤吾器用，吾将饥寒焉。不病于无鸡乎?无鸡者，弗食鸡则已耳，去饥寒犹远，若之何而去夫猫也。”

——（明）刘基《郁离子·捕鼠》

译文：

有个赵国人，家里老鼠为害，就到中山国去求猫。中山国人送给他一只猫。这只猫善于捉老鼠，可也爱捉鸡。一个多月过去了，家里的老鼠捉尽了，可是鸡也被吃光了。

他的儿子对此感到颇为厌恶，便禀告他父亲，说：“为什么不把这猫赶走呢?”他父亲说：“这就是你不懂了：我们家的祸患是在老鼠，不在于没有鸡。家里有老鼠，就会偷吃我们的粮食，咬坏我们的衣物，钻穿我们的墙壁，毁坏我们家中的器具，我们就要挨饿受冻了。这比没有鸡更厉害。没有鸡，我们不吃鸡也就罢了，离挨饿受冻还远着哩，为什么要把猫赶走呢?”

48. 九头争食

孽摇之虚有鸟焉，一身而九头。得食，则八头皆争，呀然而相衔，洒血飞毛，食不得入咽，而九头皆伤。海凫观而笑之曰："而胡不思九口之食同归于一腹乎？而奚其争也？"

——（明）刘基《郁离子·九头鸟》

译文：

孽摇山上有一种鸟，一个身子九个头。一个头得到食物，其余八个头都来抢着吃，张着嘴互相争啄，弄得鲜血淋漓，羽毛飞落，吃到嘴里也不能下咽，结果九个头都受伤。野鸭看到后就讥笑说："你们怎么不想一想，九个嘴吃下的食物不是都归到一个肚子吗？你们为什么要拼命争抢呢？"

49. 常羊学射

常羊学射于屠龙子朱。屠龙子朱曰："若欲闻射道乎？楚王田于云梦，使虞人起禽而射之。禽发，鹿出于王左，麋交于王右，王引弓欲射，有鹄拂王旃而过，翼若垂云，王注矢于弓，不知其所射。养叔进曰：'臣之射也，置一叶于百步之外而射之，十发而十中，如使置十叶焉，则中不中，非臣所能必矣。'"

——（明）刘基《郁离子·射道》

译文：

常羊向屠龙子朱学射箭，屠龙子朱对他说："你想听一听射箭的方法吗？楚王在云梦泽打猎，让管山林水泽的官把鸟赶飞起来而后射它们。鸟禽飞起，忽然大鹿从楚王的左边跑来，小鹿从他右边跑来，楚王拉开弓想要射时，又有天鹅擦着楚王的旗子飞过去，它的翅膀就像从天上垂挂下来的白云。楚王搭箭上弓，不知道该射什么好了。这时神箭手养由基在一旁进言道：'我射箭时，把一片树叶放在百步之外来射；射十次就中十次；但如果把十片树叶放在那里，能不能射中，我就不敢完全肯定了。'"

50. 越工溺水

越工善为舟，越王用之良，命廪人给上食。越之治舟者宗之。岁余，言于越王曰："臣不惟能造舟，而又能操舟。"王信之，隽李之役，风于五湖，溺焉，越人皆怜之。

郁离子曰："是画蛇而为之足者之类也。人无智愚，惟知止则功完而不毁。"

——（明）刘基《郁离子·知止》

译文：

越地的工匠善于造船，越王选用他们中技术最精良的一个，并命令管粮仓的人供应他上等饭食。越地造船的工匠也十分仰慕他。过了一年多，这个被人尊崇的工匠对越王说："我不只善于造船，还善于掌船。"越王相信他，就让他驾船征战。在隽李战役中，他在太湖大风中驾船，结果船翻了，人也淹死了。越人都为他感到惋惜。

郁离子说："这是画蛇又给它添足一类的人。人不论他聪敏还是愚笨，只要懂得适可而止，就可以功成而自身不受到损害。"

51. 两头蛇

吾尝行于野，见两头之蛇，其首一东而一西，二首相掣，终日不能离其处。吾观而悲焉。

——（明）刘基《郁离子·主一不乱》

译文：

我曾经在田野里行走，看见一条两头蛇，一个头往东，一个头往西，两个头相互拉着，整天也不能离开原地。我看到以后为它感到悲哀。

52. 若石防虎

若石隐于冥山之阴，有虎恒蹲以窥其藩。若石帅其人昼夜警。日出而殷钲，日入而燎烨，宵则振铎以望。植棘树墉，坎山谷以守，卒岁虎不能有获。

一日而虎死，若石大喜，自以为虎死，无毒己者矣。于是弛其机，撤其备，垣坏而不修，藩决而不理。

无何，有貙逐麋来，止其室之隈，闻其牛、羊、豕之声而入食焉。若石不知其为貙也，叱之，不走，投之以块，貙人立而爪之毙。

君子谓："若石知一而不知二，宜其及也。"

——（明）刘基《郁离子·虎貙》

译文：

若石隐居在冥山的北面，有只老虎经常蹲在那里偷看他家篱笆里面养的牲畜。若石带领家人白天黑夜戒备着。早晨日出后就敲响铜钲，晚上日落后就点火照明，夜里还敲铎来巡查。并在院子周围种上荆棘，筑起围墙；在山谷里也挖些陷阱来守卫。一年来老虎什么也没得到。

一天，老虎死了，若石非常高兴，自以为老虎一死，再也没有什么危害自己的了。于是，他收起守卫的弓弩，撤掉防守的设备，围墙倒塌了也不修，篱笆坏了也不补。

没多久，有一只貙追赶小鹿来到这里，在他家的屋角边停了下来，听到他家牛、羊、猪的叫声，就闯进去偷吃。若石不知道它是貙，就大声呵斥，它不逃走；用土块掷它，它反而像人似地站起来，用爪子抓住若石，把他咬死了。

君子认为，若石只知其一，不知其二，遭到这样的惨祸，也是在所难免的。

53. 郑人学盖

郑之鄙人学为盖，三年艺成而大旱，盖无所用。乃弃而为桔槔，又三年，艺成而大雨，桔槔无所用，则又还为盖焉。

未几而盗起，民尽改戎服，鲜有用盖者，欲学为兵则老矣。

——（明）刘基《郁离子·鄙人学盖》

译文：

郑国有个住在郊野的人，学习制作雨具，三年学成手艺，天却大旱，雨具派不上用场。于是他放弃做雨具而改学做提水工具。又花了三年时间，手艺学成了，却遇上了多雨年景，提水工具又没了用处，于是他又改回来重新做雨具。

没多久，盗贼四起，人们改穿军服，很少有用雨具的。他又想学制作兵器，可是已经老了。

54. 主次分明

郁离子曰："食主于疗饥，其功在饱，而甘旨不与焉；衣主于御寒，其功在暖，而华饰不与焉。饱暖主也，甘旨华饰客也。言文而不信，行诡而不实，是专事为客而亡其主也，是犹构九成之楼，而以竹柱也。

呜呼！人之于事也，能辨识其何者为主，何者为客，而不失其权度，则亦庶几乎寡悔矣夫！"

——（明）刘基《郁离子·寡悔》

译文：

郁离子说："饭的主要作用在于止饿，它的功用在填饱肚子，而甜美与否不是最重要；衣服的主要作用在于御寒，它的功用在暖身，而华丽与否不是最重要。对人而言，饱暖是主要的，甜美、华丽是次要的。说话讲究文采而不诚实，行为虚伪也就不真实，这是专门在次要方面花工夫，而忘掉了主要方面，这就像建造九层的高楼，却以毛竹为梁来支撑一样啊！

唉！人在办事时，能够辨清什么是主要的，什么是次要的，而不弄错了标准，那就很少出现后悔的事了！"

55. 屠龙子失马治厩

屠龙子失马而治厩，人曰："晚矣。"屠龙子曰："折肱而学医，未晚也。昔者，齐桓、晋文公皆先后丧其国，而后归为五伯。越王勾践栖于会稽，而后灭夫差，作诸侯长。知武子囚于楚，而后归相晋侯，光复先君之业。孙子刖足，而后为大国师，破军斩将，威动天下。伍子胥丧家出奔，而后入郢，复其父兄之仇。范雎折胁拉齿，弃于箦中，而后相秦，折魏齐。此三君四大夫者，方其逃奔困厄之际，孰不谓其当与枯荄落叶同腐土壤？而一旦光辉焕赫，使人仰之如日星之在上。向使其自甘于危亡而自暴也，则亦已矣。故七月之旱，禾不生矣，犹可芟而望其穞；若以为晚而遂弃之，田卒荒矣。"数月而马归，人服其识。

——（明）刘基《郁离子·晚成》

译文：

屠龙子丢失了一匹马，然后着手修马厩，人们对他说："已经晚了。"屠龙子却说："折断了胳膊，然后去学医，也不算晚。从前，齐桓公、晋文公都先丧失国家而后又回国成为国君，并成为五霸之一。越王勾践曾被俘虏，困在会稽山，后来灭了吴王夫差，成为诸侯盟主。知武子曾被楚国囚禁，回国后却做了晋国的丞相，在鄢陵打败了楚国，恢复了先王的帝业。孙膑被砍断双足，后来成为齐国的军师，大败魏国军队，杀死魏将庞涓，威震天下。楚人伍子胥，他的父兄被楚王杀害，他出奔到吴国，后来攻下楚都，替他的父兄报了仇。魏人范雎初被魏冉派人打断了肋骨、牙齿，被卷在竹席里丢进茅坑，后被人救出，入秦为丞相，辅佐秦昭襄王战胜魏国，迫使魏冉自杀。以上三个君王、四个卿大夫，当他们处在艰难窘困的时候，谁不认为他们会和枯草落叶一起腐烂在土壤里呢？然而一朝声名显赫，人们就像对天上的日月星辰一样敬仰他们。倘使当初他们处于危亡之中心甘情愿自暴自弃，那就什么也没有了。这如同在七月的大旱天里，禾苗不能生长，但割掉田间杂草，禾苗还有成长的希望；倘若认为时间太晚了就不去管它，那么田地很快就荒芜了。”数月后，屠龙子丢失的马果然跑了回来，人们都佩服他的远见卓识。

56. 罔与勿种谷

“罔”与“勿”析土而农，耨不胜其草，“罔”并薙以焚之，禾灭而草生如初。“勿”两存焉，粟则化而为稂，稻化为稗。胥顾以馁，乃俱诉于后稷曰：“谷之种非良。”问而言其故，后稷曰：“是汝罪也。夫谷由人而生成者也，不自植也。故水泉动而治其亩，灵雨降而播其种，蜩螗鸣而芸其草；粪壤以肥之，泉流以滋之。其耨也，删其非类，不使伤其根；其植也，相其土宜，不使失其性。潦疏暵溉，举不违时，然后可以望有秋。今汝不师诸先民，而率由乃心，以遏天生，乃弗惩尔躬，而归咎于种之非良，其庸有愈乎？”

——（明）刘基《郁离子·种谷》

译文：

从前，“罔”和“勿”兄弟俩把田地分开来各自种庄稼，除草时“罔”忍受不住草多的劳累，就把禾苗和杂草一起割下来烧掉，结果禾苗全都死了，而杂草却长得跟原来一个样。"勿"任凭禾苗和杂草一块儿生长，结果谷子变成了狼尾草，稻子变成了稗子。他们都眼睁睁地看着这一切而饿肚子，就一起去向后稷诉苦，说："这些谷物的种子不好。"后稷问他俩，他俩说明了原委。后稷说："这就是你们的过错了。那谷物是由人培育成功的，不是自生自长的。所以，当冰消雪化、水泉流动的时候，就要整治田地；春雨普降时，就要播下种子；蝉鸣叫了，就要去锄草，并往地里送粪使田肥沃，常浇水来滋润庄稼。除草时，锄掉杂草，不使庄稼的根受伤；种植时，要察看土壤适宜种什么，不要违反庄稼的本性；有积水要及时疏导排出；干旱了要及时灌溉，一切不要违背时令节气，然后才有希望获得好收成。现在你们不向前贤学习种植，却由着你们自己的心意胡来，妨碍稻禾生长的本性，不责备自己，反而归罪于种子不好，还有比这更愚蠢的吗？"

57. 木伐萝瘁

曲沃之奥有神丛。丛，大木也。茑与女萝附焉。神患茑萝之滋蔓也，欲去之，乃谓茑萝曰："古人有言：'大木之下无美草'，伤于阴之多也。今木之干且数围，而尔之蔓不满寸，则其叶实尔蔽也。"茑与女萝亦自见其蔓不如木之硕也，疾之。见梦于里人曰："□① 佯非神之为，唯木之怪。"里人遂伐木。木既伐之，茑、萝莫傅，是以亦瘁。

——（明）苏伯衡②《苏平仲文集·空同子瞽说》

注释：

①原本此处缺字，疑为"不"字。②苏伯衡（约公元1360年前后在世）：明代文学家。字平仲，别号空同子，金华（今属浙江）人。苏伯衡好读书，学问渊博，尤以古文名世。

译文：

曲沃山坳里一个隐秘的地方有一片神木丛。丛，指高大的树木。茑和女萝依附于神木的枝干蔓延生长。神灵担心它们继续蔓延下去，想叫它们离开，便对它们说："古人曾经说过：'高大的树木之下不会有丰美的草丛'，这是因为它被大树遮住了阳光。现在神树的树干快有好几围粗了，而你们的藤蔓还不满一寸，就是因为神木的枝叶遮盖了你们。"茑和女萝看到自己的藤蔓没有神木的枝干那么硕大茁壮，心里很妒忌，于是便托梦对乡里的人们说："那些大树并不是什么神灵幻化出来的，只是一些木精树妖罢了。"乡里的人们于是砍去了神木。神木砍了之后，茑和女萝也就无处依附，因此也都枯槁了。

58. 阿留守柳

舍前植新柳数株，元素恐为邻儿所撼，使留守焉。留将入饭，则收而藏之。

——（明）陆容[1]《阿留传》

注释：

①陆容（1436—1497）：明代学者。字文量，号式斋，南直隶苏州府太仓（今属江苏）人。性至孝，嗜书籍，与张泰、陆钎齐名，时号"娄东三凤"。

译文：

周元素在自家门前栽了几棵柳树苗，他担心邻家小孩来晃动树苗，就让阿留看守在那里。阿留到了要回家吃饭的时候，就拔起所看守的树苗把它收藏起来。

59. 阳明看花

先生游南镇。一友指岩中花树问曰："天下无心外之物。如此花树，在深山中自开自落，于我心亦何相关？"

先生曰："你未看此花时，此花与汝心同归于寂；你来看此花时，则此花颜色一时明白起来，便知此花不在你的心外。”

——（明）王守仁[①]《传习录·黄省曾录》[②]

注释：

①王守仁（1472—1529）：明代著名思想家、哲学家、文学家和军事家。字伯安，号阳明子，世称阳明先生，故又称王阳明，浙江余姚人。陆王心学之集大成者，精通儒家、佛家、道家。又统军征战。是中国历史上罕见的全能大儒。封“先儒”，奉祀孔庙东庑第五十八位。②《传习录》：是王守仁的语录和论学书信。“传习”源自《论语》中的，“传不习乎”一语。共三卷。

译文：

有一天，王阳明先生和朋友到南镇游玩，朋友指着山边岩石中一棵花树问他：“你平时说天下没有内心以外的事物，但像这棵花树生长在深山中自开自落，与我的心有什么关系呢？”

阳明先生解释说：“当你没有看见这棵花树时，它就不存在你的心里；当你看见这棵花树时，你心里才出现了花的鲜明颜色。由此可知，这花树不存在于你的心外。”

60. 因人择业

西邻之人有五子焉。一子朴，一子敏，一子矇，一子偻，一子跛。乃使朴者农，敏者贾，矇者卜，偻者绩，跛者纺，五子者皆不患于衣食焉。

——（明）吕柟[①]《泾野先生文集·送林太平序》

注释：

①吕柟（1479—1542）：明学者、教育家。原字大栋，后改字仲木，号泾野，学者称泾野先生，陕西高陵人。生平所至皆以讲学为事，大江南北门生千余人。其学术思想代表了明代中晚期思想界的一种新动态。

译文：

西邻有一个人养了五个儿子，大儿子忠诚老实，二儿子机智聪明，三儿子两眼失明，四儿子弯腰驼背，五儿子跛脚。于是就让老实人种田，让聪明人经商，让失明人算卦，让驼背人搓麻绳，让跛脚人纺线。这样，五个儿子都自食其力，不愁吃穿。

61．按图索骥

伯乐《相马经》有“隆颡蚨日，蹄如累麴”之语。其子执《马经》以求马，出见大蟾蜍，谓其父曰：“得一马，略与相同；但蹄不如累麴尔。”

伯乐知其子之愚，但转怒为笑曰：“此马好跳，不堪御也。”所谓按图索骥也。

——（明）杨慎[1]《艺林伐山》卷七

注释：

①杨慎（1488—1559）：明代文学家。字用修，号升庵，明新都（今四川新都）人。明代三大才子之一。

译文：

伯乐孙阳有个儿子，看了父亲在《相马经》中写道：“千里马的主要特征是，额头高高的，光彩映日；四蹄圆圆实实的，好像两个圆圆的酒曲累叠起来一样。”以为相马很容易，就拿着这本书到处找千里马。发现有一只癞蛤蟆很像书中写的千里马的特征，便高兴地把癞蛤蟆带回家，对父亲说：“我找到一匹千里马，形状与书上说的相同，只是蹄子不像累曲罢了。”伯乐一看，知道儿子十分愚笨，便转怒为笑，说道：“可惜这马太喜欢跳了，不能用来驾车。”这便是“按图索骥”的故事。

62．以猫饲雏

雕鸟哺雏，无从得食，搂得一猫，置之巢中，将吃以饲雏。猫乃立噉其雏，次第俱尽。

雕不胜怒。猫曰："你莫嗔我，我是你请将来的。"

——（明）江盈科[1]《雪涛谐史》

注释：

①江盈科（1553—1605）：明代文学家。字进之，号雪涛，又号绿萝山人，常德桃源（今属湖南省）人。在文学上创立公安派，贡献巨大；为文主张"元神活泼"，被称赞为诗文"大家"。

译文：

老雕要哺育自己的幼雏，但没有办法弄到食物，便抓到了一只猫，把它放在巢中，想把它嚼碎来喂幼雕。但猫却很快地吃了幼雕，一个接着一个，最后吃得一个不剩。

老雕非常气愤。猫对它说："你不要对我发火，我是你请来的。"

63. 兄弟争雁

昔人有睹雁翔者，将援弓射之，曰："获则烹。"其弟争曰："舒雁烹宜，翔雁燔宜。"

竞斗而讼于社伯。社伯请剖雁，烹燔半焉。已而索雁，则凌空远矣。

今世儒争异同，何以异是。

——（明）刘元卿[1]《贤奕编·应谐》[2]

注释：

①刘元卿（1544—1609）：明代著名教育家、理学家。字调甫，号旋宇，明安福（今属江西省）人。②《贤奕编》：明刘元卿著笔记小说。共分十六类。其中《譬喻》、《应谐》两类收录寓言较多。作者旨在通过譬喻性的诙谐故事以告诫读者。存《宝颜堂秘笈》本。

译文：

从前，有个人看见大雁在盘旋飞翔，准备拉开弓射它，说："把它射下来，煮了吃。"他的弟弟反对，说："动作舒缓的天鹅适合煮着吃，天上飞翔的大雁适宜烤熟吃。"

兄弟俩争论不休，于是去找社伯评理。社伯叫他们把得到的那只大雁剖开来，一半煮、一半烤。可是，当他们再去寻找那只飞翔的大雁时，它已经飞走了。

当今儒家各派争论不休，与这兄弟两人争论煮雁、烤雁有什么不同呢？

64．求其本真

隋田杨与郑法士俱以能画名。法士自知艺不如杨也，乃从杨求画本，杨不告之。一日引法士至朝堂，指以宫阙衣冠人马车乘曰："此吾画本也。子知之乎？"由是，法士悟而艺进。

唐韩幹以貌马名入供奉，明皇诏令从陈闳受画法。幹因奏："臣自有师，陛下内厩飞黄照夜五方之乘，皆臣师也。"帝然之。其后幹画遂果逾闳。

若田幹二子，可谓求其真者。彼以似求其似者，则益远矣。今之学者，虽曰求圣人之经，固已非其真；乃舍经而专求训诂，则又求似其似之者矣，不尤远乎。

——（明）刘元卿《贤奕编·警喻》

译文：

隋田杨与郑法士二人都以善于绘画而闻名，郑法士知道自己绘画的技能不如隋田杨，于是就向隋田杨求教绘画的依据。隋田杨不告诉他。一天，隋田杨领着他到官府的厅堂，指着宫殿、衣冠、人马、车辆等说："这就是我绘画所依据的底本。你明白吗？"郑法士由此而醒悟，绘画的技能与日俱进。

唐韩幹以画马的形体逼真而闻名，后来入朝廷侍奉皇帝，唐明皇下令叫他跟随陈闳学习绘画方法。韩幹趁机启奏皇帝，说：“我有自己的老师，陛下马房里的飞黄马、照夜白马，以及各地的名马，都是我的老师。”唐明皇认为他说的正确，就同意了。其后韩幹的画果真超过了陈闳。

像田杨、韩幹二人绘画，可算是学到其根本。那些以近似于实物的绘画来学习，以达到跟它相像，这就跟实物差得更远了。如今的读书人，声称学圣贤的书籍，这本来就不是圣贤的真谛。至于抛掉经籍的思想实质，专门从训释字义、句意去探求，这又是间接而又间接了，与原本的事情差得就更远了。

65. 迂公毁楼

家有一坐头，绝低矮。公每坐，必取瓮片支其四足。后不胜烦，忽思得策，呼侍者移置楼上坐。及坐时，低如故，乃曰：“人言楼高，浪得名耳。”遂命毁楼。

——（明）张夷令[①]《迂仙别记》[②]

注释：

①张夷令：明代吴下人。生平未详。②《迂仙别记》：明张夷令撰。古代笑话作品集。原书已佚，今见明代冯梦龙《古今谭概·专愚部卷四》录有二十四则。

译文：

迂公家里有一张坐凳，非常低矮。迂公每次坐这凳子，总要找些陶片之类的东西垫高凳子的四条腿。经常这样做迂公觉得非常麻烦，有一天，他突然想到了一个好办法，叫仆人把凳子搬到楼上去坐。迂公到楼上坐下时，发现凳子还和原来一样的低矮，就说：“人们都说楼高，只是空有虚名罢了。”于是他叫人把楼拆了。

66. 摇树取菱

山中人至水乡，于树下闲坐，见地上遗一菱角，拾而食之，甘甚。遂板树逐枝摇看，既久，无所见，诧曰："如此大树，难道只生得一个?"此时告以菱从水生，其人必不信，毕竟望树梢沉吟。

——（明）醉月子[1]《精选雅笑》[2]

注释：

①醉月子：明人别号，豫章（今江西南昌市）人。生卒不详。②《精选雅笑》：题醉月子辑。共六十八则。

译文：

有一位山里人来到水边的乡村，在道旁树下坐着休息，看见地上有一个别人遗失的菱角，就随手捡起来吃了，觉得很甘甜。于是这个人就用手扳着树，一枝一枝地逐个摇动，希望有菱角落下来，结果一个菱角也没有看见。他惊讶地说："这么一棵大树，难道只生长一个菱角吗?"这时，有人告诉他菱角是长在水里的，那人不相信，仍然望着大树，沉吟不解。

67. 蹇驴负重

跛牂在郊，啮水草，循佳荫，坐起惟意，鞭呵不及。遇蹇驴负盐车困甚，笑曰："阿驴勉努，果何如耶?"

驴曰："造物付我庞声，人遂以为力堪任重，即欲罢不能矣。"

牂曰："子何不善藏其用?"

驴颔之，遂据地喀喀，谲状瘖瘁。主人以为饥疲也，饱饲之，仍储斗粟俟之。驴故态复作，阏阘长鸣，轇轕往返甚勇。

牂叹曰："汝情贪纤赏，立见疲死矣。"

故曰：豢龙损灵，食虎损猛。

——（清）李世熊[1]《物感》[2]

注释：

①李世熊（1602—1686）：清代学者。字元仲，号愧庵，自号塞支道人，福建宁化人。李世熊是饱学之士，他精通经史子集乃至医卜星纬释道的典籍，尤爱钻研韩非、屈原、韩愈等人著作，有很深的造诣。②《物感》：清李世熊撰，被誉为我国第一部学习《伊索寓言》手法的寓言作品集，共一卷。

译文：

一只跛脚的母羊在郊野吃着水草，沿着浓密的树荫，有时走着，有时站着，随心所欲，没有鞭打呵斥。这时，它遇见了一头瘸驴拉着盐车很吃力地走着，便笑它说："驴子你这样地卖力，结果会怎样呢？"

驴子回答说："上帝给了我大嗓音，人们就认为我有力量担起重任，我就是不想拉车也不可能呀。"

跛脚母羊说："那你为什么不把你的本领隐藏起来呢？"

驴子听了点点头，就用脚触地喀喀地叫唤起来，假装出疲惫不堪的样子。主人以为它又饿又累，就让它饱饱地吃了一顿，还储存了一斗谷子等它饿时再吃。驴子又表现出从前的样子，勉强支撑着长声鸣叫，忙忙乱乱地拉车往返，十分卖力。

跛脚母羊叹气道："你本性贪图微薄的赏赐，马上就会疲惫而死了。"

正所谓：豢养的龙会损失灵气，喂养的虎会失去勇猛。

68. 蚯蚓出洞

蚁游于蚓穴，闻蚓歌而善之，曰："美哉，沨沨乎！古所谓遏云止水声也。"见其食槁壤，饮黄泉，萧然自得，曰："伯夷西山之操，介推绵上之清，於陵仲子不及。"见其引伸，长而黝，颀而泽，曰："圣人其犹龙乎！"

蚓闻之曰："客知予处，未知予出也。试与客游人间世乎？"蚁从之。

蚓于是奋首昂霄，出其穴，与蚁循风亭月榭长阶短砌间，畅照适也。蚁益矜之。

俄有鸡雏过，望蚓而啄。蚓负痛颠踣欲死，蹙缩不逾寸。蚁讶曰：“噫，能止此乎？汝终不可游人间世也！”

——（清）李世雄《物感》

译文：

蚂蚁爬到蚯蚓的洞穴里，听到蚯蚓的歌声，就称赞说：“你唱得真好呀，多么婉转悠扬。这就是古人所说的能阻止行云流水的美好歌声啊。”看到蚯蚓吃着干土，喝着地下的泉水，悠然自得，蚂蚁又赞扬说：“你的节操可以同西山的伯夷相比，你的清廉可以同绵山的介之推同论，连廉士於陵仲子都不如你。”看到蚯蚓伸展自如，身长而黝黑，修长而有光泽，蚂蚁又赞美说：“圣人就像龙一样啊！”

蚯蚓听了这些话，说道：“你只知道我居住的情况，却不知道我出行的情况。让我试试与你一同游历人间吧？”蚂蚁同意了。

这时，蚯蚓抬头向天，爬出了洞口，同蚂蚁一道沿着风亭月榭的长台阶、短台阶游动，很是畅快舒适。于是蚂蚁更加尊敬蚯蚓。

过了一会儿，一只小鸡经过这里，看见了蚯蚓就用嘴啄它。蚯蚓痛苦得快要死去了，它缩成一团，不足一寸长。这时，蚂蚁惊讶地说：“呀，难道你的本领就不过如此？看来你终究是不能游历人间啊！”

69. 辽东鹤与扬州鹤

辽东鹤与扬州鹤相遇，扬州鹤曰：“凄乎凄乎，子之化身也。盖三百年后而复还辽东，所见城郭人民皆非矣！而我腰缠十万而到扬州，岂非当时则荣哉？”

辽东鹤笑曰：“子以为扬之热有胜于辽之寂耶？辽之寂也，公孙氏安焉，慕容氏昌焉，当日繁华居然帝京也。扬之热莫如隋，问迷楼故址、萤院风流，犹有存焉者乎？今且焚宇楼台、残荷数叶矣！琼花能再发耶？锦缆能再牵耶？玉钩斜内，芳魂能再世耶？抚今追昔，盖不知涕之何从矣！又安知后之视今，不犹今之视昔耶？且夫冷热之数，如环相循：火之热也，水能灭之；日之热也，月常继之。而子顾谓区区腰缠之十万，而能长有之，且假其余光以自耀也，是何异晏平仲之仆夫，以御宰相为荣也！”

扬州鹤甚惭，无以应。

——（清）吴庄[①]《吴鳏放言》

注释：

①吴庄（1624—?）：自号六一老人。一生以教读、行医为业。

译文：

辽东鹤同扬州鹤在路上相遇，扬州鹤说：“你的化身好可怜呀。再过三百年，你重回辽东，那时你所看到的市井众生就全不是原来那样啦！而我腰缠十万贯钱到扬州，荣耀立现啊。”

辽东鹤听了笑着说：“你认为扬州热闹繁华就超过了辽东的冷寂荒僻吗？辽东正是因为冷寂，公孙氏才在那里安居，慕容氏才在那里发迹，当时的繁华竟然成为帝王都城。扬州的繁华莫过于隋朝，请问当年的迷楼故址、萤院风流遗事，现在还存在吗？到如今只剩下烧毁的屋宇楼台、残败的几片荷叶而已。琼花还能再开放吗？锦缆还能再牵动吗？玉钩斜里的宫女还能死而复生吗？看看现在，想想往事，不禁泪如雨下！你又怎么知道后人看今人，不像今人看古人呢？况且冷寂和热闹变化的规律，就像玉环一样循环往复：火的灼热，水能扑灭它；太阳的炽热，月亮常常相继。你认为腰缠区区十万贯，就能长久地拥有一切，而借此来自我炫耀，这同晏子的马夫凭着给宰相驾车就引以为荣耀又有什么不同呢！”

扬州鹤听了感到很惭愧，无话可说。

70. 量体裁衣

嘉靖中，京师缝人某姓者，擅名一时，所制长短宽窄，无不称身。

尝有御史令裁员领，跪请入台年资。

御史曰："制衣何用知此？"

曰："相公辈初任雄职，意高气盛，其体微仰，衣当后短前长；在事将半，意气微平，衣当前后如一；及任久欲迁，内存冲挹，其容俯，衣当前短后长。不知年资，不能称也。"

——（清）赵吉士[①]《寄园寄所寄·插菊寄》引《座右编》

注释：

①赵吉士（1628—1706）：清代学者。字天羽，号恒夫，原籍安徽休宁，后入籍钱塘（今杭州）。历任山西交城知县、山西清吏司主事、通州中南仓主管等职。在任期间，主持编修史书多部，有诗作多篇。

译文：

明朝嘉靖年间，京城有位裁缝很有名气，他所裁制的衣服，长短肥瘦，没有不合体的。

有一天，御史大夫请他裁制一件进宫上朝的服装。裁缝跪着问他当官有多少年了。

御史听了奇怪地说："你量体裁衣问这些干什么？"

裁缝回答说："相公年轻任高职，意气高昂盛壮，身体挺立，微微后仰，裁衣就要后面短前面长；做官有了半辈子的资历，意气稍微平缓，裁衣就要前后一样长；做官年久将要隐退时，心怀谦虚抑郁，身体就会向前低俯，裁衣要前面短后面长。我如果不了解您做官的资历，怎么能裁制出合体的衣服呢？"

71. 求其本而艾之

终南之山有棘盈径，骨柔而刺密，触之者，恒胶结不可解，不受伤不已。人畏其刺，咸迂其途避之。一人义形于色，褰裳而入，欲节节而断之。孰知左断于指，而右曳于臂，下钩其裾，上牵其袖，惫已甚。

君子曰：斯人之嫉恶是已，疾之而不以其道；苟挟斧斤，求其本而艾之，何棘不去？

——（清）王晫[1]《杂著十种·寓言》[2]

注释：

①王晫（1636—?）：清代诗文大家。初名斐，号木庵，一号丹麓，自号松溪子，浙江钱塘（今杭州）人。性狂放，喜宾客，好学博览，著述甚丰。②《杂著十种》：清王晫撰，全书共十卷，《寓言》为其一。是一部笔记体著作。

译文：

终南山上有一条小路，荆棘丛生，这些荆枝虽柔软，却长满了刺，人一旦碰到便粘在身上摆脱不掉，为了把刺弄掉，人就难免受伤。人们害怕荆棘的刺，总是想办法绕开这条小路。有一个人，看到这种情况，心里很气愤，便挽起衣服走进荆棘丛中，打算把它们一节一节地弄断。谁知道左边的荆棘刚用手扯断，而右边的荆棘又挂到胳膊上，不是下面钩住了他的衣襟，就是上面牵住了他的衣袖，把他弄得疲惫至极。

君子说：这个人憎恶不好的事物是对的，但采用的方法却不好；如果拿起斧头，砍断荆棘的根，问题不就解决了吗？

72．蠹变蝴蝶

桔之蠹，大如小指，首负特角，身蹙蹙然，类蛴蛴。人或振触之，辄奋角而怒，气色桀骜。浸假蜕为蝴蝶，文彩陆离，栩栩然翩跹上下。方其蝶也，不知其蠹也，亦可谓变之善者也。人之一生，自少而壮而老凡数变矣，慎毋终其身安于为蠹斯可哉！

——（清）王晫《杂著十种·寓言》

译文：

桔树上有一种蠹虫，像人的小指头那么大，头上长着像牛角一样的触角，身子蜷曲着不能舒展，很像天牛的幼虫。如果有人触动它，它便怒气冲冲地挺起触角，样子很凶悍。当它逐渐地蜕去外面的皮壳变成蝴蝶，立刻变得色彩斑斓艳丽，能够怡然自得地上下翩跹起舞。当它成为蝴蝶时，人们看不出它曾经是蠹虫，这种蜕变值得赞赏。人的一生自少年而壮年而老年，不知会有多少变化，只是我们不要终身安于做蠹虫才好啊！

73. 螳螂捕蛇

张姓者，偶行溪谷，闻崖上有声甚厉，寻途登觇，见巨蛇围如碗，摆扑丛树中，以尾击柳，柳枝崩折；反侧倾跌之状，似有物捉制之，然审视殊无所见。大疑，渐近临之，则一螳螂据顶上，以刺刀攫其首，攧不可去。久之，蛇竟死，视额上革肉，已破裂云。

——（清）蒲松龄[①]《聊斋志异·螳螂捕蛇》[②]

注释：

①蒲松龄（1640—1715）：清代著名小说家。字留仙，一字剑臣，别号柳泉居士，淄川（今山东淄博市）人。②《聊斋志异》：简称《聊斋》，俗名《鬼狐传》。全书共四百九十一篇，大部分是优秀的短篇小说，间有些素描、札记。题材广泛，内容丰富，堪称中国古典短篇小说的巅峰。

译文：

从前，有一个姓张的人，偶然路过一条溪谷，听见崖头上有凄厉的声响，便找了一条路爬上去看，发现一条大蛇有碗口那么粗，正在树丛里摆晃击打，用尾巴乱打柳树，柳枝都被打断了；看它身子翻转扑跌的样子，好像有什么东西正在控制着它。可是经过反复观察后，又根本看不到什么东西。张生心中非常疑惑，慢慢凑近前去，发现原来有一只螳螂正趴在蛇的头顶上，用镰刀般的前爪抓住蛇头不放，大蛇剧烈地颠扑，却怎么也甩不掉它。

过了好长时间，蛇竟然死掉了。看它额头上的皮肉，已经被撕裂开了。

74. 月神与日神

结璘与郁仪遇于青冥之野。郁仪谓结磷曰："吾与若御此轮也，自始有之，而御之者数万年于今矣，而未之或改也。"

结璘曰："若欺予哉！若今所御之轮，非若昨所御之轮也。吾今之若言若之轮，非若与吾言若之轮也。"

郁仪曰："若何以知之？"

曰："以吾之轮知之。"

于是两人相视而嬉，曰："吾知之，若亦知之，彼外人不知也。"

——（清）刘大櫆[①]《海峰文集·观化》

注释：

①刘大櫆（1698—1779）：清代散文家。字才甫，又字耕南，号海峰。桐城（今安徽）人。是继方苞之后桐城文派的领军人物。

译文：

结璘（月神）和郁仪（日神）在天边相遇。郁仪对结璘说："我和你驾驭日轮和月轮，在日月形成之初就开始了，一直到现在已经有数万年了，可是日月没有一点儿改变。"

结璘说："你骗我啊！你现在所驾驭的日轮，并不是你昨天驾驭的日轮。我现在说你所说的你所驾驭的日轮，也不是你和我说的你所驾驭的日轮。"

郁仪说："你是怎么知道的？"

结璘说："凭我的月轮知道的。"

于是两人相视而笑，说："我知道这事，你也知道，他们外人不知道。"

75. 铜锥钓鱼

楚之南有渔者，冀得吞舟之鱼而恶其钩之曲也，乃取庄山之金以为锥，投之潇湘之浦。大鱼之食其饵而去者以千数，而终年不一得鱼也。

人见之或讽其少曲，渔者曰："宁终吾之生不得鱼，顾不忍曲钩而求之为耻也。"

楚之人皆笑以为愚。

——（清）刘大櫆《海峰文集·顾备九时文序》

译文：

楚国南部有个渔夫，他希望钓到足以吞下渔船的大鱼，却不想使用弯曲的鱼钩。于是，他取来庄山的铜做成铜锥，投到潇、湘两水的水边。成百上千条大鱼就这样吃完鱼饵就游走了，渔夫终年钓不到一条鱼。

有人见到此情形就劝渔夫把铜锥稍微弯曲一点，渔夫说："我宁可终生钓不到一条鱼，也不耻于用弯曲的鱼钩去钓鱼。"

楚国人都笑他愚蠢。

76. 老翁捕虎

近城有虎暴，伤猎户数人，不能捕。邑人请曰："非聘徽州唐打猎，不能除此患也。"乃遣吏持币往。归报唐氏选艺至精者二人，行且至。至则一老翁，须发皓然，时咯咯作嗽；一童子十六七耳。大失望，姑命具食。老翁察中涵意不满，半跪启曰："闻此虎距城不五里，先往捕之，赐食未晚也。"遂命役导往。役至谷口，不敢行。老翁哂曰："我在，尔尚畏耶？"入谷将半，老翁顾童子曰："此畜似尚睡，汝呼之醒。”童子作虎啸声。果自林中出，径搏老翁。老翁手一短柄斧，纵八九寸，横半之，奋臂屹立。虎扑至，侧首让之。虎自顶上跃过，已血流仆地。视之，自颔下至尾闾，皆触斧裂矣。乃厚赠遣之。老翁自言炼臂十年，炼目十年。其目以毛帚扫之不瞬，其臂使壮夫攀之，悬身下缒不能动。

——（清）纪昀[①]《阅微草堂笔记·槐西杂志一》[②]

注释：

①纪昀（1724—1805）：清代文学家。字晓岚，一字春帆，直隶献县（今河北）人。②《阅微草堂笔记》：清代文言短篇志怪小说。于清朝乾隆五十四年（1789）至嘉庆三年（1798）间纪昀以笔记形式编写而成。主要搜辑当代民间流传的各种狐鬼神仙、因果报应、劝善惩恶故事，或者记录亲耳所闻的奇情逸事。

译文：

在离城不远的地方有老虎伤人，已经咬伤了好几个猎人，却没有人能抓住它。县里的人请求说：“不把徽州的唐打猎聘来，是除不了虎患的。”于是县官派小吏带着钱去请。小吏回来报告说，唐打猎挑选了两个技艺最精通的人前来，随即就到。不一会儿，只见来了两人，一个是须发皆白、不时咯咯咳嗽的老翁，另一个是十六七岁的少年。县官见了，大失所望，只好姑且安排他们吃饭。老翁察觉到其中的不满情绪，就半跪着说：“听说这只老虎离城不过五里路，不如让我们先去抓老虎，等回来再吃饭也不迟。”于是就命令仆役带路前去捕虎。仆役走到山口，再也不敢朝前走了。老翁讥笑他说：“有我在这，你还怕什么呢？”进到山谷将近一半的时候，老翁对少年说：“这个畜生好像还在睡觉，你去叫醒它。”于是少年学了几声老虎的叫声。果然，不一会儿老虎就从林子里窜出来了，直接向老翁扑去。只见老翁手握一个短把斧头，长八九寸，宽四五寸，举着手臂挺立在那里。虎扑来时，老翁侧头躲让。老虎从他头上跃过，鲜血直流倒在地上。仆役上前仔细一看，老虎从下巴到尾部都被老翁的斧头剖开了。回来以后，县衙赏给老翁厚礼，并送他回家。老翁说自己练了十年的臂力、十年的眼力。他的眼睛即使用毛帚扫都不会眨一下，他的手臂，即使一个壮汉吊在上面用尽气力向下坠也不会动一下。

77. 蜈蚣与蚓

一蜈蚣盘旋蚓穴之上。蚓匿穴中，忽探首拔去蜈蚣一足。蜈蚣怒欲入穴，而穴小不能容，正彷徨旋绕，蚓复乘间拔其一足。蜈蚣益怒而无如之何，守穴口不肯去，蚓遂渐拔其足，阅一时许，则蜈蚣已无一足，身虽未死，而不能转动，横卧于地，如僵蚕焉。蚓公然出穴，噬其腹而吸食之。

——（清）薛福成[①]《庸盦笔记·述异》[②]

注释：

①薛福成（1838—1894）：近代散文家、外交家，洋务运动的主要领导者之一。字叔耘，号庸庵，江苏无锡宾雁里人。薛福成出生书香门第、官宦之家，自幼即受时代影响，广览博学，致力经世实学，不做诗赋，不习小楷，对八股尤为轻视，一生撰述甚丰。②《庸盦笔记》：清薛福成撰，是他对在同治四年（1865）至光绪十七年（1891）间所作的随笔见闻删存编集而成的。全书共六卷，分“史料”二卷、“轶闻”一卷、“述异”一卷、“幽怪”二卷。

译文：

一条蜈蚣环绕在蚯蚓的洞口上爬行，蚯蚓隐藏在洞里，忽然伸出头来咬掉蜈蚣一只脚。蜈蚣很恼怒，想进到洞里去，可是洞口太小钻不进去，正在它爬来爬去转圈子时，蚯蚓乘它没防备又咬掉它一只脚。蜈蚣更加恼火，可是又没有办法，守在洞口不肯离开。就这样，蚯蚓一点一点地拔去蜈蚣的脚，大约过了一个时辰，蜈蚣的脚被拔光了。它的身子虽然没有死，却完全不能动弹，横卧在地上，像僵死的蚕一样。蚯蚓这才公然爬出洞来，咬破蜈蚣的肚子吸食起来。

参考文献

1.《史记故事选译》，张友鸾选译，上海古籍出版社，1979 年。
2.《古文名段今译》，黎明等选译，外语教学与研究出版社，1981 年。
3.《左传译文》，沈玉成译，中华书局，1982 年。
4.《战国策故事选译》，刘德林选译，上海古籍出版社，1982 年。
5.《古文今译》，文汇报学林编辑组编，上海古籍出版社，1985 年。
6.《先秦寓言选》，王升魁编著，福建教育出版社，1985 年。
7.《山海经校译》，袁珂校译，上海古籍出版社，1985 年。
8.《宋史人物故事》，周北辰等编选，新华出版社，1987 年。
9.《续通鉴警世故事》，丁允、周北辰注译，新华出版社，1989 年。
10.《古汉语成语典故词典》，余清逸主编，黑龙江人民出版社，1989 年。
11.《齐鲁文化大辞典》，车吉心等主编，山东教育出版社，1989 年。
12.《二十四史人物故事》，仓阳卿、张企荣著，浙江教育出版社，1990 年。
13.《新序说苑选译》，（西汉）刘向著，马达、顾复生选译，人民文学出版社，1991 年。
14.《中华掌故类编：古文今译》，朱祖延、张金煌主编，湖北大学古籍研究所编纂，河南人民出版社，1992 年。
15.《文白对照全译史记》，（西汉）司马迁著，杨钟贤、郝志达主编，国际文化出版公司，1992 年。
16.《战国策全译》，王守谦等译注，贵州人民出版社，1992 年。
17.《名家精译古文观止》，中华书局编辑部，中华书局，1993 年。
18.《常见典故千条释译》，吴小维编著，新世界出版社，1993 年。
19.《淮南子校注译》，（西汉）刘安著，陈一平著，广东人民出版社，1994 年。
20.《今古通鉴》，《今古通鉴》编委会编，团结出版社，1994 年。
21.《孔子家教》，姜林祥、李金山主编，山东文艺出版社，1994 年。
22.《四书五经精华》，陈襄民、管曙光主编，中州古籍出版社，1994 年。

23.《二十五史精选精译》，吴树平主编，中华书局，1995 年。
24.《全译全注史记》，（西汉）司马迁著，刘起釪等注译，天津古籍出版社，国际文化出版公司，1995 年。
25.《中华典故大辞典》，袁世全主编，安徽文艺出版社，1995 年。
26.《文言文译释与赏析》，龙淑年等编，西南交通大学出版社，1996 年。
27.《全宋词典故辞典》，范之麟主编，湖北辞书出版社，1996 年。
28.《通鉴故事百篇》，王梦樵译注，中华书局，1997 年。
29.《人生处世名言辞典》，崔富章主编，中州古籍出版社，1997 年。
30.《白话淮南子》，胡安顺等译，三秦出版社，1998 年。
31.《资政史鉴》，邢贲思、戴逸总主编，人民出版社，1998 年。
32.《后汉书今注今译》，章惠康、易孟醇主编，岳麓书社，1998 年
33.《白话二十四史》，谢圣明、黄立平主编，中国华侨出版社，1999 年。
34.《读书纪事》，陈梦雷编撰，中国戏剧出版社，2000 年。
35.《全唐诗典故辞典》，范之麟、吴庚舜主编，湖北辞书出版社，2001 年。
36.《韩非子》，马玉婷译注，广州出版社，2004 年。
37.《淮南子》，王洁红译注，广州出版社，2001 年。
38.《中华典故》，林之满、于永玉主编，中国戏剧出版社，2002 年。
39.《新编中国上下五千年》，姜霞主编，时代文艺出版社，2002 年。
40.《二十五史计谋大全》，何介钧主编，岳麓书社，2003 年。
41.《中国神话选》，袁珂辑注，人民文学出版社，2005 年。
42.《中国历史成语故事·两晋南北朝》，张杰、何向群、张朦著，南海出版公司，2005 年。
43.《孟子译注》，杨伯峻译注，中华书局，2005 年。
44.《曾国藩挺经》，吴樵子主编，京华出版社，2006 年。
45.《晏子春秋》，陈涛译注，中华书局，2007 年。
46.《资治通鉴》，（北宋）司马光著，陈磊译注，中华书局，2007 年。
47.《左传》，刘利、纪凌云译注，中华书局，2007 年。
48.《典故小词典》，凤宝莲主编，四川辞书出版社，2007 年。
49.《诗经》，文心工作室编著，中央编译出版社，2007 年。
50.《庄子》，孙通海译注，中华书局，2007 年。
51.《吕氏春秋》，刘亦工校译，崇文书局，2007 年。

52.《唐宋八大家散文读本》，张小平译注，安徽文艺出版社，2007 年。
53.《唐宋八大家散文》，(唐) 韩愈等著，三秦出版社，2007 年。
54.《二十四史》，(西汉) 司马迁等著，宋智峰、韩飞编，北京出版社，2008 年。
55.《文白对照全译资治通鉴》，(北宋) 司马光著，黄锦鋐主编，新世界出版社，2008 年。
56.《孟子讲座》，夏传才著，清华大学出版社，2008 年。
57.《吴越春秋全译》，张觉译注，贵州人民出版社，2008 年。
58.《给年轻人读的资治通鉴》，(北宋) 司马光著，王学典、金永吉编译，蓝天出版社，2009 年。
59.《治腐：中国历代政权建设明鉴》，窦永记编，黄山书社，2009 年。
60.《文白对照全译史记》，(西汉) 司马迁著，吴树平主编，新世界出版社，2009 年。
61.《孙膑兵法全集》，陈才俊主编，李静注译，海潮出版社，2009 年。
62.《乐学寓言》，董志先、王志宇编著，白山出版社，2009 年。
63.《资治通鉴》，(北宋) 司马光著，薛瑞泽、薛伟泽注译，中州古籍出版社，2010 年。
64.《历代寓言》，袁晖主编，中国青年出版社，2011 年。
65.《中国古代寓言故事》，李天道、肖小平编著，云南教育出版社，2011 年。